ABRIENDO PASO

GRAMÁTICA

ABRIENDO PASO

GRAMÁTICA

JOSÉ M. DÍAZ

HUNTER COLLEGE HIGH SCHOOL

MARÍA F. NADEL

HUNTER COLLEGE HIGH SCHOOL

STEPHEN J. COLLINS

BOSTON COLLEGE HIGH SCHOOL

PEARSON

Prentice
Hall

Boston, Massachusetts
Upper Saddle River, New Jersey

Cover Art: *CORBIS/Morton Beebe, S.F.; CORBIS/Macduff Everton; CORBIS/Pablo Corral V*

ISBN 0-13-116349-3 (hardcover)
5 6 7 8 9 10   08 07 06 05

ISBN 0-13-116346-9 (softcover)
2 3 4 5 6 7 8 9 10   08 07 06 05

CONTENTS

This book is dedicated to the memory of Stephen J. Collins, an outstanding foreign language educator and author. His wisdom, dedication, and gentle spirit will be greatly missed.

PREFACE

Introduction

The *Abriendo paso* program is the first Spanish program designed specifically for high school students in level IV or higher. The program provides advanced students with the guidance they need to continue discovering, learning, and using the language in meaningful, creative, and engaging contexts. Since the book has been used successfully in Advanced Placement* courses, we have expanded the *Un poco más de práctica* section to reflect the latest changes on the AP* Spanish Language Examination.

Abriendo paso is a two-book program. *Abriendo paso: Lectura* uses readings to develop students' proficiency in the four skills. *Abriendo paso: Gramática* is an independent grammar book in which grammar is not an end in itself, but rather a tool for communication.

Organization

We believe that by the time students reach upper levels, they have covered most of the grammar needed for communication. Needs and context define the presentation of grammatical constructs. However, because the need for grammar instruction, review, and reinforcement at these levels varies so widely from class to class, we have created a program that, as an option, allows students to correct any deficiencies with clearly articulated explanations and straightforward mechanical exercises in a separate section. We have divided the book into five sections: *Unidades, Etapas, Pasos, Un poco más de práctica,* and Appendixes.

Unidades

The *Unidades* deal with six overarching themes:

1 La narración y la descripción en el pasado (I)

2 La descripción de nuestros alrededores: diferencias y semejanzas

3 La narración y la descripción en el presente

4 Cómo expresar deseos y obligaciones

5 La narración y la descripción en el futuro:
   Cómo expresar emoción, duda, negación, probabilidad o conjetura

6 La narración y la descripción en el pasado (II)

The idea behind *Abriendo paso: Gramática* is to have students put it all together. Rather than review verb conjugations or discrete grammar points, each *Unidad* section reviews *how* and *when* a particular grammar point is used. Each unit begins with a sample passage in which the grammar point being discussed is clearly evident. Students are then given an explanation of the uses of that particular grammar point and are asked to go back to the passage and look closely at the point being used in a real context. This is followed by exercises, going from meaningful to open-ended, that allow students to practice in real situations, using the grammar point to communicate effectively. These units allow students to use the language in different situations, describing their daily lives, experiences, and backgrounds. Students are asked to think and to put their knowledge of the language to use. We have kept in mind the different levels of ability and the varying backgrounds of students in the upper-level classes and, to this end, the exercises in the *Unidades* offer a great deal of flexibility.

Each *Unidad* ends with a section titled *En conclusión…* This section is the culminating point of the unit; the students are asked to bring together everything they have learned in the unit in order to communicate effectively. The *En escena* section further allows the students to use the grammar point reviewed by describing a series of drawings similar to those the students encounter in the Advanced Placement* Spanish Language Examination. Finally, each unit closes with a speaking section in which the students are asked to respond to a series of questions that practice the grammar point just studied. These questions have been designed for students wishing to practice for the Advanced Placement* Examination.

Etapas

Following each *Unidad* is an *Etapa* section. Each *Etapa* corresponds to the grammar point reviewed in the *Unidad* section. It is assumed that students have mastered the forms needed to put into use the particular grammar point. Students who are still experiencing difficulties with a particular structure can review the material on their own. This section provides reinforcement exercises that they can complete to prepare for class. These mechanical exercises provide ample practice to help students remember the structures. An answer key for these exercises is found in *Abriendo paso: Gramática* Tests, Tapescript, and Answer Keys. Teachers may elect to give the answers to students so that they can check their own work before coming to class, thus taking responsibility for their own learning.

Pasos

The *Pasos* section is designed to provide additional explanations and exercises for grammar points that are not intrinsically communicative in nature but which are required to communicate properly. Students of varying abilities and needs can work through them independently, or the teacher can easily work through them with an entire class.

Un poco más de práctica

The *Un poco más de práctica* section is a series of subsections with exercises similar to some of those that appear on the Advanced Placement* Examination. Even for students who are not enrolled in an AP* course or who are not planning to take the examination, this section provides practice in different grammar points. The exercises in this section include multiple-choice cloze passages, error recognition sentences, and fill-in-the-blank sentences and paragraphs.

Appendixes

There are four appendixes in *Abriendo paso: Gramática*. Appendix A covers stress and accentuation rules. Appendix B covers words and expressions that students should use to connect ideas. They have been divided by usage for easy access. Appendix C contains a list of prepositions and verbs that take a preposition. Appendix D contains paradigms of verb conjugations.

Tests

Abriendo paso: Gramática also has a complete set of test masters for each *Unidad*, each *Etapa*, and each *Paso*.

Program components

Abriendo paso: Gramática
A complete grammar review.

Abriendo paso: Gramática Tests, Tapescript, and Answer Keys

Text Answer Key
Complete answers to *Abriendo paso: Gramática* exercises.

Tests
Test masters for *Abriendo paso: Gramática*.

Test Answer Key
Answer key to the test masters.

Scoring Guide
A scoring guide to accompany the test masters.

Tapescript
Tapescript for *Sin rodeos…* sections included on Teacher Audio CD.

Abriendo paso: Gramática Teacher Audio CD
Includes *Sin rodeos…* listening activities.

Abriendo paso: Lectura
A reader that incorporates all four skill areas.

Abriendo paso: Lectura Testing Program
Test masters and answer key for *Abriendo paso Lectura*.

Abriendo paso: Lectura Lesson Plans, Script, and Answer Key

Lesson Plans
Complete lesson plans cover each *Capítulo* in depth.

Script
Audio script of *Comprensión auditiva* sections.

Answer Key
Answers for *Comprensión auditiva* sections and other selected exercises.

Abriendo paso: Lectura Teacher Audio CD
Includes *Comprensión auditiva* listening activities.

Abriendo paso: Lectura Web site
Visit www.PHSchool.com for Internet activities for each *Capítulo*.

About the revised edition

This revised edition is a complete revision of *Abriendo paso: Gramática*. Comments from teachers and students were a primary consideration when making changes. Some of the most salient changes which we have made to improve the first edition are

- Grammar explanations have been rearranged and clarified. In some cases they have been expanded to allow teachers to assign specific sections to students or use them in a classroom situation.

- Almost every exercise has been revised. In the *Unidad* exercises we have given the students more guidance and have simplified the instructions, giving a model when necessary.

- More exercises have been added to those grammar points which require additional practice or more controlled practice.

- The *En escena* sections now include a vocabulary list and questions to guide the student when describing the drawings in the sequence. This will allow the students to prepare before they are asked to describe the story depicted in the drawings.

- The grammar multiple choice section has been replaced. A new section with cloze passages which practice both vocabulary and grammar is now included to keep up with the latest changes in the Advanced Placement* Examination.

- A new section has been created to practice filling in the blanks with the correct forms of the verbs.

- The *Sin rodeos…* listening comprehension sections now appear on compact disc for easier access. Each question is followed by a 20-second pause so that while answering the questions, students can easily time themselves in the same way as they will be timed during the Advanced Placement* Examination.

The book continues to offer grammar explanations and practice which go beyond mechanical exercises; thus, the students are able to use the grammar points studied in a more meaningful and effective way.

ACKNOWLEDGMENTS

From the authors

The author is grateful to Cathy Wilson for her guidance and excellent suggestions for this revised edition. Pat Echols deserves to be recognized for her diligent work on the manuscript. Her attention to details and overall competent handling of the manuscript are greatly appreciated.

The suggestions of many teachers who, over the years, have used the first edition, and of all of the reviewers are reflected in this revised edition. They merit my gratitude.

—J.M.D.

La narración y la descripción en el pasado (I)

In this unit, you will review and practice how to narrate in the past. You will be able to describe the past and talk about your life and events that occurred in the past. To narrate and describe in the past you will need to review the preterite, the imperfect, the present perfect and the pluperfect tense. In this unit you will review these tenses. There are other tenses that you will need, but those will be reviewed later.

El pretérito

To talk about actions and events that took place in the past, you will need to know how to form and use the preterite tense. If you would like to review and/or practice the formation of the regular and irregular preterite forms, go to pp. 32–46.

Read the following passages and underline all the verbs in the preterite.

Alberto y Delia hablan sobre lo que hicieron anoche. Había una obra de teatro (*play*) en la escuela. Delia pensó que Alberto había ido a verla.
—Hola Alberto, ¿qué hiciste anoche? Te busqué en el auditorio y no te encontré.
—No fui a ver la obra de teatro. Llegué tarde a mi casa. Carlos me llamó y decidí ir a comer a un restaurante con él.
—Qué pena. Te perdiste una obra sensacional. Elena hizo el papel principal y su actuación fue espectacular. Fue un verdadero éxito.
—Lo siento. Yo también me divertí y pude pasar un rato con Carlos. Hace tres días que regresó de su viaje y no lo veía desde el verano pasado.
—Bueno, explícale a Elena lo que pasó, pues yo le dije que tú no habías podido ir porque estabas enfermo.

Ayer por la mañana una serie de eventos le hizo pensar a Celeste que tendría un día desastroso. Luego ella escribió lo que pasó en su diario.

Ayer comenzó a llover a las siete de la mañana. Salí de mi casa y tomé un taxi. En camino a la oficina, pasamos varias paradas de autobús. De repente el taxi se detuvo. Delante de nosotros una señora dejó caer todos sus paquetes. Le gritó al taxista y lo llamó desconsiderado. Yo me puse muy nerviosa. En unos minutos llegamos al edificio de la compañía donde yo trabajo. Me bajé del taxi, le di las gracias y corrí hacia mi oficina porque en ese momento supe que el día sería un desastre.

Fernando les cuenta a sus amigos lo que sucedió el fin de semana pasado cuando sus parientes vinieron de visita.

Mis parientes llegaron a las dos. Los recogimos en la estación de trenes y los llevamos a mi apartamento. Alberto se sentó en la sala y empezó a mirar el partido de fútbol en la televisión. Su esposa Teresa se bañó, se vistió y salió de compras con su hija. Ellas no regresaron hasta las cinco. Cuando regresaron, decidimos salir a cenar. Fuimos a un restaurante cerca de mi casa. Cenamos, hablamos sobre las compras y sobre los partidos que Alberto había visto en la televisión. El día no me sorprendió. Las visitas de mis parientes siempre son así.

If you had any difficulty finding the verbs in the preterite, it is a good idea to review and practice the forms on pp. 32–46.

Uses of the preterite

The preterite is used to express the following:

1. A single action or a series of actions that are totally completed within a particular period of time in the past

Felipe **limpió** su cuarto ayer.	*Felipe cleaned his room yesterday.*
Tuve dos meses de vacaciones el año pasado.	*I had a two-month vacation last year.*

2. The beginning or the end of an action in the past

Empezó a llover a las tres.	*It began to rain at three o'clock.*
Terminé el informe esta mañana.	*I finished the report this morning.*

Some verbs have a different English equivalent in the preterite:

saber (*to know*; in the preterite: *found out*)
Yo no **sé** lo que pasó.	*I don't know what happened.*
Pedro **supo** lo que había pasado.	*Pedro found out what had happened.*

conocer (*to know, be acquainted with*; in the preterite: *met* [for the first time])
—Elena, ¿**conoces** al primo de Carlos?	*Elena, do you know Carlos's cousin?*
—Lo **conocí** anoche.	*I met him (made his acquaintance) last night (for the first time).*

poder (*to be able*; in the preterite: *succeeded in, managed to*)
Mis padres siempre **pueden** tomar el tren de las dos.	*My parents can always take the two o'clock train.*
Ayer no **pudieron** llegar a tiempo.	*Yesterday they did not manage to arrive on time.*

querer (*to want*; in the preterite: *tried*; in the negative preterite: *refused*)
¿**Quieres** ir conmigo?	*Do you want to go with me?*
Carolina **quiso** ir conmigo.	*Carolina tried to go with me.*
Eduardo **no quiso** ir conmigo.	*Eduardo refused to (would not) go with me.*

Now read the passages on pp. 1–2 again and explain why the verbs you underlined are in the preterite tense. The explanation above will help you.

Common expressions with the preterite

Expressions that delineate a particular period of time in the past or indicate the beginning or the end of a past action are often used with the preterite. Some of these expressions are

entonces	anteayer	una vez
de momento	en febrero (marzo, abril, etc.)	anoche
ayer	el lunes (martes, miércoles, etc.) pasado	la semana pasada
aquel día (mes, año)	de repente	el mes/el año pasado
aquella semana	por fin	en 1954 (1999, etc.)
el otro día	una noche, un día	el 25 de julio, etc.

Ejercicios

A. De visita con la familia de Alicia.   Alicia acaba de llegar de viaje. Vino a visitar a su familia. Completa el siguiente párrafo con la forma correcta del verbo en **el pretérito**.

Alicia _____ (llegar) a la estación de trenes donde ella _____ (recibir) un ramo de flores de su querido hermano. Los dos _____ (ir) a casa de la abuela Rosa, a quien Alicia no había visto por unos diez años. Una hora más tarde Alicia y su hermano _____ (salir) de su casa para visitar a la familia de su hermano. Allí _____ (encontrar-ellos) a sus padres y demás (*the remaining*) familiares. Su mamá _____ (ser) la primera que _____ (venir) a saludarla. Ella le _____ (decir) con una voz grave:

—Tú no me _____ (decir) que José te iba a recoger a la estación.

—Yo no quería preocuparte. Yo _____ (llamar) a José ayer y le _____ (pedir) que fuera a buscarme y… aquí estoy.

—¿Me _____ (traer) algo?—dijo Luz, la sobrina más pequeña.

—Claro, yo te _____ (traer) lo que tú me _____ (pedir). Tu tío y yo _____ (estar) en la tienda de juguetes la semana pasada y _____ (comprar) esta muñeca (*doll*) para ti.

—¿Cómo _____ (tener-tú) tiempo para hacer todas esas cosas?—le _____ (preguntar) la madre.

—Yo _____ (ir) primero a la oficina y como _____ (terminar) temprano _____ (poder) recoger las cosas en la tienda.

—¿Sabes que María viene esta tarde?

—Sí, yo lo _____ (saber) hace unos minutos. José me lo _____ (decir).

B. Expresando cuándo hiciste ciertas actividades.
Últimamente has estado muy ocupado(a). Usa la lista a continuación para expresar cuándo hiciste las siguientes actividades. Puedes usar las expresiones de tiempo para expresar cuándo ocurrieron las actividades. Usa **el pretérito** en tus respuestas.

visitar a mis parientes / poner la mesa / hacer la cama / lavar la ropa / decir una mentira / no traer dinero a la escuela / ir de vacaciones / leer una novela interesante / correr en el parque / tocar un instrumento musical / practicar un deporte / entretener a tus amigos / pedir dinero a tus padres

anoche / la semana pasada / el semestre pasado / anteayer / el mes pasado / ayer / el otro día / el lunes (martes, etc.) pasado

Modelo: *La semana pasada visité a mis parientes en Los Ángeles.*

1. _____
2. _____
3. _____
4. _____
5. _____
6. _____
7. _____
8. _____
9. _____
10. _____
11. _____
12. _____

C. El año pasado.
Usa cada una de las frases a continuación como punto de partida para escribir dos preguntas para tus compañeros de clase. Usa **el pretérito**. Luego, hazle las preguntas a un(a) compañero(a) de clase y escribe sus respuestas.

Modelo: ir a un concierto
¿Fuiste a un concierto la semana pasada?
¿Le tuviste que pedir permiso a tus padres?
o
¿Qué hiciste antes de salir para el concierto?
¿Quién fue contigo?

1. andar a pie por el centro

_____

_____

2. tener muchos/pocos exámenes

_____

_____

3. traer el almuerzo a la escuela

_____

_____

4. estar en casa todas la noches

_____

_____

5. venir a la escuela todos los días

_____

_____

6. decir mentiras a tus profesores

_____

_____

7. poder ir de vacaciones durante el verano

_____

_____

D. Hablando de lo que pasó en la clase.
Ayer uno de tus amigos no pudo venir a la escuela y te pregunta lo que hicieron tú, el (la) profesor(a) y tus compañeros en la clase. Usa los verbos a continuación u otros que necesites para explicarle lo que pasó en la clase. Usa **el pretérito** en tus respuestas.

llegar / poner / hacer / salir / venir / traer / pedir / comenzar / leer / decir

Modelo: _El/La profesor(a) llegó a la clase muy tarde._

        o

    Yo llegué a la clase a tiempo.

_____

_____

_____

_____

_____

_____

E. ¿Qué hiciste cuando llegaste a tu casa ayer? Usa la siguiente lista para explicar si hiciste o no las siguientes actividades cuando llegaste a tu casa ayer. Usa **el pretérito** en tus respuestas.

1. sacar la basura

   _____

2. abrazar a tus padres

   _____

3. tocar el piano

   _____

4. conducir al centro

   _____

5. oír las noticias

   _____

6. almorzar/cenar solo(a)

   _____

7. traducir un poema al español

   _____

8. castigar a tu hermano(a)

   _____

9. comenzar a estudiar en seguida

   _____

10. explicar por qué llegaste tarde

   _____

F. Lo que hizo mi mejor amigo(a). Ahora escribe un párrafo sobre lo que hizo tu mejor amigo o amiga cuando llegó a su casa. Usa algunas de las actividades en la lista del ejercicio anterior y las siguientes. Usa **el pretérito**.

leer el periódico
oír cuando tú lo/la llamaste por teléfono
creer el cuento que le contaste

_____

_____

_____

_____

_____

_____

_____

G. Para hacer apuntes en tu diario.
Hoy te acuerdas de que ayer te olvidaste de escribir en tu diario. Usando las frases siguientes cuenta (*tell*) lo que hiciste, lo que te pasó ayer, etc. En cada frase escribe por lo menos dos actividades que hiciste. Usa **el pretérito** en tus respuestas.

1. Cuando salí de mi casa…

_____

_____

2. En la escuela…

_____

_____

3. Después de mis clases…

_____

_____

4. Antes de llegar a mi casa…

_____

_____

5. Por la noche…

_____

_____

H. Hablando del fin de semana de mis parientes o de mis amigos.
Piensa en la última vez que te visitaron tus parientes o amigos. ¿Qué hicieron Uds.? Usa las siguientes frases como guía para contar lo que tú y ellos hicieron. Usa **el pretérito**.

Cuando…	Luego…
Primero…	Después…
Por la mañana…	Entonces…
Por la tarde…	Más tarde…
Por la noche…	Por fin…

Modelo: *Cuando me levanté, empecé a preparar el desayuno. Luego, limpié la sala.*

o

Cuando ellos se despertaron, mi hermano les llevó jugo de naranja al cuarto. Luego, ellos bajaron a desayunar.

_____

_____

_____

_____

_____

_____

_____

Ahora comparte tu párrafo con uno de tus compañeros. Mientras escuchas su descripción, hazle por lo menos cuatro preguntas para obtener más información sobre lo que dijo él/ella.

Modelo: *¿Qué preparaste para el desayuno?*
¿A qué hora se despertaron tus parientes?

_____

_____

_____

_____

I. Esta última semana. Escribe un párrafo corto sobre las actividades que hiciste esta última semana. Usa **el pretérito.** Una vez que hayas terminado, comparte el párrafo con un grupo de tres o cuatro compañeros. Luego, presenta un breve informe a la clase explicando las actividades que las personas en tu grupo hicieron en común.

_____

_____

_____

_____

_____

El imperfecto

To talk about the background of actions and events that took place in the past, you will need to know how to form and use the imperfect tense. If you would like to review and/or practice the formation of the regular and irregular imperfect forms, go to p. 46.

Read the following selection from *El arrepentido*, a short story by Spanish writer Ana María Matute, and underline all the verbs in the imperfect.

La sala era grande y oscura. Las ventanas daban a (*faced*) un hermoso jardín. Cerca de ellas se sentaba mi abuelo y miraba las flores, como decía él, el curso de la naturaleza. Él tenía ochenta años. Allí me esperaba todos los días desde muy temprano en la mañana hasta que yo regresaba cuando terminaba la escuela. Hoy era diferente. Ya eran las cuatro y yo no había regresado. El abuelo se preocupaba cuando yo no llegaba a tiempo. Además ése era un día especial. Era el veinticuatro de agosto y era mi cumpleaños.

De repente comenzó a llover y el abuelo se dio cuenta de que yo iba a estar solo por toda la noche.

La pequeña casa estaba rodeada de esos altos árboles que parecían llegar al cielo. Eran las seis de la mañana y como cada mañana, los animales salían del bosquecito como descubriendo una nueva vida. Era allí donde se sentaba mi abuelo que entonces tenía sesenta años. Allí quería pasar sus últimos años, estaba satisfecho de haber tenido una vida tan completa. Él y mi abuela eran muy cariñosos y siempre disfrutaban de nuestra compañía. Cuando hacía mal tiempo, él se entristecía porque no podía compartir sus días con sus animales y la naturaleza. Allí se quedaba hasta que eran las nueve cuando mi abuela lo llamaba y entraba a desayunar. Ahora sí que ellos conocían la felicidad.

If you had any difficulty finding the verbs in the imperfect, it is a good idea to review and practice the forms on pp. 46–47

Uses of the imperfect

The imperfect tense is used to express the following:

1. Descriptions in the past
   Ellos **eran** muy simpáticos.   *They were (used to be) very kind.*

2. An action that went on for a period of time in the past that is not specific, with no reference to its beginning or end
   Él me **miraba** mientras yo **trataba** de recoger los papeles.   *He was looking at me while I was trying to pick up the papers.*

3. A customary, habitual or indefinitely repeated action in the past. One of the best ways to recognize this use is to think of the English *used to, was,* or *would*
   Los domingos yo **caminaba** por la playa.   *On Sundays I used to (would) walk on the beach.*

4. The background or setting in which an action took place
   Hacía un viento tremendo cuando salimos de la escuela.   *It was extremely windy when we left school.*
   Elena **corría** por la acera y de repente se cayó.   *Elena was running on the sidewalk and all of a sudden she fell.*

5. Time of day in the past
   Eran las tres de la tarde.   *It was three o'clock in the afternoon.*

6. Age in the past
   El director **tenía** sesenta años.   *The director was sixty years old.*

7. A mental or physical state of being in the past. In the past, nonaction verbs such as *saber, conocer, querer, estar, creer,* and *tener* are usually in the imperfect
   Tú no **conocías** Lima muy bien.   *You didn't know Lima very well.*
   Estaba alegre mientras **tenía** con quien jugar.   *I was very happy while I had someone to play with.*

Common expressions with the imperfect

Expressions that emphasize the customary, habitual, or repetitive nature of a past action are often used with the imperfect. Some of these expressions are

generalmente	normalmente	a veces
constantemente	todos los días, todas las tardes, etc.	con frecuencia
siempre	cada día (semana, mes, etc.)	por lo general
todos los días	de costumbre	regularmente
frecuentemente	a menudo	

Now read the selection on p. 8 again and explain why the verbs you underlined are in the imperfect tense. The explanation above will help you.

The verb *haber*

The verb *haber* is used impersonally in the imperfect and the preterite tense in order to express *there was, there were*. When deciding whether to use the imperfect or the preterite tense, apply the general rules given above for the use of these tenses.

Había mucha gente en el estadio cuando nuestro equipo ganó.
(background information)

There were many people in the stadium when our team won.

Hubo un terremoto en México el año pasado.
(action totally completed within a definite period of time)

There was an earthquake in Mexico last year.

Ejercicios

A. Las vacaciones de Vilma. Vilma les habla a sus amigos sobre sus vacaciones cuando era joven. Completa lo que dice con la forma del verbo entre paréntesis en **el imperfecto**.

Cuando yo _____ (ser) más joven, cada año mis padres y yo _____ (pasar) unas vacaciones fabulosas. Generalmente nosotros _____ (hacer) viajes cortos a lugares cerca de mi casa. Por ejemplo, algunas veces nosotros _____ (ir) a un parque nacional donde _____ (haber) un río. Allí nosotros _____ (tener) la oportunidad de jugar al aire libre y divertirnos mucho. Papá y mis hermanos _____ (pescar) en el río y muchas veces nosotros _____ (cocinar) y _____ (comer) los pescados allí mismo en el parque. A mí me _____ (gustar) recoger muchas de las flores silvestres que _____ (crecer) en el campo. Yo las _____ (llevar) a mi casa y las _____ (poner) entre las páginas de mis libros.

Otras veces nosotros _____ (visitar) algunos museos, pero a mis hermanos no les _____ (gustar) mucho los museos. Ellos _____ (tener) once y doce años y yo _____ (tener) dieciséis, así que yo _____ (apreciar) más el arte. Yo no _____ (conocer) a muchos de los artistas famosos pero estas visitas me _____ (ayudar) a aprender mucho.

Muchas veces nosotros _____ (invitar) a algunos de nuestros amigos. Ellos siempre _____ (estar) muy contentos de poder pasar un día al aire libre porque sus padres no _____ (tener) coche. Cuando _____ (ser) hora de cenar, mis padres nos _____ (llevar) a un restaurante antes de regresar a casa. Durante esos viajes cortos yo _____ (ser) muy feliz.

B. La descripción de una persona y de su casa.
Completa el siguiente párrafo de la novela *Las hojas muertas* de Bárbara Jacobs, una escritora mexicana. En esta selección la autora describe al tío Gustav, su casa y su trabajo. Como es una descripción, usa **el imperfecto** de los verbos entre paréntesis.

Ésta es la historia de papá, papá de todos nosotros.

El hermano de papá _____ (llamarse) Gustav, sin *o*, y _____ (ser) mayor que él. Cuando nosotros _____ (ser) niños tío Gustav _____ (vivir) en Saginaw, Michigan, con una mujer mayor que él que _____ (beber) mucho y que _____ (tener) una hija y dos hijos de pelo lacio (*straight hair*) y largo, medio café. La casa de tío Gustav _____ (ser) muy moderna y _____ (tener) muchas cosas de madera (*wood*) y _____ (oler) a casa moderna americana llena de aparatos (*appliances*) eléctricos que [nosotros] no _____ (saber) para qué _____ (servir) pero que _____ (servir) de maravilla. Tío Gustav _____ (trabajar) en una compañía que _____ (fabricar) parabrisas (*windshields*) para automóviles y que _____ (ser) suya y _____ (llamarse) Visors Incorporated y _____ (estar) en el número 200 de la calle Waterfall ahí en Saginaw. Tío Gustav _____ (manejar) un Lincoln Continental…

C. Imagina que tú conoces al tío Gustav y a su familia muy bien.
Escribe dos frases que describan a las siguientes personas o cosas. Usa **el imperfecto**.

la esposa del tío Gustav

_____

_____

su hija

_____

_____

el Lincoln Continental

_____

_____

D. La influencia del tiempo (*weather*).

Muchas veces el estado del tiempo influye en lo que hacemos. Escribe **el imperfecto** del verbo entre paréntesis en el espacio en blanco. Luego, di lo que tú o estas personas hacían para entretenerse. Aquí tienes algunas actividades que te pueden ayudar en tus respuestas.

jugar en su cuarto / jugar al Monopolio / ir a la playa / ver una película / pintar / esquiar / correr en el parque / mirar la televisión / alquilar un video

Modelo: Cuando _____ (estar) nublado, mi hermanito…
Cuando estaba nublado, mi hermanito jugaba en su cuarto.

1. Cuando _____ (llover), mis amigos y yo…

_____

2. Si _____ (hacer) mucho sol, nosotros…

_____

3. Si _____ (hacer) mal tiempo, yo…

_____

4. Cuando _____ (nevar), mis padres…

_____

5. Si _____ (hacer) mucho frío y yo no _____ (querer) salir afuera yo…

_____

E. Comparando los hábitos de mis padres.

¿Cómo han cambiado tus padres? Usa los siguientes temas como guía para describir cómo han cambiado tus padres. Usa **el imperfecto** en la primera parte (lo que hacían antes) y **el presente** en la segunda parte (lo que hacen ahora). Puedes usar las siguientes categorías u otras que **no están en la lista**.

las actividades sociales   las tareas   la ropa   el teléfono
los amigos   las fiestas   la televisión

Modelo: *Antes mis padres salían todos los sábados, pero ahora se quedan en casa.*

1. _____

2. _____

3. _____

4. _____

5. _____

6. _____

F. Describiendo a una persona.

Piensa en tu maestro o maestra favorito(a) en la escuela primaria y descríbelo(a). Usa la siguiente guía para hacer una descripción detallada. Usa **el imperfecto** en tus respuestas.

Identificación: su nombre, edad aproximada

Personalidad: generoso, alegre, trabajador, interesante, justo, etc.

Apariencia física: estatura (alto[a]/bajo[a])
peso (gordo[a]/delgado[a])
color de los ojos
color del pelo

Otra información: la manera de vestir
cosas que él/ella hacía que te gustaban

También incluye uno o dos detalles importantes que no están en la lista para que lo/la conozcamos mejor.

_____

_____

_____

_____

_____

_____

_____

_____

_____

G. Haciendo otras descripciones en el pasado.

Muchos dicen que el tiempo pasado siempre fue mejor que el actual. Escribe un párrafo corto en **el imperfecto** describiendo un momento de tu vida pasada cuando eras más joven. No te olvides de describir las actividades que te gustaban y las que no te gustaban. Usa las siguientes preguntas como guía.

¿Cuántos años tenías? ¿Cómo era tu vida? ¿Qué hacías para divertirte? ¿Cómo eran tus amigos? ¿Qué te gustaba hacer durante las vacaciones? ¿Qué cosas/actividades te aburrían? ¿Quién te daba consejos cuando tenías problemas? ¿Qué hacías cuando estabas triste? ¿Adónde ibas los fines de semana? ¿Con quién pasabas la mayor parte del tiempo? ¿Por qué?

_____

_____

_____

_____

_____

_____

_____

_____

_____

_____

Ahora comparte tu respuesta con otro estudiante de la clase y hazle tres preguntas para obtener más información sobre lo que él/ella dice. Usa **el imperfecto**.

Ejercicios de resumen

A. Después de la reunión del club. Diego habla con Salvador en el pasillo de la escuela sobre su nueva amiga Isabel y lo que hicieron después de la reunión del club. Completa la conversación con la forma correcta del verbo entre paréntesis en **el pretérito** o **el imperfecto**.

—¿Dónde _____ (conocer) a Isabel, Diego?

—Yo la _____ (conocer) en una reunión del club.

—Yo _____ (creer) que tú _____ (ser) buen amigo de su hermano.

—No, yo ya lo _____ (conocer) a él, pero ayer _____ (ser) la primera vez

que Juan y Teresa me la _____ (presentar).

—Y, ¿qué _____ (hacer) Uds. después de la reunión?

—Nosotros _____ (dar) un paseo porque _____ (buscar-nosotros) un

restaurante para la fiesta de fin de año.

—¡Qué pena! Yo no _____ (ir) a la reunión porque no _____ (querer)

enojar a mis padres. Anteayer _____ (llegar) muy tarde a casa y ellos me

_____ (gritar) porque yo no _____ (poder) terminar todas las tareas.

—Sí, ya sé lo que _____ (pasar). Lo _____ (saber) porque Teresa me lo

_____ (decir).

—Bueno, pienso ir a la próxima.

—¡Fantástico! Nosotros te _____ (echar) de menos.

B. Mis vacaciones. Consuelo está hablando con sus amigos sobre sus vacaciones cuando era más joven. Completa el párrafo con la forma correcta del verbo entre paréntesis en **el pretérito** o **el imperfecto**.

Mis padres y yo siempre _____ (ir) a un campamento en las montañas. Allí

nosotros _____ (poder) jugar y correr sin ningún problema. El verano que yo

_____ (cumplir) cinco años, nosotros _____ (ir) al campamento también.

Pero en esta ocasión, nosotros _____ (tener) problemas. _____ (Haber)

niños por todas partes y un día ellos _____ (ver) un oso (*bear*). El oso

_____ (empezar) a correr y nosotros _____ (empezar) a gritar y a correr

también. Este incidente _____ (molestar) a las otras personas

que _____ (buscar) tranquilidad ese hermoso día de verano. Ellos _____

(huir) a sus cabañas y le _____ (pedir) al dueño que no permitiera niños en el campa-

mento. Esa semana nos _____ (permitir) quedarnos pero nos _____

(advertir) que nosotros _____ (tener) que portarnos bien. Luego, el dueño del

campamento le _____ (decir) a mi padre que nosotros no _____ (poder) regresar el año siguiente. Los pobres turistas _____ (estar) cansados de nuestros gritos y de los otros niños que los padres _____ (traer) al campamento. Desde ese día sólo dejan veranear allí a parejas sin niños pequeños.

C. En el pasado.
Usa la información a continuación para escribir ocho frases completas. Presta atención a las expresiones de tiempo. No olvides que el pretérito se usa para expresar eventos que se completaron en el pasado o que indican el comienzo o el final de una acción. El imperfecto se usa para describir y expresar acciones que se repetían en el pasado.

Ayer	regresar a casa	asistir a clases de piano
A menudo	limpiar mi cuarto	no haber comida en casa
La semana pasada	conducir a la escuela	necesitar ayuda
Anoche	salir a bailar	querer ayudar a mis padres
Por lo general	ir de compras	no haber autobuses
Anteayer	salir temprano	necesitar divertirme
Frecuentemente	ayudar a mis abuelos	tener un examen
Por lo general	hacer ejercicio	venir a visitar a mis amigos
	poner la mesa	enfermarse en la escuela
		haber una huelga de trenes
		querer perder peso

Modelo: *Ayer regresé a casa porque me enfermé en la escuela.*

1. _____

2. _____

3. _____

4. _____

5. _____

6. _____

7. _____

8. _____

D. En busca del tesoro perdido.
Imagina que tú y tus amigos han hecho una expedición en busca de un tesoro perdido. Usa la siguiente guía para narrar la aventura. Usa el tiempo indicado entre paréntesis en la narración.

1. Describe los antecedentes (*background*): los alrededores, la hora, el tiempo, etc. (imperfecto)

2. Describe a las personas que fueron contigo: quiénes eran, cómo eran, etc. (imperfecto)

3. Di lo que hicieron, adónde fueron, lo que encontraron. (pretérito)

4. Di lo que hicieron con el tesoro. (pretérito)

5. Añade cualquier otra información que consideres importante.

El presente perfecto

Uses of the present perfect

The present perfect is generally used to talk about events that have occurred in a period of time that began in the past and continues to the present such as *today, this morning, this afternoon, this week, this year, always,* and *not yet.* It is used in Spanish the same way as it is used in English.

Yo **he trabajado** por más de ocho horas.   *I have worked for more than eight hours.*

Este año tú **has estado** muy ocupado.   *This year you have been very busy.*

Los inspectores **han estado** aquí desde   *The inspectors have been here since this*
esta mañana.   *morning.*

Todavía no **hemos leído** todo el cuento.   *We have not read the whole story yet.*

The present perfect is formed with the present tense of *haber* and the past participle of the verb.

If you would like to review and/or practice the formation of the present perfect tense, go to p. 48.

Ejercicios

A. Celia quiere estar en forma. Celia habla con Genaro sobre lo que ha hecho y sobre sus planes para un nuevo programa de ejercicios porque quiere estar en forma. Completa la conversación con la forma correcta del verbo entre paréntesis en **el presente perfecto**.

—¿_____ (Ver-tú) la última película de Mel Gibson?

—Sí, yo la _____ (ver). _____ (Ir) al cine tres veces esta semana. Y tú,

¿qué _____ (hacer)?

—Jorge y yo _____ (ir) al gimnasio esta mañana pero nosotros no _____

(hacer) mucho ejercicio. _____ (Hablar) con el entrenador y _____

(discutir) un nuevo programa de ejercicio para los dos.

—¿Tú _____ (hablar) con Pablo? Su padre _____ (abrir) un gimnasio en la

calle Serrano.

—Sí, y él _____ (conseguir) un trabajo allí. Me gustaría ir a ese gimnasio pero nosotros ya

_____ (pagar) por seis meses.

B. Preparándote para el futuro. Responde a las siguientes preguntas según tu experiencia personal. Usa **el presente perfecto** en tus respuestas.

1. ¿Has pensado en ir a la universidad o en trabajar después de la escuela secundaria?

_____

2. ¿Has hecho planes para ir a la universidad?

_____

3. ¿Has investigado algún trabajo que te gustaría hacer?

_____

4. ¿Has decidido mudarte de tu casa?

_____

5. ¿Has leído los catálogos de las universidades?

_____

6. ¿Les has dicho a tus padres los planes que tienes?

_____

C. Un programa de intercambio.

Uno(a) de tus compañeros quiere participar en el programa de intercambio que tiene tu escuela. Tú tienes que entrevistarlo(la) para ver si él o ella puede participar. Escribe las preguntas que le vas a hacer usando las frases a continuación. Usa **el presente perfecto** en las preguntas.

1. estudiar español

_____

2. viajar a un país de habla hispana

_____

3. discutir el programa con tus padres

_____

4. hacer planes para el verano

_____

5. ver la lista de los requisitos

_____

6. ir a todas las reuniones del grupo

_____

Ahora hazle las preguntas a un(a) compañero(a) de clase y escribe sus respuestas.

_____

_____

_____

_____

_____

_____

La narración y la descripción en el pasado (I)   **17**

D. La limpieza de la casa de Julieta. La familia de Julieta ha limpiado la casa, pero desafortunadamente sus primos acaban de llegar y ahora están destruyendo todo el trabajo hecho por la familia. Usa las frases a continuación para escribir oraciones completas indicando lo que Julieta dice que ella y los miembros de su familia han hecho y lo que sus primos hacen ahora. Usa **el presente perfecto** en la primera parte de la frase y **el presente** en la segunda parte.

Modelo: yo / limpiar los escaparates /desarreglar
He limpiado los escaparates y ahora ellos los desarreglan.

1. mi papá / barrer (*sweep*) el piso / ensuciar (*dirty*)

_____

2. mi mamá / limpiar la bañadera / jugar con sus barquitos en ella

_____

3. mi mamá y yo / recoger los juguetes / querer jugar con ellos

_____

4. mi hermano / arreglar la bicicleta / montar en ella

_____

5. yo / servir refrescos en el patio / beber en la sala

_____

6. mi hermano / hacer las camas / acostarse en ellas

_____

E. Sucesos recientes. Escoge un período de tiempo específico (hoy, ayer, anteayer, etc.) y escribe cinco frases sobre eventos que han ocurrido recientemente.

Modelo: *Esta mañana me he cambiado de ropa tres veces.*

_____

_____

_____

_____

_____

_____

_____

_____

_____

F. ¡Qué semana! Ésta ha sido una de las peores semanas del año. Todo el mundo ha estado muy ocupado y nadie ha podido hacer todas las cosas que tenía que hacer. Escribe frases completas para expresar las cosas que tú, tus padres o tus amigos no han hecho todavía. Usa **el presente perfecto** en tus respuestas.

Modelo: hablar con la consejera
Mis padres todavía no han hablado con la consejera.

1. cubrir la piscina

_____

2. limpiar el cuarto

_____

3. terminar un proyecto

_____

4. ir al banco

_____

5. escribir cartas

_____

6. leer el diario

_____

7. hacer las compras

_____

8. abrir la correspondencia

_____

El pluscuamperfecto

Uses of the pluperfect

The pluperfect is used to indicate events that precede other events in the past.

Cuando yo nací mi abuelo ya **había muerto**.

When I was born my grandfather had already died.

Cristóbal comió mucho porque no **había desayunado**.

Cristóbal ate a lot because he had not eaten breakfast.

The pluperfect is formed with the imperfect tense of *haber* and the past participle of the verb.

If you would like to review and/or practice the formation of the pluperfect tense, go to p. 49.

Ejercicios

A. ¿Qué había pasado? Usa las palabras a continuación para expresar lo que ya había pasado cuando otra cosa sucedió. Usa **el pluscuamperfecto** en la primera parte de la frase y **el pretérito** en la segunda.

Modelo: el profesor / entrar a la clase / yo / llegar
El profesor ya había entrado a la clase cuando yo llegué.

1. mis padres / salir para la oficina / yo / despertarse

   _____

2. mi mejor amigo(a) / comprar la cinta / su novio(a) / regalarle otra

   _____

3. mi amiga / conseguir los boletos / nosotros / llegar al cine

   _____

4. Uds. / ver a Guillermo / nosotros / verlo

   _____

5. el examen de español / terminar / ellos / entrar en la clase

   _____

6. yo / oír la noticia / mi primo / llamar

   _____

7. nosotros / leer el libro / nosotros / ver la película

   _____

8. ellos / abrir la puerta / la gente / salir

   _____

9. Esteban / hacer la tarea / nosotros / llamar

   _____

10. el avión / aterrizar / mis parientes / llegar al aeropuerto

    _____

B. Un verano de nuevas experiencias. El verano pasado fue un verano lleno de nuevas experiencias para Santiago y sus amigos. Usa **el pluscuamperfecto** y la información a continuación para expresar lo que él y sus amigos dicen que nunca habían hecho.

Modelo: yo/ir a un campamento de verano
Yo nunca había ido a un campamento de verano.

1. mi amiga Dolores/ver tantos osos

   _____

2. yo/escribir un cuento

_____

3. Juan y Eduardo/hacer una excursión a los lagos

_____

4. yo/traer tantos recuerdos de un viaje

_____

5. tú/leer cinco libros en una semana

_____

6. nosotros/descubrir lugares tan interesantes

_____

7. Antonio/dar clases de natación a niños pequeños

_____

8. mis amigos y yo/conocer a chicos de Africa

_____

C. Es mejor prevenir.
Usa las frases a continuación como guía. Expresa tres cosas que tú o tus compañeros habían hecho antes de los siguientes incidentes. Usa **el pluscuamperfecto**.

1. Antes del examen ayer yo ya…

_____

2. Antes de pedirles permiso a mis padres para salir con mis amigos yo ya…

_____

3. Antes de acostarme anoche yo ya…

_____

4. Antes de llegar a la escuela ayer yo ya…

_____

5. Antes de ir a la fiesta mis amigos ya…

_____

6. Antes de venir a visitarme tú ya…

_____

7. Antes de invitarme a ir al cine mi novio(a) ya…

_____

8. Antes de ir de vacaciones nosotros ya…

_____

D. Antes de tiempo. Muchas veces hacemos ciertas cosas antes de que otras actividades ocurran. Escribe cinco frases sobre las actividades que habías hecho antes de hacer otra actividad.

Modelo: *Yo había estudiado antes de ir al cine.*

_____

_____

_____

_____

_____

_____

Other expressions to talk about the past

1. To talk about an event or action that was going on in the past for a period of time and was still going on when something else happened, use the following:

   Hacía + period of time + que + verb in the imperfect
   Hacía dos días que **caminaban** cuando
   vieron las cataratas.

   They had been walking for two days when they saw the falls.

   Verb in the imperfect + desde hacía + period of time
   Caminaban desde hacía dos días
   cuando vieron las cataratas.

   They had been walking for two days when they saw the falls.

   In the situations above, when asking a question, use:
   ¿Cuánto tiempo hacía que + verb in the imperfect?
   ¿Cuánto tiempo hacía que **caminaban**
   cuando vieron las cataratas?

   How long had they been walking when they saw the falls?

   ¿Desde cuándo + verb in the imperfect?
   ¿Desde cuándo caminaban cuando
   vieron las cataratas?

   How long (since when) had they been walking when they saw the falls?

2. To talk about the time that has passed since an action ended, use the following:

   Hace + period of time + que + verb in the preterite
   Hace un año que **fui** a Machu Picchu.

   A year ago I went to Machu Picchu.

   Verb in the preterite + hace + period of time
   Fui a Machu Picchu **hace** un año.

   I went to Machu Picchu a year ago.

   In the situations above, when asking a question, use:
   ¿Cuánto tiempo hace que + verb in the preterite?
   ¿Cuánto tiempo hace que **fuiste** a Machu Picchu?

   How long ago did you go to Machu Picchu?

Ejercicios

A. ¿Cuánto tiempo hacía que...? Contesta a las siguientes preguntas. Expresa cuánto tiempo hacía que no habías hecho las siguientes actividades.

Modelo: ¿Viste a Pedro?
  Sí, hacía dos días que no lo veía.
  o
  Sí, no lo veía desde hacía dos días.

1. ¿Visitaste al doctor?

   _____

2. ¿Hiciste la tarea?

   _____

3. ¿Pusiste el dinero en el banco?

   _____

4. ¿Estudiaste para el examen?

   _____

5. ¿Abriste los libros para estudiar?

   _____

B. Un concurso de talento artístico. Una de tus amigas habla contigo sobre el concurso de talento artístico que ella ganó. Tú estás muy sorprendido(a) y le haces preguntas sobre su preparación para el concurso. Usa la información a continuación para escribir las preguntas. Usa diferentes tipos de preguntas.

Modelo: practicar el piano
  ¿Desde cuándo practicabas el piano?
  o
  ¿Cuánto tiempo hacía que practicabas el piano?

1. participar en concursos

   _____

2. aprender a tocar esa canción

   _____

3. ir a las clases de canto

   _____

4. querer ser cantante

   _____

5. actuar en obras de teatro

   _____

C. ¿Cuánto tiempo hace que...? Contesta a las siguientes preguntas según tu experiencia personal.

1. ¿Cuánto tiempo hace que fuiste a la casa de tus abuelos?

   _____

2. ¿Cuánto tiempo hace que visitaste a tus parientes?

   _____

3. ¿Hace mucho tiempo que llegaste a la clase?

   _____

4. ¿Hace poco tiempo que asististe a la escuela primaria?

   _____

5. ¿Cuánto tiempo hace que viajaste a México?

   _____

6. ¿Hace mucho tiempo que hablaste español con tus amigos?

   _____

D. El nuevo estudiante. Gilberto, un nuevo estudiante en tu escuela, tiene muchos talentos y es muy activo. Usa las frases a continuación para escribir preguntas y para saber desde cuándo hace las actividades en que participa.

Modelo: escalar montañas
   ¿Cuánto tiempo hace que escalas montañas?
   o
   ¿Desde cuándo escalas montañas?

1. escribir programas para la computadora

   _____

2. leerles a los ciegos

   _____

3. bailar el tango

   _____

4. jugar al tenis

   _____

5. correr en el maratón

   _____

6. patinar sobre hielo

   _____

En conclusión...

A. Un encuentro feliz. Lee la siguiente selección sobre dos hermanos que se encuentran en la calle después de no verse por mucho tiempo, luego complétala con la forma correcta de los verbos entre paréntesis en el pasado. Los verbos marcados con un asterisco necesitan **el pluscuamperfecto**. Los otros verbos necesitan **el imperfecto** o **el pretérito**.

Rigoberto _____ (ir) caminando por la calle cuando de repente _____ (sentir) que alguien le _____ (dar) una palmada (*pat*) en el hombro. Él _____ (volverse) y allí, delante de él, _____ (ver) a su hermana Florinda. ¡Qué sorpresa! No la _____ (ver*) desde _____ (hacer) dos años. _____ (Abrazarse-ellos), y por unos minutos ambos _____ (reír) y _____ (llorar) de felicidad. Ahora ya no tendría que buscarla más.

Diez años _____ (pasar*) desde que ellos _____ (despedirse) en aquella vieja estación de trenes en su pueblo natal. Diez años en los que él _____ (sufrir*), _____ (llorar*) y la _____ (buscar*) en vano. Pero nunca _____ (perder-él*) la esperanza de verla otra vez.

Ella _____ (estar) igual, no _____ (cambiar*). Sin embargo, él ahora _____ (sentirse) más viejo, más acabado. Su corazón _____ (ser) el mismo. _____ (Querer-él) a su hermana ahora más que nunca pues durante esos años él _____ (comprender*) lo que el amor de una hermana _____ (representar).

B. Cómo escogí mi carrera... Elías pasó un verano en el campo y esta experiencia lo ayudó a decidir la carrera que quería seguir. Completa la narración con la forma correcta de los verbos entre paréntesis en **el pretérito** o **el imperfecto**. El último verbo necesita **el pluscuamperfecto**.

Hace ya varios años, mis padres me _____ (mandar) durante el verano a una finca en las afueras de la ciudad. Aquel verano en el campo _____ (ser) una de las experiencias más inolvidables de mi vida. Yo _____ (vivir) en una ciudad muy grande y sólo había visto el campo en los programas de televisión que yo _____ (mirar) con tío Hugo. En la finca, nosotros _____ (levantarse) a eso de las ocho para así poder salir con los trabajadores a ordeñar las vacas (*milk the cows*). Un día nosotros _____ (ir) a visitar otra finca. El dueño _____ (tener) una casa que _____ (estar) muy vieja, llena de cachivaches (*junk*) y con un olor a miel que ya _____ (poder-nosotros) oler desde el estacionamiento.

El dueño _____ (tener) unos cincuenta años. Él había vivido en esa finca toda su vida. _____ (Vivir-él) con su esposa y _____ (tener) tres hijos. Juan _____ (tener) ocho años, Carola diez y Ramiro ya _____ (tener) veinte y se había mudado a la ciudad. Cuando él _____ (decidir) mudarse, su familia no

_____ (sentirse) muy contenta, pero como Ramiro _____ (querer) estudiar para veterinario y como sus padres _____ (querer) lo mejor para él, ellos _____ (aceptar) su decisión y lo _____ (apoyar) mucho.

Ramiro _____ (venir) a visitar a su familia cada mes. _____ (Ser) claro que él _____ (tener) un buen sentido de lo que la familia _____ (representar) para él. Cuando _____ (venir-él) siempre _____ (compartir) con su padre lo que había aprendido en la universidad. Ese día una de sus vacas favoritas _____ (enfermarse). Ramiro _____ (ir) al corral. De repente, nosotros _____ (oír) los lamentos del pobre animal y él _____ (comenzar) a examinarla. Yo _____ (buscar) una manta que _____ (servir) para cubrir a la vaca cuando ella _____ (caer) al suelo. Ramiro _____ (concluir) que _____ (tener) una infección y después de unos días nosotros _____ (ver) como la vaca se había recuperado.

Ésta _____ (ser) la experiencia que me _____ (convencer) a estudiar para veterinario. Yo _____ (querer) ayudar a los animales como lo _____ (hacer) Ramiro ese día.

C. El primer viaje de Yolanda al parque de atracciones.
Cuando Yolanda tenía diez años fue a un parque de atracciones por primera vez. Completa las frases con la forma correcta del verbo entre paréntesis en **el pretérito** o **el imperfecto**. Los verbos marcados con un asterisco necesitan **el pluscuamperfecto**.

Los preparativos para el viaje

Yolanda recuerda que un domingo sus padres _____ (levantarse) muy temprano y le _____ (decir) que ya _____ (ser) hora de visitar el parque de atracciones que _____ (encontrarse) a unas dos horas de su casa. Para ella aquello _____ (ir) a ser una gran experiencia porque ella siempre _____ (oír*) hablar a sus amigos de sus experiencias en el parque. Sus padres _____ (temer) que como ella _____ (ser) tan pequeña no _____ (ir) a disfrutar de la variedad de juegos que _____ (haber) allí.

Cuando sus padres la _____ (despertar), ella _____ (levantarse), _____ (vestirse) rápidamente y _____ (bajar) al comedor en unos minutos. Sus padres _____ (estar) muy sorprendidos por su rapidez pero inmediatamente _____ (darse-ellos) cuenta de que esta experiencia _____ (significar) mucho para su hija y ella _____ (estar) muy emocionada. Por fin _____ (llegar) la hora de salir. Ellos _____ (estar) también muy entusiasmados pues al llevarla allí también _____ (recordar-ellos) la primera vez que sus padres los habían llevado al parque de atracciones. Ellos habían crecido juntos y sus padres, quienes _____ (ser) muy buenos amigos, _____ (hacer) muchas cosas juntos y por eso durante su niñez _____ (llegar) a conocerse muy bien antes de casarse.

D. Lo que ocurrió en el parque de atracciones.

Continúa el cuento sobre el primer viaje de Yolanda al parque de atracciones. Completa las frases con la forma correcta del verbo entre paréntesis en **el pretérito** o **el imperfecto**. El último verbo necesita **el pluscuamperfecto**.

Ya en el parque _____ (ocurrir) algo que nadie _____ (esperar). Ella

_____ (estar) al borde de la piscina, _____ (ir) a tirarse (*throw herself*) al

agua cuando _____ (oír) una explosión. _____ (Caerse-ella) en la parte

más profunda de la piscina y no _____ (saber) nadar. Más tarde Yolanda me

_____ (hacer) el cuento:

— _____ (Tropezar-yo) con otro chico y _____ (caerse-yo). Yo no

_____ (poder) mantenerme a flote y _____ (tragar) mucha agua.

El salvavidas _____ (venir) a rescatarme. Yo _____ (abrazarse)

de él y _____ (utilizar-yo) toda mi fuerza para llegar a la orilla. ¡Uy, casi

_____ (ahogarse-yo)!

Este incidente _____ (producir) una verdadera revolución en la piscina. Pero al

final, el salvavidas _____ (convertirse) en un héroe. Yolanda _____

(aprender) una buena lección. _____ (Sentirse-ella) mal porque había echado a perder

un día tan importante para sus padres. Pero después de varias horas, todos _____

(conseguir) divertirse y Yolanda al final del día _____ (poder) decir con satisfacción

que _____ (tener)* una experiencia inolvidable.

E. ¿Existe el más allá (*the hereafter*)?

Alberto habla sobre su experiencia con los seres extraterrestres. Completa lo que dice con la forma correcta del verbo en **el pretérito** o **el imperfecto**. Los verbos marcados con un asterisco necesitan **el pluscuamperfecto**.

Alberto _____ (despertarse*) a causa del ruido que _____ (oír*) afuera

de la ventana del cuarto donde _____ (dormir). Hacía varios días que no

_____ (poder-él) dormir. Sus padres _____ (estar) un poco preocupados

porque él y sus amigos _____ (estar) mirando ese programa de televisión llamado *The

X-Files*. Sus amigos lo _____ (mirar) todos los sábados y durante la semana ellos

_____ (discutir) lo que _____ (suceder*). Alberto _____

(estar) convencido de que los extraterrestres _____ (existir) y que un día aterrizarían en

el patio de su casa y se lo llevarían lejos para hacer experimentos extraños.

Aquella noche obviamente él _____ (estar*) pensando en el último episodio del

programa. _____ (Hacer-él*) su tarea temprano y _____ (acostarse*).

Ya en la cama _____ (empezar-él) a pensar en lo que una experiencia extraterrestre

podría ser y en pocos minutos ya _____ (dormir-él) profundamente. Pero aquel ruido

afuera de su cuarto lo _____ (despertar) y ahora medio dormido y medio despierto

_____ (creer-él) que la nave espacial finalmente _____ (llegar*).

_____ (Empezar-él) a sudar y de repente _____ (sentir) que alguien lo

_____ (levantar) de su cama. Ellos _____ (gritar) mientras lo

_____ (llevar) fuera de su cuarto. Ya afuera de su casa _____ (reconocer-él) a sus padres. De repente, _____ (ver-él) varios camiones de bomberos que _____ (llegar) a casa de su vecino. Una falsa alarma _____ (sonar*) y sus padres asustados lo _____ (sacar*) de la casa. Todo _____ (ser*) un gran error. En ese momento Alberto _____ (empezar) a darse cuenta de que los programas de televisión pueden tener ciertos efectos que no siempre son muy beneficiosos.

F. Incidentes curiosos de la vida real. Usando las situaciones siguientes como guía, trata de terminar el cuento con todo el detalle posible. Las preguntas también te van a ayudar a completar el cuento.

1. La semana pasada yo andaba caminando por el parque cuando de repente vi algo detrás de un árbol. Cuando me acerqué me di cuenta de que era un perro grandísimo…

   [¿Qué hiciste? ¿Cómo reaccionó el perro? ¿Qué sucedió después? ¿Cómo terminó el incidente?]

2. Anoche tuve un sueño muy extraño. En el sueño mis amigos corrían por una calle solitaria. Ellos me habían dejado en una esquina. Era una ciudad que no reconocía. Me senté en la acera y comencé a llorar…

   [¿Cuánto tiempo estuviste allí? ¿Vino alguien? ¿Qué pasó después? ¿Qué les pasó a tus amigos? ¿Qué pasó al final del cuento?]

3. —Señor policía, yo estaba durmiendo cuando oí un ruido afuera de mi apartamento/casa. Me levanté y miré por la ventana. Afuera había…

   [¿Qué había afuera? ¿Cómo reaccionaste? ¿Qué sucedió después? ¿Te ayudó el policía?]

4. La semana pasada tuve una pesadilla (*nightmare*). En la pesadilla mis padres habían invitado a mi profesor(a) de español a pasarse un mes con nosotros en una de las playas más hermosas del Caribe…

   [¿Cuál fue tu reacción cuando supiste la noticia? ¿Cuál fue tu reacción cuando viste al/a la profesor(a)? ¿Qué pasó en la playa? ¿Cómo reaccionaron tus amigos? ¿Cómo cambió tu relación con tus padres? ¿Con el/la profesor(a)? ¿Cómo terminó la pesadilla?]

G. La mejor época de mi vida. Escoge un período de tiempo en el pasado cuando tu vida era muy memorable y feliz. Describe detalladamente lo que hacías, con quiénes compartías los días, la razón por la cual te sentías tan feliz, etc. Tu composición debe ser de unas 200 palabras. Usa los tiempos del pasado.

H. Una experiencia inolvidable. Escoge un incidente que haya afectado tu vida de una manera positiva o negativa. Usa la siguiente lista como guía para cada párrafo. Recuerda que como este incidente ocurrió en el pasado necesitas usar el pretérito, el imperfecto y el pluscuamperfecto. Usa los tiempos del pasado.

Primer párrafo: Identifica el incidente. Di si te afectó de una manera
                   positiva o negativa.

Segundo párrafo: Describe el incidente. Da todos los detalles posibles.

Tercer párrafo: Explica cómo y por qué te afectó la experiencia.

Cuarto párrafo: Escribe un breve resumen.

Proyecto final (opcional)

El siguiente proyecto necesita dos o tres días de preparación. En este ejercicio el/la profesor(a) va a escoger a varios estudiantes para que hagan los diferentes papeles.

El caso del doctor Fernández

Primer día (en clase): Imagina que eres un(a) detective famoso(a) y que ha ocurrido un crimen que tienes que investigar. Lee la descripción de lo que ocurrió y la información de las personas comprometidas en el asunto.

El pasado viernes la policía, después de recibir una llamada anónima, descubrió el cuerpo del doctor Fernández en su oficina. El doctor Fernández había sido víctima de un asesinato. El doctor Fernández acababa de descubrir la cura para la gripe. Había estado trabajando este año para el Laboratorio Tos. Antes trabajaba en el Laboratorio Estornudo con el doctor Camacho. Después de una disputa con él, el doctor Fernández continuó sus investigaciones en el moderno Laboratorio Tos.

Los sospechosos:

Doctor Camacho—acusó al doctor Fernández de haber robado el resultado de sus investigaciones
Carmela—novia del doctor Fernández, mujer sospechosa y celosa que pensaba que el doctor pasaba demasiado tiempo en el laboratorio
Germán—ayudante del doctor Fernández e hijo del Dr. Camacho
Señor Carbajal—dueño del Laboratorio Tos, hombre muy avaricioso que creía que le correspondía todo el dinero que traería la invención

En grupos de cinco personas hagan una lista de las preguntas que el detective va a hacerles a los sospechosos. Algunos de tus compañeros de clase harán los papeles de los sospechosos y responderán a las preguntas.

Segundo día (en clase): Después de escoger las mejores preguntas, varios de los estudiantes harán el papel de detectives y les harán las preguntas a los sospechosos. El resto de los estudiantes hace apuntes sobre las respuestas porque una vez que los detectives hayan entrevistado a todos, cada persona del grupo va a escribir un informe explicando quién fue el asesino y por qué cometió el crimen.

Tarea: La tarea consiste en que las personas que son detectives van a escribir el informe sobre la culpabilidad de la persona que ellos creen que es culpable. Los estudiantes que hacen los papeles de los sospechosos van a escribir una declaración explicando por qué son inocentes.

Sin rodeos...

You will now listen to a series of questions about your life when you were younger and events in the past. You will hear each question twice. You will have 20 seconds to respond as fully as possible. Listen to the first question . . .

En escena

Los dibujos a continuación representan un cuento. En tus propias palabras, describe en detalle lo que sucede. Usa el vocabulario y las preguntas a continuación como guía, pero recuerda que debes usar tu imaginación y añadir cualquier información que creas necesaria. Usa **el imperfecto, el pretérito, el presente perfecto** y **el pluscuamperfecto** en la descripción.

Vocabulario y guía

Estudia la siguiente lista de vocabulario antes de comenzar la descripción. Puedes añadir otras palabras o expresiones que te parezcan necesarias.

Sustantivos

el vestido (*the dress*)
la capa (*the cape*)
el disfraz (*the costume*)
la máscara (*the mask*)
la careta (*the mask*)

Verbos y expresiones

quitarse (*to take off*)
divertirse (*to have a good time*)
darse cuenta de (*to realize*)

Las siguientes preguntas e instrucciones te van a ayudar a narrar el cuento. Estas preguntas son sólo una guía. Puedes usar cualquier otra idea que quieras.

1. Hace dos semanas…
   ¿Dónde estaba el chico? ¿Qué hacía el chico? ¿A quiénes vio pasar? ¿Cómo iban vestidas?

2. Unos días más tarde…
   ¿Quién llegó a la casa del chico? ¿Qué trajo?

3. ¿Qué era la carta? ¿Qué decía?

4. Al día siguiente…
   ¿Dónde estaba el chico? ¿Cómo era su cuarto? ¿Qué hizo?

5. El día de la fiesta…
   ¿Dónde estaban los chicos? ¿Qué hacían? ¿Había otras personas? ¿Quiénes eran?

6. Más tarde…
   ¿Qué hizo la chica? ¿Quién era? ¿Cómo reaccionó el chico?

Usa tu imaginación y explica qué sucedió después del descubrimiento.

1

2

3

4

5

6

La narración y la descripción en el pasado (I)

El pretérito

Regular verbs in the preterite

Regular verbs in the preterite are formed by adding the following endings to the stem:

viajar		beber		compartir	
viajé	viajamos	bebí	bebimos	compartí	compartimos
viajaste	viajasteis	bebiste	bebisteis	compartiste	compartisteis
viajó	viajaron	bebió	bebieron	compartió	compartieron

Ejercicios

A. Cambios. Susana habla con sus amigos sobre lo que ella y sus amigos hicieron el verano pasado cuando estaban en un campamento de verano. Completa las frases con la forma correcta del verbo entre paréntesis en **el pretérito**. Luego, sustituye el sujeto en itálica (*in italics*) por los sujetos entre paréntesis.

1. *Yo* _____ (escribir) muchas tarjetas postales. (ellos/tú/ nosotros/Uds./ella)

2. El último día *Elena* _____ (cantar) en una presentación musical. (tú/Juan y Pedro/ella y yo/yo/Ud.)

3. Todos los días *nosotras* _____ (correr) una diez millas. (ellas/yo/ Carmen/tú/Ud./Fernando y Julieta)

B. Hablando de otros. El final del año escolar es siempre muy complicado. Todo el mundo tiene muchas cosas que hacer. Completa las siguientes frases con la forma del verbo en **el pretérito** para expresar lo que Cecilia y sus compañeros no hicieron antes de terminar el año escolar por falta de tiempo.

1. Diego y Carmela no _____ (asistir) a la graduación de su hermano.

2. Tú no _____ (ayudar) al equipo de natación.

3. Yo no _____ (acompañar) a mi madre a las tiendas.

4. Nosotros no _____ (correr) en el parque ayer.

5. Mi amigo Luis no _____ (patinar) con sus primos.

6. Yo no _____ (salir) con mi novia después de las clases.

7. Uds. no _____ (aprender) la pieza para el concierto.

8. Inés y yo no _____ (escribir) a las universidades.

C. ¡Qué noche! Ayer Isabel y su familia estuvieron ocupadísimos. Completa las siguientes frases con la forma correcta del verbo entre paréntesis en **el pretérito**.

1. Yo _____ (correr) en el parque.

2. Mis hermanos y yo _____ (terminar) la tarea temprano.

3. Yo _____ (cocinar) la cena.

4. Mi madre _____ (barrer) la cocina.

5. Mis padres _____ (preparar) los bocadillos para mañana.

6. Mis hermanos _____ (arreglar) los estantes.

7. Pedro _____ (salir) de compras.

8. Tú _____ (limpiar) la mesa del comedor.

9. Mi padre _____ (subir) a su oficina para terminar un informe.

10. Mi madre _____ (lavar) nuestra ropa.

Verbos irregulares

Irregular verbs in the preterite

ir / ser

fui	fuimos
fuiste	fuisteis
fue	fueron

Note that *ir* and *ser* are conjugated the same way in the preterite, but their meaning is determined by the context.

Cuando **fuimos** al partido, Juan **fue** el último en llegar.

When we went to the game, Juan was the last to arrive.

	dar		ver
di	dimos	vi	vimos
diste	disteis	viste	visteis
dio	dieron	vio	vieron

Note that there are no written accents in any of the conjugations of these verbs.

Ejercicios

A. Un concierto fenomenal.   Graciela y sus amigos asistieron a un concierto anoche. Completa las frases con la forma correcta del verbo entre paréntesis en **el pretérito**. Luego, sustituye el sujeto en itálica por los sujetos entre paréntesis y haz los cambios necesarios.

1. Anoche *nosotros* _____ (ir) a un concierto de música folklórica. (tú/yo/Asunción y Abelardo/Uds.)

2. *Antonio Villegas* _____ (ser) el mejor cantante del grupo. (Celia Domínguez/ ellas/tú/nosotros)

3. Al final *ellos* _____ (dar) discos compactos a todas las personas allí. (el gerente (*manager*)/tú/nosotras/Uds./yo)

4. *Nosotros* _____ (ver) a muchas personas famosas. (tú/ellas/Ud./yo/Juan)

B. Es mejor dar que recibir.   Algunas veces te sorprende tu generosidad y la de muchos de tus amigos. Completa las frases siguientes con la forma correcta del verbo *dar* en **el pretérito**.

1. Mi mejor amigo(a) les _____ dinero a los pobres.

2. Yo _____ una fiesta para los chicos del segundo grado.

3. Mi novio(a) y yo les _____ regalos a los ancianos del hogar de tercera edad (*senior citizen home*).

4. Mis compañeros de clase les _____ todo el dinero que recibieron de sus padres a las víctimas del terremoto.

5. Nosotros le _____ un abrazo al profesor de arte.

6. Tú les _____ las gracias a todos.

C. Orlando se olvida de todo.   Imagina que tú eres su amigo y que respondes a las preguntas que él te hace. Usa **el pretérito** en tus respuestas.

1. ¿Con quién fuiste al cine la última vez?

   _____

2. ¿Qué película viste?

   _____

3. ¿Adónde fueron tus padres el fin de semana pasado?

   _____

4. ¿Vieron ellos una obra de teatro?

_____

5. ¿Fuimos al concierto de Luis Miguel juntos?

_____

6. ¿Vimos a muchos de nuestros amigos allí?

_____

7. ¿Fui yo con mi novia?

_____

8. ¿Vieron Uds. a alguien famoso en el público?

_____

9. ¿Fue tu profesor(a) de vacaciones a un lugar exótico?

_____

10. ¿Viste a tu profesor(a) durante el verano?

_____

D. Una encuesta. Tú quieres averiguar lo que hicieron tus amigos en los últimos días. Pregúntales a tus compañeros de clase si hicieron o no las siguientes actividades. Si responden que sí, pregúntales cuándo y con quién fueron. Si responden que no, pregúntales la razón por la cual no las hicieron. Escribe las preguntas y sus respuestas en los espacios a continuación.

	¿Cuándo?	¿Con quién?	¿Razón?
ir a un concierto de música clásica			
asistir a un partido deportivo			
visitar un museo			
dar una fiesta para tus amigos			
ir de compras			
comer en un restaurante exclusivo			
ir de viaje			
ver una película interesante			
bailar en una discoteca			

Modelo: _¿Fuiste a un concierto de música clásica?_ o _¿Fuiste a un concierto de música clásica?_
Sí, fui a un concierto de música clásica. _No, no fui._
¿Cuándo y con quién fuiste? _¿Por qué no fuiste?_
Fui el sábado por la noche con María _Porque prefiero la música rock._

_____

_____

_____

_____

_____

_____

_____
_____
_____
_____
_____

Other irregular verbs in the preterite

Several Spanish verbs have an irregular stem and a common set of endings in the preterite. The endings for these verbs are _–e, –iste, –o, –imos, –isteis, –ieron._

poder:	pude, pudiste, pudo, pudimos, pudisteis, pudieron
poner:	puse, pusiste, puso, pusimos, pusisteis, pusieron
saber:	supe, supiste, supo, supimos, supisteis, supieron
andar:	anduve, anduviste, anduvo, anduvimos, anduvisteis, anduvieron
estar:	estuve, estuviste, estuvo, estuvimos, estuvisteis, estuvieron
caber:	cupe, cupiste, cupo, cupimos, cupisteis, cupieron
hacer:	hice, hiciste, hizo, hicimos, hicisteis, hicieron
querer:	quise, quisiste, quiso, quisimos, quisisteis, quisieron
tener:	tuve, tuviste, tuvo, tuvimos, tuvisteis, tuvieron
venir:	vine, viniste, vino, vinimos, vinisteis, vinieron
satisfacer:	satisfice, satisficiste, satisfizo, satisficimos, satisficisteis, satisficieron
decir:	dije, dijiste, dijo, dijimos, dijisteis, dijeron
traer:	traje, trajiste, trajo, trajimos, trajisteis, trajeron
producir:	produje, produjiste, produjo, produjimos, produjisteis, produjeron

Other verbs conjugated like _producir_:

conducir (_to drive_)   traducir (_to translate_)   reducir (_to reduce_)

Note:

1. A spelling change occurs in the third person singular of the verb _hacer_ (_hizo_).

2. Compound verbs are conjugated as the main verb. For example _obtener_ (to obtain) is conjugated like _tener_: _obtuve, obtuviste,_ etc.

3. The ending of the third person plural (_ellos, ellas, Uds._) for verbs whose irregular stems end with _j_ is _–eron_ (i.e., _dijeron, trajeron, produjeron, condujeron, tradujeron, redujeron_).

4. The preterite of _hay_ is _hubo._

Ejercicios

A. Cambios. Los tíos de Yolanda la vinieron a visitar y ellos fueron a una merienda en el campo. Completa las siguientes frases con la forma correcta del verbo en **el pretérito**. Luego, sustituye el sujeto en itálica por los sujetos entre paréntesis y haz los cambios necesarios.

1. La semana pasada _mis tíos_ _____ (venir) a visitarnos. (tú/él/Uds.)

2. *Federico* no _____ (querer) ir con la familia a la merienda. (yo/nosotros/ellas)

3. *Nosotros* _____ (poner) la comida en el maletero. (ellos/tú/yo)

4. *Graciela* estaba en el hospital y por eso *ella* no _____ (poder) venir. (Carlos/nosotros/tú)

5. *Diego* _____ (hacer) unos bocadillos deliciosos. (nosotros/yo/Uds.)

6. ¿Por qué no _____ (traer) *tú* los platos? (ellos/nosotros/ella)

7. *Yo* no _____ (caber) en ese coche tan pequeño y *yo* _____ (tener) que ir en el coche de Ricardo. (nosotros/ellas/tú)

8. *Yo* le _____ (decir) a Isabel la hora de la merienda. (Uds./él/nosotros)

9. *Armando* no _____ (saber) llegar al lugar y *él* _____ (andar) en su coche por varias horas. (tú/Ud./yo)

B. Gilberto habla sobre su día de trabajo. Completa las frases con la forma correcta del verbo entre paréntesis en **el pretérito**. Luego, sustituye el sujeto en itálica por los sujetos entre paréntesis.

1. *Gilberto* _____ (producir) mucho trabajo en la oficina. (ellas/nosotros/tú)

2. *Él* _____ (traducir) varios informes al alemán. (yo/Uds./tú)

3. *Su jefe* _____ (reducir) el trabajo para la semana próxima. (Ud./nosotros/yo)

4. Después del trabajo, *él* _____ (conducir) a su casa de campo. (Uds./ella/nosotras)

C. Juan y Teresa hablan sobre la familia Juárez. La familia Juárez acaba de regresar de un viaje en barco. Completa la conversación con la forma correcta del verbo en **el pretérito**.

—¿_____ (Venir) los Juárez en barco?

—Sí, ellos _____ (hacer) un viaje por las Islas Canarias pero no _____ (poder) pasar mucho tiempo en Gran Canaria.

—_____ (Tener-ellos) mala suerte. Es un lugar maravilloso.

¿_____ (Saber-tú) lo que pasó?

—Sí, yo lo _____ (saber) porque _____ (estar) en su casa ayer. Aparentemente el barco no _____ (caber) en el muelle (*dock*) y ellos _____ (tener) que quedarse a bordo.

—Cuando yo _____ (estar) allí, Soledad y yo _____ (estar) buscando una casa para alquilarla por unos meses. Desafortunadamente Soledad _____ (tener) que regresar a Madrid y yo no _____ (poder) hacer los arreglos.

—Me encantan las Canarias. Los Suárez me invitaron pero yo no _____ (querer) aceptar su invitación porque no sabía si iba a tener que trabajar este verano.

—¡Qué lástima! Quizás el verano próximo…

—¡Por supuesto! Y si me invitan de nuevo, tú vienes también.

D. El nuevo apartamento de Pepa.
Manuela está ayudando a Pepa en su nuevo apartamento. Completa la conversación con la forma correcta del verbo en **el pretérito**.

—¿Ya _____ (poner-tú) todos los libros en los estantes?

—No, sólo _____ (poner-yo) algunos. Esos que están allí no

_____ (caber).

—Y, ¿qué _____ (hacer-tú) con los discos compactos?

—Carlos los _____ (poner) en esa caja.

—Ayer yo _____ (andar) por todo el centro y no encontré las cortinas.

_____ (Querer-yo) ir al centro comercial pero ya era tarde y _____

(tener) que regresar a la oficina.

—Por aquí _____ (andar) Tomás y Luis. Ellos _____ (venir) a ayudarte.

—Claro, seguro que ellos _____ (estar) aquí cuando yo estaba en la oficina.

—Ellos _____ (decir) que volverían.

—Bueno. Tengo muchas cosas que ellos pueden hacer.

E. Raíces.
Teniendo presente que los verbos compuestos se conjugan como la raíz, escribe el significado del infinitivo. Luego, conjuga el verbo en el pretérito según el sujeto.

1. detener	_____	yo	_____	ellas	_____
2. entretener	_____	Ud.	_____	ella	_____
3. deshacer	_____	yo	_____	Uds.	_____
4. proponer	_____	tú	_____	ellas	_____
5. componer	_____	él	_____	Uds.	_____
6. convenir	_____	ella	_____	nosotros	_____
7. intervenir	_____	yo	_____	ellos	_____

More irregular verbs in the preterite

Verbs that end in –car, –gar, and –zar

Verbs that end in . . .	**change as follows in the first person singular . . .**	
–car	c → qu	bus**qué**, buscaste, etc.
–gar	g → gu	lle**gué**, llegaste, etc.
–zar	z → c	almor**cé**, almorzaste, etc.

Verbs that end in –car

explicar

expli**qué**	explicamos
explicaste	explicasteis
explicó	explicaron

Other verbs like *explicar*

acercarse (*to come near, approach*)	educar (*to educate*)	marcar (*to dial, mark*)
arrancar (*to pull out, start* [*an engine*])	embarcarse (*to board, go on board*)	masticar (*to chew*)
buscar (*to look for*)		pescar (*to fish*)
chocar (*to crash*)	equivocarse (*to make a mistake*)	platicar (*to chat*)
colocar (*to place, put*)		practicar (*to practice*)
complicar (*to complicate*)	fabricar (*to make, manufacture*)	sacar (*to take out, remove, receive* [*grades*])
comunicar (*to communicate*)	justificar (*to justify, give a reason for*)	
criticar (*to criticize, critique*)		secar (*to dry*)
dedicar (*to dedicate, devote*)		

Ejercicios

A. Cambios. Isidro tuvo un pequeño accidente con su coche. Completa lo que dice con la forma correcta del verbo en **el pretérito.** Luego, sustituye el sujeto en itálica por los sujetos entre paréntesis y haz los cambios necesarios.

1. *Yo* _____ (sacar) mi permiso de conducir el año pasado. (ellos/nosotros/tú)

2. *Yo* _____ (arrancar) el coche demasiado rápido. (Uds./ella/nosotros)

3. *Yo* _____ (chocar) con un árbol. (él/tú/ellas)

4. *Mi amigo Sebastián* _____ (complicar) la situación con los gritos. (yo/ Ud./tú)

5. *El policía* _____ (criticar) la manera de conducir de los jóvenes. (tú/ellos/yo)

6. *Yo* _____ (buscar) una manera de explicar el accidente. (nosotras/él/Uds.)

7. *Yo no* _____ (justificar) bien las acciones. (ella/nosotros/ Ud.)

B. Uno de tus profesores quiere saber... Uno de tus profesores quiere saber si tú has estado trabajando para su clase y para las otras clases. Completa las preguntas con la forma correcta del verbo en **el pretérito** y luego, responde a las preguntas.

1. ¿_____ (Equivocarse-tú) mucho en la tarea de hoy?

   _____

2. ¿_____ (Practicar-tú) la conjugación de los verbos?

   _____

3. ¿_____ (Sacar-tú) buenas notas en las otras clases?

   _____

4. ¿_____ (Dedicar-tú) suficiente tiempo a la unidad que estudiamos?

   _____

5. ¿Le _____ (explicar-tú) la lección a tu compañero?

   _____

6. ¿_____ (Marcar-tú) las partes de la lección que no entendiste?

   _____

La narración y la descripción en el pasado (I)   **39**

Verbs that end in –gar

llegar

lle**gué**	llegamos
llegaste	llegasteis
llegó	llegaron

Other verbs like *llegar*

agregar (*to add*)
ahogarse (*to drown*)
apagar (*to turn off*)
cargar (*to carry, load*)
castigar (*to punish*)
despegar (*to take off, peel off*)

encargar (*to put in charge, order* [*goods*])
encargarse de (*to be in charge of*)
entregar (*to hand over, deliver*)
pagar (*to pay*)
pegar (*to hit, glue*)
tragar (*to swallow*)

Note that the following verbs are conjugated like *llegar* in the preterite, but they are stem-changing in the present tense as indicated in parentheses.

colgar (*ue*) (*to hang up*)
jugar (*ue*) (*to play a game, sports*)
regar (*ie*) (*to water plants*)

fregar (*ie*) (*to wash dishes, scrub*)
negar (*ie*) (*to deny*)
rogar (*ue*) (*to beg*)

Ejercicios

A. Cambios. Julián compró tres rompecabezas (*puzzles*) por correo, uno para él y dos para su vecino. Completa las frases que él dice con la forma correcta del verbo en **el pretérito**. Luego, sustituye el sujeto en itálica por los sujetos entre paréntesis y haz los cambios necesarios.

1. *Yo* _____ (encargar) tres rompecabezas por correo. (ella/nosotros/tú)

2. *Yo* le _____ (entregar) dos a mi vecino. (Ud./él/ellas)

3. *Yo* _____ (pagar) treinta dólares. (nosotros/tú/Uds.)

4. *Yo* _____ (jugar) con los hijos de mi vecino toda la tarde. (ellos/Ud./nosotros)

B. Hugo fue a la casa de campo... Hugo fue a la casa de campo y su hermana le pregunta si hizo todo lo que tenía que hacer. Completa las preguntas con la forma correcta del verbo entre paréntesis en **el pretérito**. Luego, responde a sus preguntas como si fueras (*as if you were*) Hugo.

1. ¿Cuándo _____ (llegar-tú) del campo?

   _____

2. ¿_____ (Apagar-tú) las luces antes de salir?

   _____

3. ¿Le _____ (pagar-tú) al jardinero?

_____

4. ¿_____ (Fregar-tú) todos los platos?

_____

5. ¿_____ (Regar-tú) las plantas?

_____

6. ¿_____ (Colgar-tú) las llaves detrás de la puerta del garaje?

_____

Verbs that end in –zar

almorzar

almorcé	almorzamos
almorzaste	almorzasteis
almorzó	almorzaron

Other verbs like *almorzar*

abrazar (*to hug*)   gozar (*to enjoy*)
alcanzar (*to reach, catch up with*)   lanzar (*to throw*)
aterrizar (*to land*)   realizar (*to carry out, attain, realize*)
comenzar (*ie*) (*to begin*)   rezar (*to pray*)
cruzar (*to cross*)   tranquilizar (*to calm down*)
empezar (*ie*) (*to begin*)   tropezar (*ie*) (*to trip, stumble*)
especializarse en (*to specialize in, major in*)   utilizar (*to use, make use of*)
garantizar (*to guarantee*)

Ejercicios

A. Cambios. Miguelina va a visitar a su amiga Zoila. A Zoila la operaron y pronto regresará a su casa. Completa las frases con la forma correcta del verbo entre paréntesis en **el pretérito**. Luego, sustituye el sujeto en itálica por los sujetos entre paréntesis y haz los cambios necesarios.

1. *Yo* _____ (abrazar) a Zoila al llegar. (nosotros/ellas/Ud.)

2. *Yo* _____ (tranquilizar) a sus padres un poco. (Uds./tú/ella)

3. *Yo* _____ (alcanzar) al doctor en el pasillo para preguntarle sobre Zoila. (ellos/nosotros/él)

4. Ya en casa, *yo* _____ (rezar) por su recuperación. (nosotros/ellas/tú)

B. Abelardo fue a visitar a sus abuelos. Completa las preguntas que le hace su madre con la forma correcta del verbo en **el pretérito**. Luego, contesta a las preguntas como si fueras (*as if you were*) Abelardo.

1. ¿_____ (Comenzar-tú) a limpiar el jardín de tus abuelos?

   _____

2. ¿Dónde _____ (almorzar-tú)?

   _____

3. ¿_____ (Gozar-tú) de la visita?

   _____

4. ¿_____ (Abrazar-tú) a tus abuelos antes de salir?

   _____

5. ¿_____ (Cruzar-tú) la calle con cuidado?

   _____

Verbs that change *i* to *y*

Certain verbs ending in –*er* and –*ir* whose stem ends in a vowel change *i* to *y* in the third person singular (*él, ella, Ud.*) and plural (*ellos, ellas, Uds.*).

leer

leí	leímos
leíste	leísteis
leyó	leyeron

Other verbs like *leer*

caerse (*to fall down*)   oír (*to hear*)
creer (*to believe*)   poseer (*to possess*)

Note that *traer, atraer* and verbs ending in –*guir* (*seguir, conseguir*) are exceptions to this rule.

Verbs that end in -*uir*

Verbs ending in –*uir* (but not –*guir*) also change *i* to *y*, but there is no written accent in the second person singular (*tú*) or the first and second person plural (*nosotros, vosotros*).

concluir

concluí	concluimos
concluiste	concluisteis
concluyó	concluyeron

Other verbs like *concluir*

atribuir (*to attribute*)   distribuir (*to distribute*)
construir (*to build*)   huir (*to flee*)
contribuir (*to contribute*)   incluir (*to include*)

Ejercicios

A. ¡Qué mal tiempo! En la ciudad donde vive Pedro nevó mucho. Pedro estaba muy sorprendido. Completa lo que pasó con la forma correcta del verbo entre paréntesis en **el pretérito**.

Anoche _____ (caer) mucha nieve. Pedro _____ (leer) el periódico

pero no decía nada sobre la tormenta. Cuando llegó a su casa él _____ (oír) las noticias

en la radio y se sorprendió mucho. Por unos minutos _____ (creer) que estaba en

Alaska.

B. Una entrevista. Un reportero entrevista a un ciudadano de un país donde ocurrió una revolución. Usa la información entre paréntesis para contestar a las preguntas como si fueras el ciudadano.

1. ¿_____ (Oír-Uds.) las noticias anoche? (sí)

    _____

2. ¿_____ (Creer-Uds.) lo que dijo el presidente? (no)

    _____

3. ¿_____ (Huir) los rebeldes? (sí)

    _____

4. ¿Qué _____ (contribuir) a la situación política del país? (la pobreza)

    _____

5. ¿_____ (Concluir) las elecciones a tiempo? (sí)

    _____

6. ¿_____ (Incluir) el presidente a jefes militares en el gobierno? (no)

    _____

7. ¿Qué _____ (distribuir) los rebeldes en las calles? (propaganda)

    _____

8. ¿A quiénes _____ (atribuir) la revolución? (a los rebeldes)

    _____

Stem-changing verbs in the preterite

1. **Stem-changing verbs that end in –ar**

   Stem-changing verbs that end in -ar are regular in the preterite.

2. **Stem-changing verbs that end in –ir**

   Stem-changing verbs that end in –ir change in the third person singular and plural as follows:

   ### e to i
   sentir (*e* to *ie* in the present tense)

sentí	sentimos
sentiste	sentisteis
sintió	sintieron

   Note that the endings are the same as those of the regular –ir verbs.

   ## Other verbs like *sentir*

advertir (*to warn*)	divertir (*to amuse*)	preferir (*to prefer*)
convertir (*to convert*)	divertirse (*to amuse oneself*)	sentir (*to feel, be sorry*)
convertirse en (*to become*)	mentir (*to lie*)	sentirse (*to feel*)

   ### o to ue
   dormir (*o* to *ue* in the present tense)

dormí	dormimos
dormiste	dormisteis
durmió	durmieron

   ## Other verbs like *dormir*

dormirse (*to fall asleep*)	morir (*to die*)

   ### e to i
   servir (*e* to *i* in the present tense)

serví	servimos
serviste	servisteis
sirvió	sirvieron

   ## Other verbs like *servir*

repetir (*to repeat*)	despedirse de (*to say good-bye to*)	seguir (*to continue*)
conseguir (*to get, obtain*)	medir (*to measure*)	vestir (*to dress*)
despedir (*to fire someone*)	pedir (*to ask for, request*)	vestirse (*to dress oneself*)

   ### e to i
   reír (*e* to *i* in the present tense)

reí	reímos
reíste	reísteis
rió	rieron

   ## Other verbs like *reír*

freír (*to fry*)	sonreír (*to smile*)

   Note that the verbs in this group have additional written accents on the first person plural (*nosotros*) and in the second person singular (*tú*) and plural (*vosotros*).

Ejercicio

Cambios. Cristóbal habla sobre la obra de teatro que vio recientemente con sus amigos. Completa lo que dice él con la forma correcta del verbo entre paréntesis en **el pretérito**. Luego, sustituye el sujeto en itálica por los sujetos entre paréntesis.

1. *Justino* _____ (preferir) no ir al teatro. (nosotros/ellas/Ud.)

2. *Nosotros* _____ (conseguir) buenas butacas. (tú/él/Uds.)

3. *Teresa y Pablo* _____ (sentir) lástima por el personaje principal. (yo/él/tú)

4. *Una actriz* _____ (repetir) la misma frase muchas veces. (nosotros/tú/Uds.)

5. En el programa *el director* _____ (advertir) al público que la obra era triste. (ellos/Uds./yo)

6. *El director* no _____ (mentir) en su aviso (*warning*). (tú/ellos/nosotros)

7. Al salir del teatro, *muchas personas* _____ (seguir) llorando. (él/Uds./Ud.)

8. *Yo* le _____ (pedir) un pañuelo (*handkerchief*) a Teresa. (ellas/tú/ella)

9. Sin duda, *nosotros* no _____ (reírse) mucho esa noche. (yo/Ud./ellos)

10. Después de la obra, *nosotros* no _____ (dormir) bien. (tú/él/yo)

Ejercicio de resumen

Escenas. Aquí tienes la oportunidad de practicar la conjugación de varios verbos que has aprendido en esta etapa. Lee las siguientes situaciones y luego complétalas con la forma correcta del verbo entre paréntesis en **el pretérito**.

1. Consuelo y Miguel hablan en el café sobre lo que ella hizo esa tarde.

   —¿_____ (Dormir-tú) una buena siesta?

   —Sí, _____ (dormir-yo) a pierna suelta (*like a log*). _____ (Estar) trabajando hasta las dos. Cuando _____ (llegar) a casa _____ (almorzar), _____ (desconectar) el teléfono y _____ (acostarse).

   —Estarás muy descansada ahora.

   —Por supuesto, aunque no _____ (hacer-yo) todo lo que tenía que hacer.

2. Julia ha venido a visitar a Leoncio y hablan sobre lo que pasó esa tarde.

   —¿_____ (Ir-tú) a la reunión del club?

   —No, _____ (tener-yo) que salir de la escuela temprano y regresar a casa.

   —Y… ¿por qué?

   —Mi papá _____ (venir) temprano y quería que yo lo ayudara a limpiar el garaje.

—¿_____ (Terminar-Uds.) de limpiarlo?

—Bueno, _____ (hacer-nosotros) lo que _____ (poder). Por lo

menos _____ (poner-nosotros) un poco de orden.

—Yo _____ (andar) buscándote por toda la escuela. Te

_____ (echar-yo) de menos (*I missed you*) esta tarde.

3. Elvira y Carlos están en un hotel. Han ido a esa ciudad a participar en una competencia de tenis. Es de noche y hablan por teléfono desde su cuarto.

—Yo ya _____ (desempacar) mi ropa y la _____ (colgar) en el

armario.

—Yo no he tenido tiempo para hacer nada. _____ (Estar-yo) arreglando una de

las raquetas que _____ (traer yo) y hace unos minutos Celeste

_____ (venir) a pedirme el programa de eventos.

—Bueno, yo me voy a acostar pues esta mañana _____ (madrugar-yo) y estoy

agotadísima. Ya _____ (apagar) las luces, así que estoy lista para un buen

descanso.

—¡Que duermas bien! Vamos a salir para el estadio a las nueve.

—Sí, lo sé. Yo ya _____ (poner) el despertador para las ocho.

El imperfecto

Regular verbs in the imperfect

Regular verbs in the imperfect are formed by adding the following endings to the stem:

tocar		aprender		asistir	
tocaba	tocábamos	aprendía	aprendíamos	asistía	asistíamos
tocabas	tocabais	aprendías	aprendíais	asistías	asistíais
tocaba	tocaban	aprendía	aprendían	asistía	asistían

Note that the ending for the *–er* and *–ir* verbs are the same.

Irregular verbs in the imperfect

ser		ir		ver	
era	éramos	iba	íbamos	veía	veíamos
eras	erais	ibas	ibais	veías	veíais
era	eran	iba	iban	veía	veían

Note that the imperfect of *hay* (there is, there are) is *había* (there was, there were).

Ejercicios

A. Cambios. Rolando habla sobre su niñez. Completa las frases con la forma correcta del verbo en **el imperfecto**. Luego, sustituye el sujeto en itálica por los sujetos entre paréntesis y haz los cambios necesarios.

1. Cuando *mi hermana* _____ (ser) joven, *ella* _____ (ser) muy obediente. (yo/nosotros/mis sobrinos)

2. El día de su cumpleaños, *los padres de Ana* siempre le _____ (dar) una fiesta. (tú/nosotros/el tío)

3. De vez en cuando *mis abuelos* _____ (ir) de compras con nosotros. (tú/ Uds./mi padre)

4. Cuando *nosotros* _____ (jugar) en la casa, *nosotros* _____ (romper) rompíamos algo. (yo/tú/mis primos)

B. Unos días con mis primos. Ana está recordando los días cuando era más joven. Completa el párrafo siguiente con la forma apropiada de los verbos entre paréntesis para averiguar cómo eran sus días. Usa **el imperfecto**.

Cuando yo _____ (ser) más joven, mis padres _____ (trabajar) muy lejos

de mi casa. Ellos _____ (tener) que salir muy temprano y no _____

(regresar) hasta muy tarde. Cuando yo _____ (llegar) de la escuela,

_____ (ir) a casa de mis primos. Allí ellos y yo _____ (jugar) con los jue-

gos electrónicos, _____ (mirar-nosotros) la televisión y de vez en cuando

_____ (ir-nosotros) a comer helado. El tiempo _____ (pasar) muy

rápido, pero a veces yo _____ (estar) muy aburrida.

C. ¿Qué sucedía…? Completa las siguientes frases con los verbos entre paréntesis. Como el contexto está en el pasado tienes que usar **el imperfecto**.

Modelo: *Mientras Caridad caminaba por la calle, **iba** (ir) mirando a la gente.*

1. Mientras trabajábamos, Luz _____ (seguir) tocando el piano.

2. Ayer cuando llegamos al río, Bernardo _____ (estar) pescando.

3. Al entrar vimos a Julián que _____ (salir) corriendo.

4. Nos encontramos con Alberto. Él _____ (ir) conversando con su hermana.

5. Salió a la ventana porque Tomás _____ (venir) gritando.

6. Cuando lo iba a visitar, Raúl _____ (continuar) leyendo.

7. Cuando salimos del cine, _____ (estar) nevando.

8. Cuando Roberto trabajaba en esa compañía, siempre _____ (llegar) quejándose a su casa.

El presente perfecto

The present perfect and past participles

The present perfect is formed with the present of the verb *haber* and the past participle.

caminar

he caminado	hemos caminado
has caminado	habéis caminado
ha caminado	han caminado

Remember that the past participle is formed as follows:

If the infinitive ends in . . .	delete the ending and add . . .
–ar	–ado
–er	–ido
–ir	–ido

amar-amado	tener-tenido	recibir-recibido

Also remember that some verbs have irregular past participles. Here is a list of the most common.

abierto (*opened*)	cubierto (*covered*)	dicho (*said*)
escrito (*written*)	hecho (*done, made*)	muerto (*died*)
puesto (*put*)	resuelto (*resolved*)	roto (*broken*)
visto (*seen*)	vuelto (*returned*)	impreso (*printed*)
descrito (*described*)	frito (*fried*)	satisfecho (*satisfied*)

The past participles of the following verbs have accent marks:

caer-caído (*fallen*)	leer-leído (*read*)	traer-traído (*brought*)
reír-reído (*laughed*)	oír-oído (*heard*)	creer-creído (*believed*)

However, the past participles of verbs that end in *–uir* do not have accent marks.

huir-huido (*fled*)

Ejercicios

A. Los participios pasados. Lee la siguiente lista y escribe **los participios pasados** que recuerdes. Luego mira la lista anterior y completa el ejercicio con los que no sabes.

1. cubrir _____

2. hacer _____

3. poner _____

4. volver _____

5. creer _____

6. decir _____

7. morir _____

8. resolver _____

9. imprimir _____

10. freír _____

B. Más participios pasados. ¿Puedes adivinar **el participio pasado** de los siguientes verbos?

1. descubrir _____

2. imponer _____

3. describir _____

4. deshacer _____

5. devolver _____

6. componer _____

C. Cambios. En la oficina donde trabajas escuchas los comentarios que hacen varias personas. Completa lo que dicen con la forma correcta del verbo en **el presente perfecto**. Luego, sustituye el verbo de la frase original por los verbos entre paréntesis.

1. El gerente no _____ (comprar) un coche en tres años. (conducir/alquilar/ obtener/perder)

2. ¿Qué _____ (hacer-tú) esta tarde? (resolver/escribir/ decidir/oír)

3. Todavía no _____ (terminar-yo) nada. (resolver/decir/ hacer/leer)

4. Raquel no _____ (escribir) la carta. (abrir/leer/ver/romper)

5. Nosotros _____ (tener) mucho trabajo hoy. (terminar/ empezar/hacer/recibir)

El pluscuamperfecto

The pluperfect

The pluperfect is formed with the imperfect of the verb *haber* and the past participle.

visitar

había visitado	habíamos visitado
habías visitado	habíais visitado
había visitado	habían visitado

Ejercicios

A. Explicaciones. Cada vez que una persona te pregunta si tú o tus amigos hicieron algo, le respondes que ya lo habían hecho antes o que algo había ocurrido antes. Completa las respuestas con la forma correcta del verbo entre paréntesis en **el pluscuamperfecto**.

Modelo: ¿Por qué no visitaste a Jorge?
Porque ya *había estado* (estar) en su casa.

1. —¿Por qué no recogiste el correo hoy?

   —Porque no _____ (llegar) todavía.

2. —¿Por qué no le diste el dinero a Juan esta mañana?

   —Porque yo ya se lo _____ (dar) anoche.

3. —¿Por qué no trajo Marcos la computadora hoy?

   —Porque él la _____ (traer) la semana pasada.

4. —¿Por qué no fueron Uds. al cine con nosotros?

   —Porque nosotros _____ (ver) la película anteayer.

5. —¿Por qué no arreglaste tu cuarto?

   —Porque yo lo _____ (limpiar) esta mañana.

6. —¿Por qué no jugó Carmen en el partido?

   —Porque ella _____ (caerse) ayer.

7. —¿Por qué no fueron a devolver los libros?

   —Porque ellos ya los _____ (devolver) el lunes pasado.

8. —¿Por qué no pudieron entrar a los salones de clase?

   —Porque los profesores no _____ (abrir) las puertas.

9. —¿Por qué no fuiste a la reunión?

   —Porque no la _____ (anunciar-ellos) a tiempo.

10. —¿Por qué no hicieron bocadillos para el almuerzo?

    —Porque nosotros ya _____ (decidir) comer en la cafetería.

B. De vacaciones... La oficina de Jorge está cerrada durante el mes de julio. Antes de salir ellos tienen una fiesta y hablan de lo que habían hecho antes de empezar la celebración. Completa las frases con la forma correcta del verbo entre paréntesis en **el pluscuamperfecto**.

1. Yo _____ (resolver) el problema del programa de la computadora.

2. Ernesto _____ (freír) plátanos para la fiesta.

3. El jefe _____ (cubrir) la comida que nosotros _____ (traer).

4. Los hijos de la recepcionista _____ (romper) la piñata antes de la fiesta.

5. El secretario _____ (organizar) los documentos.

6. Tú _____ (asistir) a la conferencia con el director.

7. Nosotros _____ (comer) el almuerzo.

8. Uds. _____ (escribir) una carta al tesorero.

UNIDAD 2

||||||||||||||||

La descripción de nuestros alrededores: diferencias y semejanzas

In this unit, you will review and practice how to describe and compare things, people, ideas, and actions. You will be able to describe differences and similarities, distinguish what is near from what is farther away, and differentiate your relations, ideas, and possessions from those of others.

Los adjetivos

In order to describe and compare things, people, ideas, and actions you will need to know how to use adjectives in Spanish. In this unit you will review descriptive, quantitative, demonstrative, and possesive adjectives and pronouns. You will also review the structures needed for making comparisons of equality and inequality.

In Spanish, adjectives agree in gender (masculine or feminine) and number (singular or plural) with the noun or pronoun they modify or describe. If you would like to review and/or practice agreement of adjectives, go to pp. 77–78.

Read the following selection and underline all the adjectives.

Aquella mañana de octubre, Rosaura estaba sentada en el banco verde entre los árboles desnudos de aquel parque donde varias veces se había encontrado con Cristina. Las hojas muertas y la brisa fría no la ayudaban a sentirse más alegre.

Cristina, su mejor amiga, se había mudado a un estado lejos de ella. Aquella amistad que había crecido desde que asistían a la escuela primaria se veía interrumpida ahora por la larga distancia que las separaba. Rosaura sentía una profunda tristeza. Se sentía agotada pero al mismo tiempo muy feliz porque sabía que Cristina necesitaba un cambio y este cambio necesario, aunque difícil para ella, la iba a hacer muy feliz.

Es triste perder a una amiga, pero Rosaura era una mujer valiente y sabía que la fuerte amistad que las unía la ayudaría a sobrevivir los días solitarios que la esperaban. La blanca nieve comenzó a caer y entre las ramas secas de los árboles vio un rayito de luz brillante que la hizo sonreír. Este rayito representaba la esperanza y al mismo tiempo la hizo acordarse de la sonrisa amable de su gran amiga.

Uses of adjectives

Adjectives are used to add information about a noun or a pronoun. They can either qualify the noun (describe its characteristics) or quantify it (limit it in terms of number or amount).

Necesito **muchas** camisas **blancas**.   *I need many white shirts.*

Remember that the past participle (such as *abierto, cerrado,* etc.) can be used as an adjective. Past participles are often used after the verb *estar* or in apposition (explaining a preceding noun).

La puerta estaba **abierta** pero las   *The door was open but the windows*
ventanas estaban **cerradas**.   *were closed.*

La carta, **escrita** en el siglo XVI, valía   *The letter, written in the sixteenth century,*
mucho.   *was worth a lot.*

If you would like to review and practice the formation of past participles, go to p. 48.

The function of an adjective in a sentence (to describe or to quantify) affects its location in relation to the noun it modifies. If you would like to review and/or practice the location of adjectives, go to pp. 79–80.

Now, read the passage on pp. 51–52 again and notice the position of the adjectives you underlined in relation to the noun they are modifying.

Ejercicios

A. Describiendo el mundo que te rodea. Usa la lista de adjetivos a continuación para expresar cómo son o no son las cosas y la gente alrededor de ti. Usa por lo menos dos adjetivos en cada frase. Vas a tener que usar otros adjetivos que no están en la lista.

grande / bonito / amable / difícil / aburrido / justo / pesimista / limpio / honrado / fuerte / saludable / sucio / fácil / optimista / emocionante / valiente

Modelo: *Mi casa es grande y bonita.*

1. tu casa o apartamento

_____

2. tu dormitorio

_____

3. tu escuela

_____

4. los deportes o las actividades en que participas

_____

5. tu pueblo o ciudad

_____

6. tus tíos

_____

7. tu padre o madre

_____

8. tu clase de español

_____

9. tus profesores

_____

10. tu clase de educación física

_____

11. tu novio o novia

_____

12. tus compañeros

_____

B. Asociaciones.

B. Asociaciones. Escoge diez de las siguientes palabras que encuentres más interesantes. Escribe el primer adjetivo que se te ocurra (*comes to mind*) al pensar en cada palabra; luego, escribe una frase usando ese adjetivo y otro que te parezca apropiado. Los adjetivos de la lista te pueden ayudar, pero puedes usar otros si lo prefieres.

Modelo: las serpientes *venenosas*
       Las serpientes son venenosas y repulsivas.

peligroso / interesante / necesario / indispensable / claro / útil / débil / horroroso / profundo / caluroso / oscuro / sucio / poderoso / brillante / oloroso / valiente / romántico / gracioso / trabajador / difícil

1. la televisión   _____

_____

2. el dinero   _____

_____

3. los bomberos (*firefighters*) _____

_____

4. el amor   _____

_____

5. los monos   _____

_____

6. las ciencias   _____

   _____

7. la educación   _____

   _____

8. la policía   _____

   _____

9. el agua   _____

   _____

10. las tijeras (*scissors*)   _____

   _____

11. el mar   _____

   _____

12. las estrellas   _____

   _____

13. los atletas   _____

   _____

14. los idiomas   _____

   _____

15. la guerra   _____

   _____

16. la selva (*jungle*)   _____

   _____

C. El amor toca a la puerta. Marisa tuvo una experiencia un poco cómica. Un hombre que no conocía vino a su casa pero no era lo que ella pensaba. Completa la narración con la forma correcta del adjetivo entre paréntesis.

Era una mañana _____ (glorioso), las nubes _____ (gris) que amenazaban con lluvia desaparecieron. Hacía _____ (bueno) tiempo y ya era hora de empezar a disfrutar las vacaciones tan _____ (merecido). Marisa se despertó temprano, abrió las cortinas _____ (blanco) de su ventana y sintió las flores _____ (oloroso) invadir el cuarto con su aroma. Su gato Felix, ahora _____ (tranquilo) y observando sus _____ (lento) movimientos era su _____ (mejor) amigo. Su pelo _____ (negro) era muy _____ (suave) y con aquella luz brillaba como nunca. Sus ojos _____ (gris) la miraban como diciendo que él también se sentía _____ (alegre) como su dueña.

De repente, Marisa vio a un hombre _____ (alto) y muy _____ (elegante) que tocaba a su puerta. En la mano llevaba flores _____ (blanco), flores

_____ (rojo), flores de colores muy _____ (vivo), todas _____ (rodeado) de hojas _____ (verde)… ¿Quién era el señor _____ (guapo) que le traía un _____ (hermoso) ramo de flores?, pensó ella. ¡Qué _____ (romántico) le parecía!

Bajó rápidamente, casi se cayó en el pasillo _____ (estrecho). Antes de abrir la puerta _____ (pesado) que los separaba, se miró en el espejo _____ (grande) de la sala. Se arregló la blusa que llevaba y vio que sus _____ (bello) ojos resplandecían. No era _____ (fácil) lucir tan bien casi al salir de la cama.

Abrió la puerta. Sus piernas _____ (débil) le temblaban. Sintió las manos _____ (fuerte) del hombre apretando su mano _____ (delicado). Por unos segundos fue una mujer _____ (feliz).

—¿Señorita Montoya?

—No, soy la señorita Cortázar. La señorita Montoya no vive aquí.

—Lo siento. Soy un poco _____ (tonto). Me he equivocado.

D. Reflexiones.

Di cómo te sentías tú o las otras personas en las siguientes ocasiones. Usa el modelo como guía. Debes usar por lo menos dos adjetivos para cada frase. Puedes usar algunos de los adjetivos en la lista u otros que necesites.

Modelo: El primer día de escuela
Yo… *me sentía muy nervioso y un poco ansioso.*
Mi mamá… *era muy compasiva y paciente.*
La escuela… *era grande y bonita.*

elegante / ansioso / feliz / enojado / tranquilo / deprimido / furioso / enojado / inquieto / preocupado / alegre

1. Un examen difícil

Yo…

_____

Mis amigos…

_____

El/La profesor(a)…

_____

2. Unas vacaciones aburridas

Mis padres…

_____

Yo…

_____

Mis amigos y yo…

_____

3. Una entrevista desastrosa

Yo…

_____

El señor que me entrevistaba…

_____

Mi madre…

_____

4. Un accidente automovilístico

El señor que conducía…

_____

La policía…

_____

Los pasajeros del otro coche…

_____

5. Una fiesta divertida

Yo…

_____

Nosotros…

_____

Mi mejor amigo(a)…

_____

Special uses of adjectives

1. A noun can add information to another noun, just as adjectives do. However, unlike English, in Spanish nouns cannot be used as adjectives. This is accomplished by the construction _de_ + noun.

la barca **de madera**	_the wooden boat_
la casa **de verano**	_the summer house_

2. When a noun to which an adjective refers is so clear from the context that it can be left out, the noun can be omitted. In such cases the adjective directly follows the definite article. Both the article and the adjective still agree with the omitted noun.

Los jóvenes tienen muchas responsabilidades hoy en día.	_The young (Young people) have many responsibilities nowadays._
No pudieron salvar a **la anciana**.	_They were not able to save the old woman._
No vivo en la casa azul, vivo en **la roja**.	_I do not live in the blue house, I live in the red one._

3. The neuter article _lo_ is used with the masculine singular adjective to form a noun phrase.

Lo interesante fue que él no recordó nada.	_The interesting thing (What was interesting) was that he did not remember anything._
Siempre hacen **lo fácil**.	_They always do the easy thing (what's easy)._

   Note that the word "thing" is usually part of the English translation.

Ejercicios

A. En mi opinión... Después de oír ciertos comentarios, tú respondes con tu opinión. Lee los comentarios a continuación. Luego, escribe una frase dando tu opinión pero sin usar el sustantivo de la frase original.

Modelo: Las computadoras japonesas son muy buenas. (estadounidenses)
Las estadounidenses son más (menos) rápidas.

1. En las ciudades pequeñas hay poco crimen. (grandes)

_____

2. Los chicos jóvenes no piensan mucho en el futuro. (mayores)

_____

3. La chica trabajadora tiene mucho éxito. (perezosa)

_____

4. Los zapatos blancos no son muy prácticos. (negros)

_____

5. Los políticos sinceros siempre ganan las elecciones. (mentirosos)

_____

6. El edificio moderno no es muy atractivo. (antiguo)

_____

B. En un apuro (*In a bind*). Imagina que te encuentras en las siguientes situaciones. Escribe una frase expresando tu opinión sobre lo que puedes o no puedes hacer. Usa *lo* y los adjetivos de la lista para expresar tus ideas.

malo / gracioso / triste / emocionante / cómico / divertido / irónico

Modelo: No tienes dinero para regresar a casa.
Lo malo es que no puedo llamar a mis padres.

1. Tu madre necesita leche pero cuando llegas a la tienda, está cerrada.

_____

2. Llevas un traje muy elegante y de repente empieza a llover.

_____

3. Hay mucho tráfico y tienes que llegar a la escuela en cinco minutos.

_____

4. Se te olvida poner el reloj despertador y te despiertas muy tarde.

_____

5. Cuando te miras en el espejo en la peluquería te das cuenta de que te cortaron casi todo el pelo.

_____

6. Tu mejor amigo te presta un disco compacto y ahora lo encuentras roto.

_____

Los adjetivos demostrativos

Read the following conversation between a customer and the owner of a clothing store and underline the different demonstrative adjectives that you come across.

Cliente: ¿Me puede Ud. decir el precio de ese suéter allí?

Vendedor: Cómo no, señor. Este suéter está muy de moda. Es un poco caro, pero se lo doy a Ud. a buen precio. Sólo 6.000 pesos.

Cliente: ¡Uf! A ver. ¿Y cuánto cuestan estos guantes aquí?

Vendedor: Estos guantes son buenos… pero creo que no le gustarán. En cambio, esos guantes que ve Ud. allí, esos guantes sí son de alta calidad. Un momento. Mire. Con esta marca (*brand*) sabe que compra algo de calidad.

Cliente: Sí, sí, lo sé. Me gusta esta marca, pero no me gusta el precio. Esta mañana vi unos guantes similares pero más baratos. Y estos guantes que llevo, los compré hace diez años por la mitad del precio que Ud. me da.

Vendedor: Bueno, señor en aquel tiempo todo era más barato. Si Ud. busca precios más bajos, tendrá que visitar aquella tienda al lado del café. ¿La ve Ud.? …Sí, sí, aquella tienda…

If you had difficulty identifying all the demonstrative adjectives, you can go to p. 84 for more review and practice.

Uses of demonstrative adjectives

Demonstrative adjectives point out, demonstrate, or distinguish one or more people, objects, or ideas from others by referring to their proximity, in terms of space or time to the speaker.

1. When referring to space:

   este/esta (*this*)
   estos/estas (*these*) } relate to something close to the speaker

   ese/esa (*that*)
   esos/esas (*those*) } relate to something far from the speaker but close to the person being addressed

   aquel/aquella (*that*)
   aquellos/aquellas (*those*) } relate to something far from both the speaker and the person being addressed

   Esa blusa **allí** me gusta mucho.   *I like that blouse there very much.*
   Aquellos zapatos **allá** me gustan también. *I like those shoes over there also.*

2. When referring to time:

   este, esta, estos, estas
   (*this/these*) } relate to the present

   ese, esa, esos, esas
   (*that/those*) } relate to a period that is relatively near

   aquel, aquella, aquellos,
   aquellas (*that/those*) } relate to a remote time

   Esta semana tengo que ir de compras.   *This week I have to go shopping.*
   Ese día fuimos a Taxco.   *That day we went to Taxco.*
   En **aquel** siglo, las mujeres llevaban   *In that century, women wore long skirts.*
   falda larga.

Now, read the dialogue on p. 58 again and notice whether each noun modified by the underlined adjectives is near to, far or very far from the customer, the owner or both, in relation to the space or time.

Ejercicios

A. La limpieza. Imagina que estás limpiando tu cuarto y un amigo te ayuda. Dile a tu amigo donde debe poner las cosas para organizar el cuarto. Usa **los adjetivos demostrativos** apropiados.

> Modelo: vasos/botellas → mesa allí
> *Pon esos vasos y esas botellas en esa mesa allí.*

1. libros/discos para la computadora → estante allá

   _____

2. cuadernos/lápices → escritorio allí

   _____

3. discos compactos/casetes → caja aquí

   _____

4. camisas/medias → gaveta (*drawer*) allí

   _____

5. zapatos/camisetas → ropero allá

   _____

6. radio portátil/gafas → cómoda (*chest of drawers*) allí

   _____

B. Aquí, allí, allá. Comenta sobre las cosas que te rodean. Contrasta las cosas que están cerca de ti con las que están más lejos. Utiliza **adjetivos demostrativos** para mostrar las diferencias o las semejanzas que notas.

> Modelo: *Este libro de texto es para mi clase de biología. Ese libro que tiene Pablo es para la clase de inglés.*
> *Aquella muchacha allá lleva más libros que nosotros. Aquellos libros son más pesados que estos libros.*

Algunas posibilidades: la ropa de tus compañeros, la gente que camina por la calle, los muebles en la sala de tu casa, las joyas que tus amigos llevan.

_____

_____

_____

_____

_____

_____

_____

Los pronombres demostrativos

Uses of demonstratives pronouns

1. Demonstrative pronouns function like demonstrative adjectives but they replace the noun. As pronouns, demonstratives refer directly to the noun they are replacing and so agree with it in gender and number.

2. Demonstrative pronouns are also used to express *the former* and *the latter*. In Spanish, *the latter* is expressed first.

   Aquí están la Sra. Blanco y el Sr. Menéndez; **éste** es banquero y **aquélla** es abogada.

   Here are Mrs. Blanco and Mr. Menéndez; the latter is a banker and the former is a lawyer.

3. The neuter form of the demonstrative pronouns is used to refer to

   • a statement, a general idea, a concept, or a situation
   Eso no es verdad.   *That (what you said) is not true.*
   Esto no me gusta.   *I don't like this (what is going on).*

   • an object which is not known or named

   —¿Qué es **eso**?   *What is that?*
   —¿**Esto**? Es un regalo para mi papá.   *This? It's a present for my father.*

   Quiero **aquello**.   *I want that (whatever it is).*

   Note that no accents are used with the neuter forms.

4. In Spanish, the definite article (*el, la, los, las*) is used instead of the demonstrative pronoun before

   • a phrase that begins with *de*
   Quiero este reloj y **el de** oro.   *I want this watch and the gold one.*

   • a relative clause introduced by *que*
   La que habló primero fue la mejor.   *The one (The woman) who spoke first was the best.*

If you would like to review and/or practice the formation of demonstrative pronouns, go to p. 86.

Ejercicios

A. En la galería de arte. Completa el siguiente párrafo sobre un equipo de televisión que está grabando un programa en una galería de arte. Da la forma apropiada de **los pronombres demostrativos** en español.

Hay varias galerías de arte en la ciudad pero escogimos _____ (*this one*) para mostrarles esta exposición de arte moderno. Entre todas las exposiciones _____ (*this one*) aquí en la Sala Robles es la más popular desde hace años. Fíjense en estos cuadros aquí a mi derecha y también en _____ (*those*) allá que se pueden ver al lado de esa escultura grande. He escogido esta obra porque podemos contrastar _____ (*this one*) de Juan Seco con _____ (*that one*) allí de Soledad Torres y ver la diferencia de estilos. Estos dos artistas latinoamericanos, _____ (*the latter*) de Venezuela y _____ (*the former*) de Chile, representan el nuevo movimiento que trata de interpretar la realidad actual. Estas interpretaciones, igual que _____ (*those at a distance*) que dominaban el siglo anterior, reflejan el papel de las mujeres en la sociedad.

B. Los niños quieren de todo.
Lee lo que les piden tres niños a sus padres en el parque de diversiones. Completa los diálogos con **un pronombre demostrativo** apropiado. En algunos casos necesitas usar el artículo definido (*el, la, los* o *las*).

1. —Quiero ese globo de muchos colores.

   —Yo quiero _____ (*that one*) también.

   —Y yo quiero _____ (*this one*) aquí en este puesto.

   —Pues, ¿por qué no compramos _____ (*these ones*) que venden aquí? Son más pequeños.

2. —¿Me compras uno de esos helados que vende el hombre?

   —Sí. _____ (*these*) son ricos.

   —No, no. _____ (*those*) que venden en la entrada son aún mejores.

   —Bueno. _____ (*these*) aquí son ricos y son menos caros que _____ (*those*) en la entrada.

3. —Mami, papi, ¿puedo dar una vuelta en la montaña rusa?

   —Yo también. _____ (*this one*) es la más emocionante de todas.

   —_____ (*that one*) me da miedo. Quiero dar una vuelta en _____ (*this one*) aquí.

   —_____ (*that one*) que está allí es demasiado peligrosa. ¿Por qué no damos una vuelta todos nosotros en _____ (*this one*) aquí?

4. —¡Qué bueno! ¡Este helado es riquísimo!

   —No me gusta el que pedí. _____ (*that one*) allí, el de Susana será mejor.

   —Tampoco me gusta _____ (*that one*).

   —¡Quieren de todo y después se quejan! Nada les satisface.

C. Mirando unas diapositivas.

Un matrimonio muestra algunas diapositivas de un viaje que hicieron recientemente. Completa las frases con un **adjetivo** o **pronombre demostrativo** apropiado. En algunos casos vas a necesitar el artículo definido (*el, la, los* o *las*).

1. _____ caja de diapositivas que tenemos aquí es de Puerto Rico.

   _____ que está allí es de la República Dominicana y _____ al otro extremo de la mesa es de Cuba.

2. Aquí en primer plano (*foreground*) se ve nuestro avión. _____ es el piloto y

   _____ es la tripulación (*crew*) detrás de él.

3. Nos gustó mucho más _____ viaje que _____ del año pasado cuando hicimos una excursión en barco.

4. Allí en el fondo (*background*) vemos nuestro primer hotel. _____ hotel fue mucho más cómodo que _____ que vemos en esta próxima foto.

5. Mira esta foto. _____ es nuestro guía en Cuba. ¡Qué hombre más amable!

D. En el estadio de fútbol.

Una familia asiste a un partido de fútbol. Los muchachos, que son muy aficionados al deporte, les explican a sus padres lo que observan. Completa las situaciones con la forma correcta del **pronombre demostrativo**.

1. Allí están la presidenta y el vicepresidente de la liga; _____ se llama Jorge Campos y _____ Flora Méndez.

2. Primero nuestro equipo va a jugar contra el equipo que lleva las camisetas rojas y después contra el equipo azul; _____ es muy formidable, mientras _____ no debe ser una amenaza. Los jugadores deben conservar su fuerza en el primer partido.

3. Esas muchachas y aquellos muchachos asisten a todos los partidos; _____ son de Cali y _____ de Cartagena. Son campeones de la liga.

4. El entrenador y el médico del equipo están al lado de la bandera; _____ lleva una camisa blanca con el nombre de su hospital y _____ lleva unos pantalones verdes.

5. Delante de esta portería (*goal*) puedes ver a nuestro portero, Ángel Corral, y delante de la otra practica Paco Latorre, el del equipo rival. _____ siempre juega bien contra nosotros mientras que _____ acaba de volver al equipo después de una lesión (*injury*) bastante grave.

E. Contrastes.

Compara y contrasta las cosas y a las personas que te rodean. Utiliza **adjetivos** y **pronombres demostrativos**.

Modelo: *Este cuarto es más (menos) cómodo que ése.*
Esta es mi blusa favorita.

Algunas posibilidades: el cuarto donde estás / una joya o una prenda de vestir que llevas / el ejercicio que haces ahora / otras personas en el cuarto / la casa o el edificio donde estás / cosas que puedes ver por la ventana

_____

_____

_____

Los adjetivos posesivos

Read the following conversation between two friends and underline all the possessive adjectives that you come across.

> Javier habla con Pablo sobre sus vacaciones en Puerto Rico. Mientras Pablo estaba de vacaciones, Javier cuidó sus perros.
>
> Javier: ¡Hola, Pablo! ¿Cómo estás? ¿Qué tal tus vacaciones? ¿Las pasaste bien?
>
> Pablo: Hasta cierto punto sí, pero perdimos nuestro vuelo a San Juan y no llegamos hasta el martes. Al llegar al hotel no encontraron nuestra reservación y tuvimos que buscar otro hospedaje. Voy a tener que hablar con nuestro agente de viajes. Un pariente mío me lo recomendó.
>
> Javier: ¡Cómo te quemaste la piel! ¿Te dormiste en la playa?
>
> Pablo: Sí, me arden los brazos y la espalda está peor. Pienso visitar a mi médico esta tarde. Su clínica queda muy cerca de aquí. Oye, muchas gracias por cuidar a mis perros. ¿Tuviste algún problema con ellos?
>
> Javier: Ninguno. Les encanta la comida de mi mamá. ¡Saben comer! Pero te extrañaron mucho. Aquí tienes tu llave.

If you would like to review and/or practice the formation of possessive adjectives, go to pp. 89–90.

Uses of possessive adjectives

1. Possessive adjectives indicate ownership or possession. They agree in number and gender with what is owned or possessed, **not** with the possessor.

No tengo **mis** libros.	*I don't have my books.*
Pedro tiene **nuestra** calculadora.	*Pedro has our calculator.*

2. There are two forms of the possessive adjective:
   - the short form (*mi, tu, su, nuestro, vuestro, su*) which precedes the noun
   - the long form (*mío, tuyo, suyo, nuestro, vuestro, suyo*) which comes after the noun

   The short form is more commonly used in Spanish.

3. The long forms are generally used:
   - in exclamations

¡Dios **mío**!	*My Lord!*

   - as equivalents of the English *of mine, of yours*, etc.

Es amigo **mío**.	*He is a friend of mine.*

   If the possessive adjective is linked to the noun by the verb *ser*, only the long form can be used.

Este cheque es **mío**.	*This check is mine.*

4. In order to avoid ambiguity, *su* and *suyo* are frequently replaced by the phrases *de él, de ella, de Ud., de ellos, de ellas, de Uds.* following the noun.

He visto **su** programa	*I have seen his (her, your, their) program.*
He visto el programa **suyo**.	*I have seen his (her, your, their) program.*

He visto el programa **de él**. (*his program*)
He visto el programa **de ella**. (*her program*)
He visto el programa **de Ud**. (*your program*)
He visto el programa **de ellos**. (*their program*)
He visto el programa **de ellas**. (*their program*)
He visto el programa **de Uds**. (*your program*)

5. The possessive adjective is not used when referring to parts of the body or clothing.

Él no se lavó **las** manos.	*He didn't wash his hands.*
Bajaron **la** cabeza.	*They lowered their heads.*
Pedro salió sin **los** guantes.	*Pedro went out without his gloves.*
Ella se quitó **el** sombrero.	*She took off her hat.*

However, the possessive adjective is used in the following instances:

- To clarify:
  Él llevaba **mi** suéter.   *He was wearing my sweater.*

- If the part of the body is modified:
  Yo admiraba **su** pelo largo y negro.   *I was admiring her long, black hair.*

- If the part of the body or article of clothing is the subject of the sentence:
  Tu chaqueta está en el ropero.   *Your jacket is in the closet.*

Remember that the English possessive *'s* is expressed in Spanish by *de* + possessor.
La computadora es **de Juan**.   *The computer is Juan's.*

Ejercicios

A. Descripciones.   Usa los sujetos y la guía a continuación para comentar brevemente sobre los pasatiempos, amigos, casa o apartamento, preferencias, animales domésticos, trabajo y barrio de las siguientes personas. Usa los adjetivos posesivos cuando sea posible.

Modelo: mi amiga Carmen (pasatiempos/lugares adonde va/personas con quienes va)
   Mi amiga Carmen tiene muchos pasatiempos. Su pasatiempo favorito es la natación. Ella va a la piscina después de sus clases. Siempre va con una amiga suya.

1. yo (casa/pasatiempos favoritos/amigos)

   _____

   _____

2. mi familia (barrio/animales domésticos/trabajos)

   _____

   _____

3. mis padres (actividades para divertirse/amigos/parientes)

   _____

   _____

4. mi profesor(a) de español (clases/manera de vestir/familia)

_____

_____

B. ¡Ese apodo (_nickname_) tuyo! Completa la descripción a continuación con **el adjetivo posesivo** apropiado.

Me llamo Isabela pero _____ amigas suelen llamarme Bela, menos una compañera

_____, Inés. Ella insiste en usar _____ nombre de pila (_first name_). A

_____ padres tampoco les gusta ese apodo. Siempre me dicen "_____

verdadero nombre es muy bonito pero ese apodo _____, ¡qué feo! No nos gusta que

llamen a _____ hija así. ¿Por qué dejas que _____ amigos te llamen así?

Son amigos _____, ¿no?" La gente de _____ generación no comprende

que cambiamos _____ nombres para describir mejor a _____ amigos.

"Bela" puede sugerir "vela"—algo que resplandece—o "bella"–muy bonita. ¿Y tú? ¿Cuál es

_____ nombre? ¿Y cómo te llaman _____ amigos?

C. Las pertenencias (_belongings_). Comenta sobre las cualidades de una de tus pertenencias y contrástalas con las de un/una compañero(a).

Modelo: las joyas
Mi pulsera (bracelet) *es bonita pero ese collar tuyo es bello.*
o
Elena lleva un anillo muy bonito. Su anillo es de oro. Mi anillo es de plata.

1. los animales domésticos

_____

_____

2. los discos compactos

_____

_____

3. la ropa

_____

_____

4. los amigos

_____

_____

5. los padres

_____

_____

D. Después del accidente. Completa el resumen a continuación con **el adjetivo posesivo** o **artículo definido** (*el, la, los, las*) más apropiado.

Mi hermano montaba en bicicleta cuando resbaló (*slipped*) y se cayó. Se cortó _____ pierna y le dolía mucho _____ brazo pero no se rompió _____ muñeca como pensábamos al principio. Afortunadamente _____ casco (*helmet*) le protegió _____ cabeza. _____ pantalones estaban rotos y cubiertos de sangre. La médica le examinó _____ cuerpo y después de lavarle _____ lesiones, le vendó (*bandaged*) _____ pierna.

Los pronombres posesivos

Uses of possessive pronouns

1. Possessive pronouns function like possessive adjectives (that is, they indicate ownership or possession), but they replace the noun. As pronouns, possessives refer directly to the noun owned or possessed (**not** to the possessor) and so agree in gender and number with what is possessed.

   Flora tiene dos entradas, **la mía** y **la tuya**.   *Flora has two tickets, yours and mine.*

2. The possessive pronoun is formed by using the definite article and the long form of the possessive adjective (*el mío, el tuyo, el suyo,* etc.)

   Tu mochila está aquí pero **la mía** no.   *Your backpack is here but mine isn't.*

3. The definite article of the noun owned or possessed is an integral part of the possessive pronoun and can only be omitted after the verb *ser.*

   Esta mochila es **tuya**.   *This backpack is yours.*

If you would like to review and/or practice the formation of possessive pronouns, go to p. 92.

Ejercicios

A. ¿De quién es...?   Alguien está tratando de averiguar de quién son algunos objetos. Completa cada respuesta con la forma correcta de **los pronombres posesivos**.

Modelo: ¿Es la chaqueta de Ana? No. La *suya* es de algodón, no de lana.

1. ¿Es tu bufanda? No. _____ lleva el nombre de la escuela.

2. ¿Son las camisas de Uds.? No. _____ son las de manga corta.

3. ¿Son tus zapatos? No. _____ no son de cuero.

4. ¿Es el cinturón de tu hermano? No. _____ es de color café.

5. ¿Es el sombrero de Ud.? No. _____ es mucho más viejo.

6. ¿Son mis guantes? No. _____ no están rotos.

7. ¿Es nuestro paraguas? No. _____ no es de esta marca.

8. ¿Son los suéteres de Mariluz? No. _____ ya están en cajas.

9. ¿Es el abrigo de Susana? No. _____ es rojo y amarillo.

B. Contrastes.
Varias personas hablan sobre sus pertenencias (*belongings*) y las pertenencias de otros. Completa las selecciones a continuación traduciendo **el pronombre posesivo** entre paréntesis.

1. Mi almuerzo consiste en un sándwich de queso y media botella de agua. Carlos trajo dos sándwiches de pavo y uno de jamón, frutas, galletas y dos limonadas. Parece que _____ (his) es mejor que _____ (mine).

2. Nuestra casa tiene seis cuartos. La de nuestros tíos tiene ocho. _____ (Theirs) es más grande que _____ (ours).

3. La hermana de Pedro tiene dieciséis años y mi hermana tiene ocho. _____ (His) está en la secundaria y _____ (mine) está en la primaria.

4. Nos gustan tus ideas. Son nuevas e interesantes. Las de Isabela no son tan originales, así que hemos adaptado _____ (yours) y no _____ (hers).

5. Uds. son siete y nosotros sólo cinco, entonces ¿por qué no toman Uds. esta mesa y nosotros tomamos ésa? _____ (Ours) es más grande que _____ (yours).

C. Para aclarar la situación.
Imagina que te encuentras en las siguientes situaciones. Para aclarar la situación, tú tratas de añadir más información. Completa las selecciones con **el pronombre posesivo** apropiado.

Modelo: Esta no es mi mochila, es la de Orlando.
La mía es negra.

1. Éstas no son las llaves de Pedro, son las de Uds. _____ están en un llavero rojo.

2. ¿Son éstas nuestras maletas? Sí. Son _____. Veo nuestros nombres en las etiquetas.

3. Señores, por aquí, por favor. Ésa no es su mesa. _____ está en el rincón.

4. Éstos no son mis calcetines. _____ tienen una franja roja.

5. ¿Es tu cuaderno? Ah, sí, es _____. Mira, tiene tu nombre en la portada.

6. Ésta no es la escuela de los niños. _____ se llama Colegio Robles y ésta se llama Colegio San Martín.

7. ¿Dónde están los documentos de José? Éstos no son _____.

8. No son los padres de María. _____ son mayores de edad.

9. No es nuestra bandera. _____ tiene más colores.

10. Tus amigos ya han llegado pero mis amigos no. _____ siempre llegan tarde.

D. Para distinguir mejor. El cuaderno de Alberto se mojó (*got wet*) y ahora no puedes ver todo lo que él escribió. Ayúdalo completando los párrafos con la forma correcta del **pronombre posesivo**. Asegúrate de que esté claro a qué o a quiénes se refieren. Recuerda que necesitas usar la forma apropiada (*el de él, el de ella*, etc.)

1. El barrio de Uds. tiene un ambiente más antiguo que el de mis tíos. _____ es bastante nuevo y hay muchas tiendas y restaurantes. _____ me parece más tranquilo.

2. Veo las sandalias de Gerardo, pero no las de Marta. _____ están aquí mismo. ¿Dónde estarán _____?

3. Me gustó el resumen de Marta más que el de Pablo. _____ fue muy detallado y me interesó mucho. _____ no fue escrito con cuidado.

4. Los padres del novio no pudieron venir a la boda. Los padres de la novia no llegaron hasta las tres. _____ viven en Chile y _____ se perdieron.

5. Asistimos al concierto de nuestro nieto, pero no pudimos ir al de nuestra nieta. Estuvimos ocupados para _____, pero regresamos a tiempo para _____.

6. Leyeron las composiciones de Evita y de Rosalía pero no la de Eduardo. Les impresionaron _____, y esperan que _____ les guste también.

Comparaciones

Read the following conversations among children as they engage in a bragging battle. Note the comparisons that you come across.

—Mi papá es más fuerte que tu papá.
—No lo creo. Mi papá es el más fuerte de todos. Es levantador de pesas y puede levantar 200 kilos. Lo he visto levantar un camión con una mano.
—Sí, pero el mío corre más rápido que el tuyo.
—Yo creo que él no tiene más energía que mi papá.

—Yo soy más bonita que tú.
—Al contrario. Yo soy la más bella de todas las muchachas. Mi mamá y mi abuela me lo han dicho en varias ocasiones.
—Pero tú no has aparecido en tantas revistas como Cindy Crawford.
—Bueno, tengo tanta presencia como ella. Uno de estos días seré famosa.

—Mi hermano y yo somos los más rápidos del colegio.
—¿Quién dice eso? Pablo y yo somos tan rápidos como Uds. Vamos a ver. ¡Aquí mismo! ¡Vamos! A ver si no somos más rápidos. A ver si no somos los más rápidos del colegio.
—Uds. no han participado en tantos maratones como nosotros.
—Es verdad, pero hemos ganado tantas medallas como Uds.

—Mi hermano ha tocado la mejor selección del concierto. Fue la más difícil y fue mucho más complicada que las de los otros músicos. Estoy seguro de que los jueces lo escogerán como el ganador del festival.

—¿Y qué sabes tú de música? Tu hermano no toca tan bien como mi hermana, ni sabe tanto de música.

—Lo que sí sé es que es sumamente talentoso. Toca tan ágilmente como un concertista de mucha experiencia.

Read the conversations again and underline all the comparisons you find. If you are not sure about the formation of the comparative or superlative, or if you have difficulty identifying them, see pp. 94–95 for more review and practice.

Uses of the comparative

The comparative is used to compare or contrast people, things, activities, or ideas to one another. Look carefully at the following examples

1. Comparisons of equality:

   Juan es **tan alto como** Felipe.
   José habla **tan rápido como** Teresa.
   Elena tiene **tantos amigos como** Justo y Pablo.

   Juan is as tall as Felipe.
   José speaks as fast as Teresa.
   Elena has as many friends as Justo and Pablo.

2. Comparisons of inequality:

   La casa de Cristóbal es **más grande que** la mía.
   Mi computadora funciona **más despacio que** la tuya.
   Tú tienes **menos discos compactos que** yo.

   Cristóbal's house is bigger than mine.
   My computer works slower than yours.
   You have fewer compact disks than I.

If you would like to review and/or practice the formation of comparisons of equality and inequality, go to pp. 94–98.

Uses of the superlative

The superlative is used to distinguish one as the most notable among many.

Esa calle es **la más estrecha** de la ciudad.
Esa avenida es **larguísima**.

That street is the most narrow of the city.
That avenue is very (extremely) long.

Ejercicios

A. Contrastes. Contrasta las características de las siguientes personas. Usa por lo menos dos frases en cada categoría. Trata de incluir varios tipos de comparaciones (de igualdad, de desigualdad, superlativa).

		Susana	David	Raquel
1.	notas en los cursos	notable	bien	sobresaliente
2.	fecha de nacimiento	08/23/81	10/13/81	02/12/82
3.	medida	4′6″	5′2″	5′0″
4.	peso	120 lb.	125 lb.	110 lb.
5.	horas de trabajo por día	5	5	3
6.	dinero que ahorran al mes	$40.00	$20.00	$60.00
7.	discos que tienen	50	25	30
8.	hermanos	2	2	1

Modelo: notas en los cursos
Raquel es inteligentísima.
Susana saca mejores notas que David.
o
Las notas de Raquel son las mejores de todas.

1. _____
_____

2. _____
_____

3. _____
_____

4. _____
_____

5. _____
_____

6. _____
_____

7. _____
_____

8. _____
_____

B. Comparaciones. Escoge una característica que se destaca (*stands out*) entre los grupos a continuación y expresa la diferencia que notas entre ellos. Evita la repetición. Puedes usar la lista de adjetivos o de sustantivos a continuación u otros que necesites.

Adjetivos:

paciente / divertido / deprimente / caro / hablador / curioso / gracioso / tímido / emocionante / paciente / difícil / aburrido / valiente / peligroso / variado / alegre

Sustantivos:

paciencia / curiosidad / gracia / timidez / dificultad / valor / peligro / alegría / jugadores / ritmo / sol / nieve / habitantes / sabor

Modelo: tu abuelo y tu padre
Mi abuelo es más paciente que mi padre.
o
Mi abuelo tiene más paciencia que mi padre.

1. tu mejor amigo y tú

   _____

2. dos de tus vecinos

   _____

3. tu padre (o madre) y tu abuelo

   _____

4. dos de tus tíos

   _____

5. dos equipos deportivos profesionales (número de jugadores)

   _____

6. dos canciones

   _____

7. dos universidades

   _____

8. dos libros

   _____

9. los gatos y los perros

   _____

10. el verano y el invierno

    _____

11. dos ciudades

    _____

12. dos profesores

    _____

13. dos cursos

_____

14. la mañana y la noche

_____

15. dos refrescos

_____

16. el libro de química y el libro de español

_____

C. ¡Qué orgullo! (*How proud!*)

Muchos de los estudiantes en la escuela de Ricardo han alcanzado muchos logros (*achievements*). Él se siente muy orgulloso de ellos y los compara con personas muy famosas. Escribe frases completas con la información a continuación.

1. Raúl / tener / talento musical / un concertista

_____

2. Ignacio / ser / listo / un científico

_____

3. Julio y Jorge / jugar al tenis / hábilmente / Ivan Lendl

_____

4. Georgina / actuar / bien / Glenn Close

_____

5. mi mejor amigo / ser / exitoso / sus hermanos

_____

6. Tomás / recibir / medallas / un deportista profesional

_____

D. Más comparaciones con superlativos.

Escoge la característica más destacada de los siguientes temas, lugares o personas y escribe una frase expresando tu opinión. Puedes usar la lista de adjetivos en el ejercicio B u otros que necesites.

Modelo: Nueva York
   Nueva York es una ciudad grandísima.
   o
   Nueva York es la ciudad más interesante de todas las ciudades de los Estados Unidos.

1. una película

_____

2. Los Ángeles

_____

3. los Juegos Olímpicos

_____

4. el fumar

_____

5. el Gran Tiburón Blanco

_____

6. la Madre Teresa

_____

7. Beethoven

_____

8. Pablo Picasso

_____

9. la televisión

_____

10. un maratón

_____

11. el cáncer

_____

12. las Cataratas del Niágara

_____

En conclusión...

[Some of these exercises can be done orally after students have had time to prepare and write notes for presentation to the rest of the class.]

Los siguientes ejercicios han sido diseñados para que pongas en práctica los conceptos que has aprendido en esta unidad. Cuando no hay información específica sobre cuánto debes escribir o hablar, se espera que escribas ensayos de unas 200 palabras como mínimo. Si es una presentación oral, debes prepararte para hablar por unos dos o tres minutos.

A. Diferencias y semejanzas.
Describe en detalle las diferencias y similaridades entre la escuela primaria y la escuela secundaria. Describe a los maestros, a los amigos, las clases, los edificios, las actividades, etc. Recuerda que cuando describas la escuela primaria tienes que usar los tiempos del pasado.

> Modelo: _En la escuela primaria los maestros eran más amables que los maestros de la escuela secundaria._

B. Mis cuadros favoritos.
Escoge dos de tus cuadros favoritos, pueden ser de un artista famoso como Picasso, Frida Kahlo, etc. o dos cuadros que hayas pintado en la clase de arte. Describe y compara los cuadros con todo el detalle posible incluyendo las personas en el cuadro, los colores, el fondo (_background_), etc.

C. Mi escuela.   Un estudiante de intercambio te pide que le cuentes algo de tu escuela para así saber lo que le espera cuando venga a visitarte. Escríbele una carta describiendo la vida en tu escuela, las clases, los maestros, las actividades, los estudiantes, la comida, los requisitos, las reglas, etc. Debes darle todos los detalles posibles.

D. Un documental.   Una estación de televisión decide hacer un documental sobre la vida de diferentes familias en tu comunidad. Escríbele una carta al Gerente General explicándole por qué debe escoger a tu familia para incluirla en el programa. Incluye las cualidades positivas de tu familia, el número de personas, las actividades en que participan, cómo comparten los quehaceres, cómo se ayudan, las actividades en que participan para divertirse, etc.

E. En una isla desierta.   Imagina que vas a pasar seis meses en una isla desierta. Tienes la oportunidad de escoger a dos amigos o a dos personas famosas con quienes te gustaría pasar ese tiempo. Escoge a estas dos personas y explica por qué las escogiste. Describe sus cualidades y compáralas exaltando los aspectos de ellas que te gustan o no te gustan.

F. La publicidad.   Escoge dos anuncios de una revista o periódico y tráelos a la clase. Descríbelos detalladamente y explica por qué son o no son efectivos para mostrar al público la idea o el producto. En tu descripción incluye lo que muestran, los colores que usan, las personas u objetos que aparecen, el mensaje que tratan de transmitir, las palabras que usan, etc.

G. Una foto de mi niñez.   Escoge una foto o fotos de tu familia y prepara un informe escrito para la clase comparando cómo eran antes las personas en la(s) foto(s) y cómo son ahora. Primero, escribe la descripción y luego, leésela a tus compañeros. Incluye la apariencia física de las personas, la edad, la ropa, etc. Recuerda que cuando describas la(s) foto(s) de tu niñez tienes que usar los tiempos del pasado.

H. Los gobiernos.   Imagina que te han invitado a una conferencia internacional donde jóvenes de diferentes países discuten los diferentes tipos de gobierno. Escoge un país, cuyo gobierno conozcas bien y compáralo con el gobierno de los Estados Unidos. Si decides no escoger otro país, puedes comparar el gobierno actual de los Estados Unidos con el gobierno de años atrás. Algunos de los temas que puedes discutir son: el tipo de sistema, la libertad de palabra, los héroes, el orgullo de los ciudadanos, las guerras o revoluciones, los escándalos, los políticos, las leyes, etc.

Sin rodeos...

You will now listen to a series of questions in which you are asked to describe certain people or things with which you have some experience. You will hear each question twice. You will have 20 seconds to respond as fully as possible. Listen to the first question . . .

En escena

Los dibujos a continuación representan un cuento. En tus propias palabras, describe en detalle lo que sucede. Usa el vocabulario y las preguntas a continuación como guía pero recuerda que debes usar tu imaginación y añadir cualquier información que creas necesaria.

Vocabulario y guía

Estudia la siguiente lista de vocabulario antes de comenzar la descripción. Puedes añadir otras palabras o expresiones que te parezcan necesarias.

Sustantivos

la barbería (*the barbershop*)   el barbero (*the barber*)
el espejo (*the mirror*)   el cabello (*the hair*)
la toalla (*the towel*)   la espuma (*the lather*)

Adjetivos

rizado (*frizzy*)   enojado (*angry*)

Verbos y expresiones

pintarse el pelo (*to color one's hair*)
ponerse el tinte (*to put on hair dye*)
reírse (*to laugh*)
tener vergüenza de (*to be ashamed of*)
echar a perder (*to ruin, spoil*)

Las siguientes preguntas e instrucciones te van a ayudar a narrar el cuento. Estas preguntas son sólo una guía. Puedes usar cualquier otra idea que quieras.

1. Describe la escena. ¿Dónde está el chico? ¿Qué mira? ¿Quiénes están en el lugar? Describe a estas personas. ¿Qué hacen?

2. ¿Dónde se encuentra el chico ahora? ¿Qué hace? ¿Qué crees tú que piensa hacer el chico? ¿Hay otras personas allí? ¿Quiénes son? ¿Qué hacen?

3. ¿Qué hace el chico? ¿Qué está pensando?

4. ¿Dónde está ahora? ¿Qué hace? ¿Qué tiene en la cabeza? Describe el cuarto donde se encuentra.

5. Tres horas más tarde… ¿Qué hace ahora?

6. ¿Por dónde camina? ¿Con quién va? Describe el pelo del chico ahora. ¿Cómo reacciona el amigo con quien camina? ¿Qué hacen los otros chicos? ¿Por qué?

1

2

3

4

5

6

La descripción de nuestros alrededores: diferencias y semejanzas

Los adjetivos

Agreement of adjectives

1. All adjectives agree in gender and number with the noun or pronoun that they modify.

   Adjectives that end in -o in the masculine singular have four different forms.

singular	**plural**
el hombre cuban**o**	los hombres cuban**os**
la revista cuban**a**	las revistas cuban**as**

   To form the plural of most adjectives ending in an unaccented vowel, add -s.

los libros nuev**os**	las computadoras nuev**as**

   To form the plural of adjectives ending in a consonant, add -es.

el ejercicio difícil	los ejercicios difícil**es**

   All other adjectives with the exception of adjectives of nationality have only two forms, one for the singular and one for the plural.

el chico amabl**e**	los chicos amabl**es**
la chica amabl**e**	las chicas amabl**es**

2. Adjectives of nationality that end in a consonant have four forms. An -a is added to create the feminine form. The plural forms follow the prescribed pattern.

el chico español	los chicos español**es**
la chica español**a**	las chicas español**as**

Adjectives of nationality that end in -n or -s have a written accent mark in the masculine singular form.

el coche japon**és**	los coches japones**es**
la computadora japones**a**	las computadoras japones**as**
el periódico alem**án**	los periódicos aleman**es**
la revista aleman**a**	las revistas aleman**as**

3. Adjectives ending in -or, -ón, -án, or -ín add -a to form the feminine, and they have four forms.

masculine	**feminine**
hablad**or** (hablad**ores**)	hablad**ora** (hablad**oras**)
trabajad**or** (trabajad**ores**)	trabajad**ora** (trabajad**oras**)
burl**ón** (burl**ones**)	burl**ona** (burl**onas**)
holgaz**án** (holgaz**anes**)	holgaz**ana** (holgaz**anas**)
chiquit**ín** (chiquit**ines**)	chiquit**ina** (chiquit**inas**)

4. Adjectives that modify both a masculine and a feminine noun use the masculine plural form.

el profesor y la profesora **chilenos**	*the Chilean (male) professor and the (female) professor*
el himno nacional y la bandera **mexicanos**	*the Mexican national anthem and flag*

Ejercicio

Cambios. Carlos y Gisela están hablando sobre varios temas. De vez en cuando ellos describen algo o a alguien. Completa las descripciones con la forma correcta del adjetivo entre paréntesis. Luego sustituye el adjetivo original por los adjetivos entre paréntesis.

1. Eduardo compró una pintura _____ (costoso). (horrible/ maravilloso)

2. Los políticos _____ (extranjero) llegaron a las Naciones Unidas. (francés/valiente)

3. El hombre y la mujer _____ (extraño) entraron en el banco. (nervioso/cobarde)

4. Mari Carmen era una chica _____ (charlatán). (listo/generoso)

5. Antes de salir, el profesor nos dio varios ejemplos _____ (útil). (complicado/difícil)

6. Los estudiantes _____ (trabajador). (obediente/listo) sacaron notas _____ (excelente). (alto/sobresaliente)

7. Las paredes _____ (azul) me gustaron mucho. (decorado/ verde)

8. La mujer _____ (alemán) nos saludó en español. (inglés/puertorriqueño)

9. Conseguí unas cortinas _____ (larga) para las ventanas. (bonita/transparente)

10. El elefante y la jirafa _____ (pequeño) nacieron la semana pasada. (débil/juguetón [*playful*])

Location of adjectives

1. Descriptive adjectives usually follow the noun.

   los idiomas **extranjeros**   *the foreign languages*

   However, if the adjective describes an inherent characteristic, it can precede the noun.

   la **blanca** nieve   *the white snow*

2. Adjectives which limit or quantify a noun—that is, that indicate a number or amount, generally precede the noun.

   Había **doscientos** invitados y **mucho** ruido.   *There were two hundred guests and a lot of noise.*

3. The following adjectives generally precede the noun they modify:

ambos	mejor	suficiente	mucho
otro	alguno (algún)	peor	varios
bastante	poco	ninguno (ningún)	

   Reminder: Adjectives do not always directly precede or follow the noun they modify.

   ¿Mi hermano? No sé si está **listo**.   *My brother? I don't know if he is ready.*

4. Some adjectives change in meaning according to their placement:

viejo	un amigo viejo	*an old friend (age)*
	un viejo amigo	*an old friend (long time)*
pobre	una mujer pobre	*a poor woman*
	una pobre mujer	*an unfortunate woman*
mismo	el hombre mismo	*the man himself*
	el mismo hombre	*the same man*
grande	una ciudad grande	*a big/large city*
	una gran ciudad	*a great city*
nuevo	un coche nuevo	*a brand new car*
	un nuevo coche	*a new (different) car*
cierto	un hecho cierto	*a sure (beyond doubt) fact/feat*
	cierto hecho	*a certain (particular) fact/feat*
antiguo	una casa antigua	*an old/ancient house*
	una antigua casa	*a former house*
único	una mujer única	*a unique woman*
	la única mujer	*the only woman*
semejante	una cosa semajante	*a similar thing*
	semejante cosa	*such a thing*
diferente	programas diferentes	*different programs*
	diferentes programas	*various programs*

5. Sometimes more than one adjective will modify the same noun. In such cases, the adjective you want to emphasize can precede the noun and the other follows it.

   un **famoso** artista **moderno**   *a famous modern artist*
   la **vieja** fortaleza **alemana**   *the old German fortress*

   At times two or more adjectives can follow the noun. When just two adjectives follow a noun *y (e)* is optional, but when three or more follow, *y (e)* is obligatory between the last two adjectives.

   una fortaleza **alemana vieja**   *an old German fortress*
   una obra **nueva e interesante**   *a new and interesting work*
   unos animales **fuertes, rápidos y feroces**   *some strong, fast, and ferocious animals*

6. A few adjectives have shortened forms when they appear before masculine singular nouns.

bueno	Hizo **buen** tiempo, pero no fue una buena semana.	*The weather was good, but it was not a good week.*
malo	No es mala idea, pero es un **mal** ejemplo.	*It is not a bad idea, but it is a bad example.*
primero	Vi el **primer** acto por primera vez ayer.	*I saw the first act for the first time yesterday.*
tercero	Es la tercera vez que repite el **tercer** verso.	*It is the third time that she repeats the third verse.*
alguno	**Algún** día van a elegir a una mujer.	*Some day they are going to elect a woman.*
ninguno	**Ningún** episodio de la novela apareció en la revista.	*No episode of the novel appeared in the magazine.*

Note that when shortened, *alguno* and *ninguno* require a written accent: *algún, ningún.*

7. *Cien* represents the exact quantity 100, whereas *ciento* occurs in the numbers 101–199 (and in the expression *por ciento*). *Cien* is used before all nouns, including *millones* and before the adjective *mil.*

Gabriel García Márquez escribió *Cien años de soledad.*	*Gabriel García Márquez wrote* One Hundred Years of Solitude.
Ya hay más de **cien mil** habitantes en el país.	*There are already more than a hundred thousand inhabitants in the country.*

8. *Grande* and *cualquiera* also have a shortened form before masculine and feminine singular nouns, but remember that their meaning also changes.

La autora escribió una **gran** novela y un **gran** poema.	*The author wrote a great novel and a great poem.*
Lee **cualquier** artículo; todos son buenos.	*Read any article; they are all good.*
Trae una chaqueta **cualquiera**.	*Bring any old jacket.*

9. *Santo* changes to *San* before masculine singular names, with the exception of those that begin with *Do-* and *To-*. The feminine form *Santa* never changes unless it is plural.

San José	**Santo** Domingo	**Santa** Ana
San Francisco	**Santo** Tomás	**Santa** Teresa

Ejercicios

A. Un nuevo coche. Completa el párrafo a continuación sobre una compañía que fabrica coches. Cambia la terminación del adjetivo entre paréntesis si es necesario.

En el _____ (primero) mes del proyecto tuvimos un _____ (grande)

problema y buscamos _____ (varios) maneras de resolver el dilema. Recibimos

_____ (mucho) cartas de _____ (todo) partes del mundo.

_____ (Alguno) recomendaciones fueron _____ (tonto) mientras otras

fueron _____ (interesante) y _____ (útil). Intentábamos construir un

automóvil _____ (plástico) pero no tuvimos _____ (ninguno) éxito.

Construimos casi _____ (ciento) modelos pero siempre con el _____ (mismo) resultado—un fracaso _____ (completo). Todos los ingenieros eran muy

_____ (inteligente) y _____ (trabajador) y un día uno de los ingenieros

_____ (alemán) sugirió _____ (alguno) diseños _____

(nuevo) y _____ (distinto) con el tipo de plástico que utilizábamos. Después de

_____ (poco) meses de perfeccionar el diseño, comenzamos a fabricar los

_____ (primero) modelos. Estos coches, _____ (diseñado) y

_____ (fabricado) por obreros _____ (local), han tenido un efecto

_____ (enorme) y han ayudado a rejuvenecer una región _____ (pobre).

Nos satisface haber producido un coche _____ (práctico) y _____

(económico) al _____ (mismo) tiempo que ayudamos a la gente.

B. La lotería.
El señor Moreno acaba de ganarse la lotería y ahora es millonario. Completa las frases sobre lo que dicen de él con el equivalente en español de las frases entre paréntesis.

1. El señor Moreno acaba de ganarse la lotería. Él es _____ (*a rich man*).

2. Siempre le han encantado las fiestas porque siempre puede disfrutar de _____ (*the delicious food*).

3. Quiere comprar _____ (*a big table*) para poder tener muchos invitados.

4. Su amiga, la Sra. Dávila no ha encontrado un apartamento en la ciudad. Él piensa comprarle una casa a _____ (*the unfortunate woman*).

5. Nosotros vimos cuando el director de la lotería le dio el cheque. _____ (*The director himself*) se lo entregó.

6. Pronto va a llevar a sus _____ (*old friends*) en un viaje por barco.

7. Quiere seguir viviendo en Buenos Aires. Cree que es _____ (*a great city*).

8. El ganó con _____ (*the same numbers*) que jugaba desde el año pasado.

9. Ayer compró _____ (*a brand new VCR*).

C. ¡Vamos a la heladería!
Ricardo y Luisa andan en coche y deciden comprar helados. Completa la conversación con la forma correcta del adjetivo. Tienes que decidir si el adjetivo va antes o después del sustantivo.

—¿Tenemos _____ tiempo _____ (suficiente) para ir a la heladería?

—No, tenemos _____ tiempo _____ (poco), pero me encantan los

helados que venden aquí. Creo que son los _____ helados _____

(mejor) de la ciudad.

—Sí, pero ésta es la _____ calle _____ (peor) para encontrar estacionamiento.

—Déjame aquí. Regreso en seguida. No te preocupes si viene _____ policía

_____ (alguno).

—Compra _____ sabores _____ (varios).

. . .

—¿No compraste _____ helado _____ (ninguno) de vainilla?

—No, _____ helados _____ (ambos) son de chocolate. ¿Quieres

_____ sabor _____ (otro)?

—Ay, sí… por favor. Creo que tenemos _____ tiempo _____ (bastante).

—¡Qué interesante! Hace unos minutos dijiste que no teníamos _____ tiempo

_____ (mucho).

D. Santiago tuvo un examen...
Santiago tuvo un exámen pero no salió bien. Él habla con su tía y le dice lo que hizo el fin de semana antes del examen. Completa el párrafo con la forma correcta del adjetivo entre paréntesis.

_____ (Ninguno) estudiante pudo terminar el examen. Nosotros tuvimos que leer

_____ (ciento) páginas de artículos y estudiar el _____ (tercero) capítulo

del libro de química. El viernes antes del examen la profesora dijo "_____ (Cualquiera)

lección que no comprendan la pueden repasar durante el fin de semana." Yo no tuve tiempo para estudiar

mucho. Hacía _____ (bueno) tiempo y decidí ir al _____ (grande) concier-

to que presentaron en el estadio municipal. Allí encontré a _____ (alguno) amigos y luego

fuimos a _____ (Santo) Sebastián, el nuevo café en la _____ (Tercero)

Avenida. Ya sé que _____ (alguno) día me va a pesar (*I'll be sorry*).

More about adjectives

1. A noun can add information to another noun, just as adjectives do. However, unlike English, in Spanish nouns cannot be used as adjectives. This is accomplished by the construction *de* + noun.

   la barca **de madera**   *the wooden boat*
   la casa **de verano**   *the summer house*

2. When a noun to which an adjective refers is so clear from the context that it can be left out, the adjective follows the article as a noun does. Both the article and the adjective still agree with the omitted noun.

   Los jóvenes tienen muchas responsabilidades.   *Young people have many responsibilities.*
   No pudieron salvar a **la anciana**.   *They were not able to save the old woman.*
   No vivo en la casa azul, vivo en **la roja**.   *I do not live in the blue house, I live in the red one.*

3. The neuter article (*lo*) is used with the masculine singular adjective to form a noun phrase.

   Lo interesante fue que él no recordó   *The interesting thing was that he did not*
     nada.   *remember anything.*
   Siempre hacen **lo fácil**.   *They always do what is easy (the easy thing).*

   Note that the word *thing* is usually part of the English translation.

Ejercicios

A. La tienda favorita de Teresita.
En la tienda favorita de Teresita hay unas rebajas fantásticas. Ella aprovecha la oportunidad para comprar muchas cosas que necesita. Escribe la lista que ella prepara con la información entre paréntesis.

Modelo: camisa (cuadros)
   una camisa de cuadros

1. mesa (madera) _____

2. florero (vidrio) _____

3. camisa (lana) _____

4. botellas (detergente) _____

5. cucharas (plata) _____

6. platos (papel) _____

7. libro (recetas) _____

B. Los programas de televisión. Varios amigos hablan sobre los programas que les gustan. Contesta a sus preguntas según tus preferencias. Usa el modelo como guía.

Modelo: ¿Te gusta el programa musical o el programa cómico?
   Me gusta el cómico.

1. ¿Cuáles te gustan más, los programas cómicos o los programas informativos?

   _____

2. ¿Prefieres la actuación de esa actriz rubia o la actuación del actor moreno?

   _____

3. ¿Te gustan más los documentales modernos o los documentales históricos?

   _____

4. ¿Prefieres los programas serios o los programas escandalosos?

   _____

5. ¿Qué programa vas a ver a ahora? ¿El programa político o el programa policiaco?

   _____

C. En el cine con mis amigos. Julia acaba de ir al cine con sus amigos. Escribe frases completas expresando sus opiniones. Usa el modelo como guía.

Modelo: divertido / poder estar con mis amigos
   Lo divertido es poder estar con mis amigos.

1. interesante / no saber el final

   _____

2. triste / la muerte del personaje principal

   _____

3. bueno / tener tanta variedad de películas

   _____

4. malo / tener que hacer cola (*stand in line*)

   _____

5. absurdo / pagar tanto dinero

   _____

Los adjetivos demostrativos

Demonstrative adjectives

There are three demonstrative adjectives in Spanish:

este (*this*) } which refers to something or someone near the speaker, or to the present time;

ese (*that*) } which refers to something or someone near the person addressed, or to a period of time that is relatively near;

aquel (*that*) } which refers to something or someone at a distance from both the speaker and the person being addressed; or to a remote period of time.

Like all adjectives, demonstrative adjectives agree in number and gender with the noun they modify or describe.

este niño (*this boy*)　　　　　　　**esta** semana (*this week*)
estos niños (*these boys*)　　　　　**estas** semanas (*these weeks*)

Estos televisores aquí son muy modernos.　　*These television sets here are very modern.*

ese niño (*that boy*)　　　　　　　　**esa** semana (*that week*)
esos niños (*those boys*)　　　　　**esas** semanas (*those weeks*)

Esos radios allí son portátiles.　　*Those radios there are portable.*

aquel niño (*that boy*)　　　　　　**aquella** semana (*that week*)
aquellos niños (*those boys*)　　**aquellas** semanas (*those weeks*)

Aquellos tocadiscos allá son de alta calidad.　　*Those record players over there are of high quality.*

Esta semana tengo varios exámenes.　　*This week I have several tests.*

Note that the masculine singular forms do not end in -*o*.

Ejercicios

A. De compras con Diana.　Diana va de compras y casi vuelve locos a sus amigos. Completa lo que ella dice con la forma correcta de los adjetivos demostrativos. Usa el modelo como guía. Presta atención a los adverbios *aquí, allí* y *allá* para demostrar la distancia entre tú y el objeto u objetos.

Modelo:　　　　aquí　　　　　　allí　　　　　　allá, en la distancia
　　　　　Quiero <u>este</u> par de zapatos, <u>ese</u> paraguas y <u>aquel</u> pañuelo.

| | *aquí* | *allí* | *allá, en la distancia* |

1. Quiero _____ panecillos, _____ tortas y _____ pastel.

2. ¿Te gustan _____ guantes, _____ bufanda y _____ botas?

3. Prefiero _____ anillo, _____ collares y _____ pulseras.

4. Necesito comprar _____ lápices, _____ plumas y _____ libro.

5. Pinté _____ retrato, _____ paisaje y _____ naturaleza muerta.

6. Ha comprado _____ película, _____ cámara y _____ lentes.

7. Me ofrece _____ estantes, _____ escritorio y _____ silla.

8. Dame _____ naranjas, _____ pepinos y _____ piña.

B. Completa las siguientes conversaciones... Completa las siguientes conversaciones con el equivalente de las palabras entre paréntesis en español.

1. Teresa habla con Leoncio sobre el libro que lee.

   — ¿Qué es _____ (*that*) libro que estás leyendo?

   — ¿_____ (*This*) libro? Es la novela de _____ (*that*) escritora que conocimos hace dos años.

   — No sabía que te gustaban _____ (*those*) temas.

   — El tema de _____ (*this*) novela no es muy interesante pero _____ (*those-at a distance*) novelas allá son fabulosas.

2. Alfredo e Isabel caminan por el barrio y hablan sobre los coches que ven.

   — ¿Ves _____ (*those-at a distance*) coches allá? Son los coches de los Loyola.

   — Sí, _____ (*that at a distance*) coche azul es mi favorito. Pero, _____ (*this*) que está aquí en el garaje es horrible. _____ (*These*) colores nuevos no me gustan nada.

   — En _____ (*that*) casa parece que vive mucha gente.

   — Uy, hay varios coches y _____ (*those*) bicicletas son carísimas.

3. Ana y Gisela están en la tienda de ropa.

   — ¿Por qué no te gusta _____ (*this*) blusa aquí?

   — Porque no hace juego (*goes well*) con _____ (*that*) chaqueta.

   — Pero se ve muy bien con _____ (*those*) pantalones.

   — Tienes razón. La voy a comprar. Tráeme _____ (*those-at a distance*) medias también.

4. En la calle, Roberto y Jorge hablan sobre un incidente que acaba de pasar.

   — _____ (*That*) hombre es el ladrón.

   — Sí, quería llevarse _____ (*that*) coche y _____ (*those-at a distance*) policías lo vieron romper la ventanilla.

   — Y, ¿quién es _____ (*that-at a distance*) señor?

   — Es el padre de _____ (*that-at a distance*) niño. El fue quien llamó a la policía.

   — _____ (*This*) barrio está cambiando mucho.

Los pronombres demostrativos

Demonstrative pronouns

Demonstrative pronouns are the same in form as demonstrative adjectives but they carry a written accent. They have the same gender and number as the noun they are replacing. In general, demonstrative pronouns are no longer accentuated. To help you differentiate adjectives and pronouns in this book, we have included the accent on all demonstrative pronouns.

1. When referring to space:

   éste, ésta, éstos, éstas
   (*this one/these*) } relate to something close to the speaker

   ése, ésa, ésos, ésas
   (*that one/those*) } relate to something far from the speaker but close to the person being addressed

   aquél, aquélla, aquéllos, aquéllas
   (*that one/those*) } relate to something far from both the speaker and the person being addressed

   ¿Te gusta más este modelo o **ése**?   *Do you like this model or that one more?*
   Los alpinistas piensan subir esa   *The mountain climbers are planning to go up that*
      montaña y **aquélla**.   *mountain and that one (at a distance).*

2. When referring to time:

   éste, ésta, éstos, éstas
   (*this/these*) } relate to the present

   ése, ésa, ésos, ésas
   (*that/those*) } relate to a period that is relatively near

   aquél, aquélla, aquéllos, aquéllas
   (*that/those*) } relate to a remote time

   Esa semana compré un billete de la   *That week I bought one lottery ticket, this one I*
      lotería, **ésta** compro dos.   *am buying two.*
   En este siglo las mujeres llevan faldas y   *In this century women wear skirts and pants, in*
      pantalones, en **aquél**, sólo llevaban faldas.   *that one, they only wore skirts.*

   Note that the masculine singular forms do not end in -*o*.

3. There are also three neuter demonstrative pronouns: *esto, eso,* and *aquello* which do not refer to a specific noun, but rather to ideas, concepts, or situations.

   Los espectadores se portaron de manera   *The spectators behaved in a very negative and*
      muy negativa e infantil. **Eso** fue lo que   *childish fashion. That was what bothered*
      nos molestó más que nada.   *us more than anything.*

   The neuter forms can also be used to ask for the identification of an object unknown to the person.

   —¿Qué es **aquello**?   *—What is that (at a distance)?*
   —Es una bolsa de cuero.   *—It is a leather bag.*

   Note that the neuter pronouns do not have an accent, and always end in -*o*.

Ejercicios

A. Algunas fotos de un viaje. Ayuda a Gerónimo a poner sus fotos en orden. Da **los pronombres demostrativos** apropiados según el modelo.

Modelo: la cámara

	aquí	allí	allá, en la distancia
	ésta	*ésa*	*aquélla*

	aquí	allí	allá en la distancia
1. la foto	_____	_____	_____
2. el álbum	_____	_____	_____
3. las diapositivas	_____	_____	_____
4. las playas	_____	_____	_____
5. el edificio	_____	_____	_____
6. la plaza	_____	_____	_____
7. la planta	_____	_____	_____
8. los barcos	_____	_____	_____
9. los turistas	_____	_____	_____
10. las flores	_____	_____	_____

B. Gerónimo muestra las fotos... Gerónimo muestra las fotos de una ciudad que visitó el mes pasado. Completa la frases con la forma apropiada de **los pronombres demostrativos** (*éste, ésta, éstos, éstas*).

1. _____ es un edificio construido en el siglo XIX.

2. _____ es una iglesia románica.

3. _____ son calles muy antiguas.

4. _____ es una catedral gótica.

5. _____ son la estación de trenes y la estación de autobuses.

6. _____ son bancos del distrito financiero.

7. _____ es el Museo de Bellas Artes.

8. _____ es el rascacielos más alto de la ciudad.

9. _____ son mercados típicos.

10. _____ son jardines botánicos.

C. ¿Qué quieres hacer en la ciudad?
Quieres complacer a tu amigo que te visita. Completa las preguntas con la forma apropiada de **los pronombres demostrativos** (*ése, ésa, ésos, ésas*).

1. ¿Quieres tomar este taxi o _____?

2. ¿Te gusta más esta calle o _____?

3. No sé si preferirías esta excursión o _____.

4. ¿Prefieres este hotel o _____?

5. ¿Te interesan más estas exposiciones o _____?

6. ¿Quisieras probar estos entremeses (*appetizers*) o _____?

7. Dime si te gustaría este restaurante o _____.

D. En camino al aeropuerto.
Rosario habla con el taxista y al pasar por varios lugares le dice todas las cosas que hizo durante sus vacaciones. Da la forma apropiada de **los pronombres demostrativos** (*aquél, aquélla, aquéllos, aquéllas*).

1. Entré en esa tienda y en _____ al lado del cine.

2. Comí en ese café y en _____ delante del teatro.

3. Compré estos recuerdos y _____ que están en el escaparate (*store window*).

4. Saqué fotos de esas montañas y de _____ en la distancia.

5. Subí esas escaleras y _____ a los lejos (*in the distance*).

6. Visité ese museo y _____ a la vuelta de la esquina.

7. Recorrí ese parque y _____ al otro extremo de la ciudad.

E. Respuestas.
Lee las siguientes declaraciones y traduce **los pronombres neutros** entre paréntesis.

1. —Tú eres muy antipático.

   —¡_____ (*That*) no es verdad!

2. —¿Qué trae Alberto?

   —_____ (*That-at a distance*) es su nueva mochila.

3. —Este reloj está roto, la computadora no funciona y el radio no recibe muchas estaciones.

   —¡_____ (*This*) es un desastre!

4. —No tengo un regalo para Pilar. Le voy a dar un cheque.

   —_____ (*That*) es ridículo.

5. —La carne está cruda y el arroz está duro.

   —_____ (*This*) no me gusta.

Los adjetivos posesivos

Possessive adjectives (short form)

Possessive adjectives agree in gender and number with the thing possessed.

mi, mis (*my*)
tu, tus (*your*)
su, sus (*your, his, her, its*)

nuestro, nuestra, nuestros, nuestras (*our*)
vuestro, vuestra, vuestros, vuestras (*your*)
su, sus (*their*)

Note that:

1. short possessive adjectives are always placed before the noun they modify.

2. *mi, tu,* and *su* have the same form for the masculine and feminine forms (*mi madre, mi padre*).

3. *nuestro* and *vuestro* have a feminine form: *nuestra, vuestra* (*nuestro abuelo, nuestra abuela*).

4. to form the plural add -*s*: (*nuestros tíos, mis primos*).

5. *mi* (my), *tu* (your), *nuestro* (our), and *vuestro* (your) have only one equivalent in English.

6. *su* can mean either *his, her, your, its,* or *their*. In order to avoid ambiguity, replace *su* with *de* + noun or *de* + pronoun (*él, ella, Ud., Uds., ellos, ellas*).

   su coche

       el coche **de Felipe** (Elena, etc.)
       el coche **de él** (ella, etc.)

   sus tías

       las tías **de Ana** (Javier, etc.)
       las tías **de ella** (él, etc.)

   When there is no ambiguity it is preferable to use *su*.

   Juana es muy rica. Su coche es un Rolls Royce.   *Juana is very rich. Her car is a Rolls Royce.*

Possessive adjectives (long form)

mío, mía, míos, mías (*mine*)
tuyo, tuya, tuyos, tuyas (*yours*)
suyo, suya, suyos, suyas (*yours, his, hers, its*)

nuestro, nuestra, nuestros, nuestras (*our*)
vuestro, vuestra, vuestros, vuestras (*yours*)
suyo, suya, suyos, suyas (*yours, their*)

un/el amigo **mío**
una/la amiga **mía**
unos/los amigos **míos**
unas/las amigas **mías**

un/el profesor **nuestro**
una/la profesora **nuestra**
unos/los profesores **nuestros**
unas/las profesoras **nuestras**

Note that:

1. long possessive adjectives are always placed after the noun they modify.

2. *mío, tuyo, suyo, nuestro,* and *vuestro* have a feminine form.

3. to form the plural add –s.

4. *mío* (of mine), *tuyo* (of yours), *nuestro* (of ours), and *vuestro* (of yours) have only one equivalent in English.

5. *suyo, suya, suyos, suyas* can each mean *of his, of hers, of yours, of its, of theirs*. In order to avoid ambiguity, replace *suyo, suya, suyos, suyas* with *de* + noun or *de* + pronoun (*él, ella, Ud., Uds., ellos, ellas*).

un/el tío **suyo**	un/el tío **de José** (María, etc.)
	un/el tío **de él** (ella, etc.)
unos/los tíos **suyos**	unos/los tíos **de José** (María, etc.)
	unos/los tíos **de él** (ella, etc.)

If there is no ambiguity, it is preferable to use *suyo, suya, suyos, suyas*.

José tiene muchos tíos. Un tío suyo se mudó a un pueblo en los Andes.

José has many uncles. An uncle of his moved to a town in the Andes.

Ejercicios

A. Cambios. Usando el sujeto entre paréntesis como guía escribe la forma correcta de **la forma corta del adjetivo posesivo** para cada sustantivo.

Modelo: (ella) *su* invitación

1. (yo) _____ curso   _____ temores
   _____ ideas   _____ familia

2. (tú) _____ trabajo   _____ reacciones
   _____ equipaje   _____ cintas

3. (él) _____ jefe   _____ lentes
   _____ bisabuela   _____ habitación

4. (ella) _____ tarjetas   _____ escritorio
   _____ blusa   _____ nietos

5. (Ud.) _____ computadora   _____ pasaporte
   _____ reservación   _____ direcciones

6. (nosotros) _____ vecinos   _____ casa
   _____ barrio   _____ flores

7. (ellos) _____ fábrica   _____ sueldo
   _____ uniformes   _____ quejas

8. (ellas) _____ vacaciones   _____ escritorio
   _____ compañía   _____ vestidos

9. (Uds.) _____ entradas   _____ apartamento
   _____ asientos   _____ hija

B. Cambios. Usando el sujeto entre paréntesis como guía escribe la forma correcta de **la forma larga del adjetivo posesivo** para cada sustantivo.

Modelo: (ellos) las tarjetas *suyas*   el nieto *suyo*

1. (yo) el curso _____   los informes _____
2. (tú) los profesores _____   el trabajo _____
3. (él) el resumen _____   las aptitudes _____
4. (Ud.) el billete _____   la reservación _____
5. (nosotros) los vecinos _____   las flores _____
6. (ellos) la fábrica _____   los deberes _____
7. (ellas) la fiesta _____   los vestidos _____
8. (Uds.) las entradas _____   la hija _____

C. Con más claridad. Usando el pronombre personal entre paréntesis escribe la forma más clara para cada frase.

Modelo: (él) sus compras
      las compras de él

1. (él) sus medicinas _____   su primo _____
2. (ella) su revista _____   sus fotografías _____
3. (Ud.) sus recorridos _____   su viaje _____
4. (ellos) su proyecto _____   sus recomendaciones _____
5. (ellas) su carta _____   sus periódicos _____
6. (Uds.) sus planes _____   sus cajas _____

D. En el campamento de verano... En el campamento de verano Cecilia trata de organizar el cuarto. Responde a las preguntas con la información entre paréntesis. Usa el modelo como guía.

Modelo: ¿Es éste el jabón de Carmen? (Pedro)
      No, no es suyo. Es de Pedro.

1. ¿Son ésos los zapatos de Jorge? (Uds.)

_____

2. ¿Es aquél tu cepillo? (Elena)

_____

3. ¿Son ésas las bolsas de Margarita? (Tina y Petra)

_____

4. ¿Son aquéllas las medias de Uds.? (Juan y Tito)

_____

5. ¿Es ése el cinturón de Antonio? (Rodolfo)

_____

Los pronombres posesivos

Possessive pronouns

The possessive pronoun is formed by using the definite article and the long form of the possessive adjective.

el mío, la mía, los míos, las mías (*mine*)
el tuyo, la tuya, los tuyos, las tuyas (*yours*)
el suyo, la suya, los suyos, las suyas (*yours, his, hers, its*)

el nuestro, la nuestra, los nuestros, las nuestras (*ours*)
el vuestro, la vuestra, los vuestros, las vuestras (*yours*)
el suyo, la suya, los suyos, las suyas (*theirs*)

El suyo, la suya, los suyos, las suyas can mean *his, hers, yours, its, theirs*. In order to avoid ambiguity, replace *el suyo, la suya, los suyos, las suyas* with *el (la, los, las) de* + noun or *el (la, los, las) de* + pronoun (*él, ella, Ud., Uds., ellos, ellas*).

Esta cocina es más grande que **la suya**.	*This kitchen is larger than his (hers, yours, theirs).*
Esta cocina es más grande que **la de Juan** (la de Rita, etc.).	*This kitchen is bigger than Juan's (Rita's, etc.).*
Esta cocina es más grande que **la de él** (la de ella, la de Ud., la de Uds., la de ellos, la de ellas).	*This kitchen is bigger than his (hers, yours, theirs).*

When the noun to which a possessive pronoun refers is clear from the context, it can be left out.

—Ellos trajeron muchos bocadillos.
—Sí, pero los bocadillos tuyos son los mejores.
—**Los míos** son de queso manchego.
—**Los suyos** (**Los de ellos**) son de atún.

Ejercicios

A. Los parientes. Traduce los pronombres posesivos entre paréntesis. Recuerda que en algunos casos hay más de una posibilidad.

Modelo: mis amigos y *los nuestros* (*ours*) *los suyos* (*his*) *los de Felipe* (*Felipe's*)

1. mis padres y _____ (*yours*) _____ (*his*)
   _____ (*Cristina's*)

2. tus tíos y _____ (*mine*) _____ (*hers*) _____ (*theirs*)

3. su bisabuelo y _____ (*hers*) _____ (*ours*)
   _____ (*Fernando's*)

4. nuestros primos y _____ (yours) _____ (his)

_____ (theirs)

5. sus nietos y _____ (ours) _____ (theirs) _____ (hers)

6. mi madrina y _____ (yours) _____ (his)

_____ (theirs)

7. nuestra abuela y _____ (hers) _____ (yours)

_____ (theirs)

B. En la playa. Reemplaza las palabras en itálica con **el pronombre posesivo** apropiado.

Modelo: Isabel me da sus medias pero Ignacio no me da *sus medias.*
 las suyas o *las de él*

1. Tengo mis sandalias pero Pablo no tiene *sus sandalias.*

   _____

2. Marta trajo su crema bronceadora pero yo no traje *mi crema bronceadora.*

   _____

3. Llevaste tu traje de baño pero yo no llevé *mi traje de baño.*

   _____

4. Olvidaron sus toallas pero tú no te olvidaste de *tu toalla.*

   _____

5. No encontraron su radio pero yo encontré *mi radio.*

   _____

6. Preparé mi almuerzo pero los niños no prepararon *su almuerzo.*

   _____

7. Juan trajo su libro pero nosotros no trajimos *nuestros libros.*

   _____

8. Adela recordó traer su parasol pero Beatriz no recordó traer *su parasol.*

   _____

C. El trabajo. Reemplaza las palabras en itálica con **el pronombre posesivo** que clarifique cualquier ambigüedad.

Modelo: mis papeles y *los suyos*
 los de ella (hers)   *los de Uds.* (yours)

1. mi trabajo y *el suyo* _____ (his) _____ (theirs–masc.)

2. nuestra jefa y *la suya* _____ (yours–pl.) _____ (theirs–fem.)

3. su oficina y *la suya* _____ (his) _____ (yours–sing.)

4. mis cuadernos y *los suyos* _____ (hers) _____ (theirs–fem.)

5. sus vacaciones y *las suyas* _____ (his) _____ (hers)

6. nuestros beneficios y
   los suyos _____ (theirs-masc.) _____ (yours–pl.)

Comparaciones

Comparisons of regular adjectives

There are two types of comparisons: comparisons of equality and comparisons of inequality.

1. Comparisons of equality are expressed with

   tan + adjective (adverb) + *como*

Ella es **tan lista como** su hermana.	*She is as clever as her sister.*
No escribe **tan bien como** su hermana.	*She does not write as well as her sister.*

   tanto (–a, –os, –as) + noun + *como*

Ella tiene **tantas cualidades como** su hermana.	*She has as many qualities as her sister.*

2. Comparisons of inequality are expressed with

   más (menos) + adjective (noun, adverb) + *que*

Ellos son **más fuertes que** tú.	*They are stronger than you.*
Ellos tienen **más fuerza que** tú	*They have more strength than you.*
Ellas corren **más rápido que** tú.	*They run faster than you.*

3. To express *than* before numerals in affirmative sentences, *de* is used.

Han trabajado más **de** ocho horas.	*They have worked more than eight hours.*

4. If the sentence is negative, *que* is used.

No han trabajado más **que** diez horas.	*They have not worked more than ten hours.*

5. When English uses an indefinite word (*anyone, anything*) after *que*, Spanish uses a negative word (*nadie, nada*).

Tiene más fuerza que **nadie**.	*He has more strength than anyone.*

6. When the antecedent is an adjective or an adverb, *than* is expressed by *de lo que*.

Esa tarea fue más fácil **de lo que** habíamos pensado.	*That homework was easier than we had thought.*
Valía mucho más **de lo que** queríamos gastar.	*It was worth more than we wanted to spend.*

Comparisons of irregular adjectives

1. The adjectives *bueno, malo, viejo,* and *joven* have irregular forms when they are used in comparisons of inequality.

bueno	**mejor** que (*better than*)	viejo	**mayor** que (*older than*)
malo	**peor** que (*worse than*)	joven	**menor** que (*younger than*)

Esa computadora es **peor que** ésta.	*That computer is worse than this one.*
Mi prima es **menor que** yo.	*My cousin is younger than I.*

2. They are also irregular when used in the superlative degree.

bueno	**el/la mejor de**	*(the best of)*
	los/las mejores de	
malo	**el/la peor de**	*(the worst of)*
	los/las peores de	
viejo	**el/la mayor de**	*(the oldest of)*
	los/las mayores de	
joven	**el/la menor de**	*(the youngest of)*
	los/las menores de	

Rosa es **la mayor de** las hermanas.   *Rosa is the oldest of the sisters.*
Yo soy **el menor de** mi familia.   *I am the youngest of my family.*

3. Note that *mayor* and *menor* are used to compare only in terms of age. For differences in size, use *más grande, más pequeño.*

La mesa es **más pequeña que** el escritorio.   *The table is smaller than the desk.*
Y esa mesa allí es **la más grande de** todas.   *And that table there is the biggest of all.*

4. The following adverbs are irregular when used in comparisons of inequality

bien	**mejor** que *(better than)*
mal	**peor** que *(worse than)*

Rita escribe **mejor que** Jorge.   *Rita writes better than Jorge.*
Hugo cocina **peor que** yo.   *Hugo cooks worse than I.*

Superlative comparisons

1. Superlatives are expressed with *el* (*la, los, las*) + *más* (*menos*) + adjective + *de*

Ellas son **las más trabajadoras de** la clase.   *They are the most hard-working of the class.*
Él es **el menos listo de** la clase.   *He is the least intelligent of the class.*

2. In Spanish there is another form of comparison called the absolute superlative. The absolute superlative stresses the adjective to its maximum degree. It does not compare the person, thing, or group to others. Some English equivalents are *extremely, very, awfully,* and *incredibly.* It is formed by adding the suffix *–ísimo, –ísima, –ísimos, –ísimas.*

alto altísimo (*–a, –os, –as*)   grande grandísimo (*–a, –os, –as*)   fácil facilísimo (*–a, –os, –as*)

3. Note that in some adjectives there are spelling changes before adding the suffix.

c → qu franco franquísimo   g → gu largo larguísimo   z → c feliz felicísimo

4. An equivalent expression is often formed with the use of *muy, sumamente,* or *extraordinariamente.*

Ella está nervios**ísima**.   Ella está **muy** nerviosa.
     She is very/extremely nervous.
Es riqu**ísimo**.   Es **sumamente** rico.
     It is very/extremely tasty.
Parecen felic**ísimos**.   Parecen **extraordinariamente** felices.
     They seem very/extremely happy.

Reminder: Adjectives in comparative and superlative degree still must agree with the noun or pronouns they modify.

Ejercicios

A. En comparación. Escribe dos comparaciones, la primera **de igualdad** y la segunda **de desigualdad**.

Modelo: tu composición / corto / la mía
Tu composición es tan corta como la mía.
Tu composición es más corta que la mía.

1. la próxima lección / difícil / ésta

   _____

   _____

2. yo / trabajador / mi hermano mayor

   _____

   _____

3. esta marca / barato / ésa

   _____

   _____

4. su horario / pesado / el mío

   _____

   _____

5. tú / atlético / él

   _____

   _____

6. nosotros / diligente / ellos

   _____

   _____

B. Superlativos. Escribe frases completas usando **la comparación superlativa**.

Modelo: el edificio / alto / ciudad
El edificio es el más alto de la ciudad.   o   *Es el edificio más alto de la ciudad.*

1. Pablo / inteligente / clase

   _____

2. este helado / mejor / heladería

   _____

3. la atracción / emocionante / parque de diversiones

   _____

4. el deporte / popular / país

   _____

5. estas entradas / caro / estadio

_____

6. Anita y Paula / amable / grupo

_____

C. Comparaciones. Escribe dos comparaciones, la primera **de igualdad** y la segunda **de desigualdad**.

Modelo: él recibe / revistas / yo
Él recibe tantas revistas como yo.   o   _Él recibe más revistas que yo._

1. tengo / miedo / tú

_____

2. ella lee / libros / nosotros

_____

3. Javier ve / películas / Uds.

_____

4. mi padre arregla / motores / el mecánico

_____

5. los alumnos hacen / trabajo / los profesores

_____

6. hacemos / viajes / nuestros parientes

_____

D. En el concurso... Varios estudiantes participan en un concurso donde tienen que dar un discurso. Usa las palabras a continuación para escribir frases completas sobre los comentarios que hacen. Usa **el comparativo de igualdad**.

Modelo: nosotros / escuchar las instrucciones / cuidadosamente / los otros estudiantes
Nosotros escuchamos las instrucciones tan cuidadosamente como los otros estudiantes.

1. Diego / hablar / bien / Graciela

_____

2. yo / estar / nervioso / él

_____

3. nosotros / trabajar / duro / ellos

_____

4. Rosaura / escribir / el discurso / cuidadosamente / nosotros

_____

5. los jueces / darnos la bienvenida / calurosamente / nuestros profesores

_____

E. Adela y Diego hablan sobre sus amigos. Cada vez que Adela describe a una persona, Diego usa el superlativo. Usa el modelo como guía.

Modelo: Rosa es lista.
Rosa es listísima.

1. Jacobo es romántico.

   _____

2. Hugo y Julia son aburridos.

   _____

3. Dolores es loca.

   _____

4. Julián es elegante.

   _____

5. Susana es ágil.

   _____

6. María está enojada.

   _____

7. Luis es feroz.

   _____

La narración y la descripción en el presente

In this unit, you will review and practice the structures that will allow you to talk about yourself, and others, and about the activities in which you participate.

El presente

In order to narrate and describe in the present you will need to review the formation and use of the present tense. If you would like to review and/or practice the formation of the present tense, go to pp. 122–132.

Read the following announcements of people who want to meet or correspond with others. As you read, underline all the verbs you find in the present tense.

Soy un chico de 27 años. De físico corriente. Creo ser sincero, idealista y sensible. Tengo buen sentido de humor. Me gusta la playa, leer, hablar y escuchar, conocer a la gente. Quiero tener correspondencia con chicas sinceras para amistad y compartir inquietudes. Soy de Barcelona, pero espero cartas de cualquier lugar de España.

Hola, tengo 33 años, me llamo Javier y vivo en Huesca. Soy una persona sencilla, romántica y cariñosa. Mido 1m 70, llevo barba y tengo ojos de color pardo. Mi carácter es algo complicado como un buen Géminis que soy; me gusta el campo, pasear, la lectura, el cine, viajar y la música. Busco chicos y chicas, no importan la edad ni dónde vivan. Deseo divertirme en los buenos momentos que la vida ofrece. Tienen que ser sinceros y respetuosos. Si creen que

vale la pena conocernos, escríbanme, no tenemos nada que perder y puede que sí mucho que ganar. ¿No creen?

Soy trigueña con ojos claros, mido casi dos metros, tengo 30 años y soy soltera. Soy escritora. Me gusta el deporte. Peso 180 libras. Soy atlética. Siempre espero lo mejor de la vida. Si te sientes así y tienes entre 20 y 30 años, escríbeme. Espero recibir tu carta.

Uses of the present

The present tense is used to:

1. Express a timeless or habitual action in the present

   La mayoría de los ciudadanos no **votan** en las elecciones. | *The majority of the citizens do not vote in the elections.*

   Los gatos **son** animales muy independientes. | *Cats are very independent animals.*

2. Describe events that last up to the present

   Esteban **corre** en el parque. | *Esteban runs in the park.*

   Nieva. | *It is snowing.*

   ¿Qué **haces**? | *What are you doing?*

3. Express planned events and actions in the future (if another element of the sentence refers to the future)

   Mañana **visito** a Teresa. | *Tomorrow I'll visit (I'm visiting) Teresa.*

   Esta noche **comemos** en casa de Manuel. | *Tonight we'll eat (we are eating) at Manuel's home.*

4. Describe actions and situations that have been going on for a certain period of time in the following constructions:

   hace + length of time + *que* + verb in the present
   verb in the present + (*desde*) *hace* + length of time

   Hace tres días que sirven tacos en la cafetería. | *They have been serving tacos in the cafeteria for three days.*

   Sirven tacos en la cafetería (**desde**) **hace tres días**.

   To ask a question use the following constructions:

   ¿Cuánto (tiempo) hace que + verb in the present?
   ¿Desde hace cuánto tiempo + verb in the present?

   ¿Cuánto (tiempo) hace que montas a caballo?
   ¿Desde hace cuánto tiempo montas a caballo? | *(For) how long have you been riding horses?*

5. Describe actions and situations that have been going on since a specific point in time

   verb in the present + *desde* + point in time

   Estudio matemáticas **desde esta mañana**. | *I have been studying mathematics since this morning.*

   To ask a question use the following construction:

   ¿Desde cuándo + verb in the present?

   ¿Desde cuándo vas a la escuela en bicicleta? | *Since when have you been going (do you go) to school by bicycle?*

If you would like to review and/or practice the formation of regular and irregular forms of the present tense, go to pp. 122–133.

Ejercicios

A. Las actividades físicas. Escoge ocho de las actividades en la lista a continuación y expresa con qué frecuencia tú y tus amigos las hacen. Usa **el presente** y las expresiones de la lista.

acostarse tarde
asistir a clases de ejercicios aeróbicos
bailar
correr
dar un paseo
decir mentiras

hacer un viaje
ir de compras
jugar
levantar pesas
oír las noticias
participar en un maratón

todos los días / de vez en cuando / rara vez / nunca / los fines de semana / cuando estoy de vacaciones, etc.

1. _____
2. _____
3. _____
4. _____
5. _____
6. _____
7. _____
8. _____

B. Una semana típica. Indica las actividades que haces en una semana típica. Usa las siguientes expresiones para indicar la frecuencia con que las haces. Usa **el presente**.

a menudo
a veces
cada día
con frecuencia

de vez en cuando
generalmente
por lo general
siempre

Durante una semana típica yo generalmente…

1. _____
2. _____
3. _____
4. _____
5. _____

C. ¿Qué hacen cuando...? Lee las siguientes situaciones. Luego, complétalas con por lo menos dos actividades que tú o las otras personas hacen en esas situaciones. Usa **el presente** en tus respuestas.

1. Cuando estoy de vacaciones veo la televisión por la tarde y...

_____

2. Cuando estoy aburrido(a) yo...

_____

3. Cuando estoy enfermo(a) yo...

_____

4. Cuando tenemos exámenes nosotros...

_____

5. Cuando mis padres trabajan mucho ellos...

_____

Ahora pregúntale a uno de tus amigos lo que él, ella o las otras personas hacen en las situaciones anteriores y prepara un corto informe para presentárselo al resto de la clase.

_____

_____

_____

_____

In Unit 2, you reviewed and practiced using adjectives and making comparisons. You may have noticed that for most of those descriptions you used the verb *ser*. In this part of the unit you will review the many different uses of the verb *ser*.

Uses of verb ser

The verb *ser* is used to express:

1. The origin of someone or something

Los estudiantes de intercambio **son de** Colombia.	*The exchange students are from Colombia.*
Esa alfombra **es del** Ecuador.	*That rug is from Ecuador.*

2. Identity

—¿Quién **es** ese señor?	*—Who is that man?*
—**Es** el tío de Ricardo.	*—He is Ricardo's uncle.*

3. Inherent qualities and characteristics such as personality, nationality, religion, physical appearance (color, size, shape, etc.)

Kenneth **es** irlandés y católico.	*Kenneth is Irish and Catholic.*
Sus hijos **son** pelirrojos y amables.	*His children are redheaded and kind.*
Su coche **es** grande y amarillo.	*His car is big and yellow.*

Note, however, that when describing specific parts of the body, the following structure is used:

tener + part of the body + adjective

Elena **tiene los ojos pardos**.   *Elena has brown eyes.*

4. Moral or mental characteristics, such as *culpable, conciente, desgraciado, feliz, inocente, pobre*

Esas parejas **son** muy desgraciadas.   *Those couples are very unfortunate.*

5. Professions and occupations

La Sra. Menéndez **es** abogada.   *Mrs. Menéndez is a lawyer.*

Note that:

- With professions, the indefinite article is **not** used in Spanish as it is in English.
  El Sr. Menéndez **es periodista**.   *Mr. Menéndez is a journalist.*

- If the profession or occupation is modified, the indefinite article is used.
  El Sr. Menéndez **es un buen** periodista.   *Mr. Menéndez is a good journalist.*

6. Dates

—¿Qué día **es** hoy?   —*What day is today?*
—Hoy **es** martes.   —*Today is Tuesday.*

7. Time

Son las dos y media.   *It is two thirty.*

8. The material from which something is made

Ese anillo **es** de oro.   *That ring is (made of) gold.*

9. Possession

Los bolígrafos **son** de la profesora.   *The ballpoint pens are the professor's (belong to the professor).*

10. An impersonal idea (the subject of the verb *ser* is *it*, which is never stated in Spanish)

Es necesario completar los ejercicios.   *It is necessary to complete the exercises.*
Es verdad que Ramón llega mañana.   *It is true that Ramón arrives tomorrow.*

11. The idea of *"to be held," "to happen," "to take place"*

La reunión **es** en la cafetería.   *The meeting is (being held) in the cafeteria..*
Las clases **son** en el edificio nuevo.   *The classes are (being held) in the new building.*

12. The passive voice using the construction *ser* + past participle (as an adjective) + *por*

Los edificios **fueron construidos por**   *The buildings were built by that company.*
  esa compañía.
Esa escultura **fue hecha por** Picasso.   *That sculpture was made by Picasso.*

Note that in the passive construction the past participle functions as an adjective and thus must agree with the noun it describes.

Ejercicios

A. Mi deportista favorito. Escoge a un deportista (hombre o mujer) y descríbelo(la) detalladamente.

a. Primero, completa siguiente lista de adjetivos con los adjetivos que lo(la) describan mejor.

cuerpo: (delgado, etc.) _____ _____ _____

tamaño: (alto, etc.) _____ _____ _____

piel: (suave, etc.) _____ _____ _____

cara: (redonda, etc.) _____ _____ _____

pelo: (lacio, etc.) _____ _____ _____

nariz: (pequeña, etc.) _____ _____ _____

¿Hay otros adjetivos que necesites para describirlo/la?

_____ _____ _____

_____ _____ _____

b. Ahora, usa las listas anteriores para escribir una descripción detallada. Tu descripción debe tener por lo menos seis frases.

_____

_____

_____

_____

_____

B. Mi deportista favorito. Uno de tus amigos quiere saber algo más sobre tu deportista favorito(a). Contesta a sus preguntas por frases completas.

1. ¿Quién es tu deportista favorito(a)?

_____

2. ¿Cuáles son algunos de sus logros (*accomplishments*)?

_____

3. ¿De dónde es?

_____

4. ¿Cuándo es el próximo partido?

_____

5. ¿Dónde son los partidos? ¿A qué hora son?

_____

C. Figuras del mundo hispano.

Un amigo te pregunta sobre algunas figuras importantes del mundo hispano. Tú le das algunos datos que sabes. Usa la información a continuación y el modelo como guía.

Modelo: el cuadro *Los Tres Músicos* / pintar / Picasso
El cuadro Los Tres Músicos fue pintado por Picasso.

1. las novelas *La hojarasca* y *El coronel no tiene quien le escriba* / escribir / Gabriel García Márquez

   _____

2. la iglesia *La Sagrada Familia* / construir / Antonio Gaudí

   _____

3. el cuadro *Guernica* / pintar / Pablo Picasso

   _____

4. la ciudad de Tenochtitlán / conquistar / los españoles

   _____

5. el monasterio El Escorial / fundar / Felipe II

   _____

6. las colecciones de invierno y de primavera / diseñar / Carolina Herrera

   _____

7. el cuadro *Las Meninas* / pintar / Diego de Velázquez

   _____

Condiciones y acciones en progreso

Javier, un chico dominicano, está de vacaciones en México. Lee la siguiente tarjeta que Javier le escribió a su amiga Rosaura.

Querida Rosaura,

Te escribo desde Cancún. Aquí estoy sentado en una maravillosa playa disfrutando del sol y de un buen descanso. Ayer estaba cenando en un restaurante y, adivina quién estaba allí también,… Claudio. Estuvimos hablando por varias horas y mañana vamos a Uxmal juntos. Voy a estar aquí por una semana más… ya te estoy echando de menos.

Un abrazo,

Javier

Rosaura Montiel

71 E. 94th St.

New York, NY 10028

As you can see, Javier used the verb *estar* several times in the postcard he wrote to Rosaura. In this part of the unit you will review the uses of the verb *estar*.

Uses of the verb estar

The verb *estar* is used to express:

1. Location (both temporary and permanent)

   Las cajas **están** debajo de la mesa.   *The boxes are under the table.*
   El parque El Retiro **está** en Madrid.   *Retiro Park is in Madrid.*

2. A state such as mood, physical condition, or other noncharacteristic features in general

   Estoy deprimido desde que Antonio   *I am depressed since Antonio left.*
   se fue.
   La hija de Pedro **está** enferma.   *Pedro's daughter is ill.*

3. A quality (condition) which is the result of a previous action

   (Camilo se sentó.) Él **está** sentado en   *(Camilo sat down) He is seated in the hall.*
   el pasillo.
   (Cerraron la tienda.) La tienda **está**   *(They closed the store.) The store is closed.*
   cerrada.
   (Calenté la sopa.) La sopa **está** caliente.   *(I heated the soup.) The soup is hot.*

4. An action that is in progress, in the construction

   estar + present participle (gerund)

   Ellos **están hablando** con el policía.   *They are talking to the policeman.*
   Yo **estoy escribiendo** en mi cuaderno.   *I am writing in my notebook.*

   Remember that the gerund always ends in *–ndo*.

If you would like to review and/or practice the formation of the present participle (gerund) or the progressive, go to p. 134.

Ejercicios

A. ¡Qué pena!   Enrique no vino a la escuela hoy. Usando las siguientes listas como guía, describe la condición en que él se encuentra y lo que hace, pero no te limites a esta lista. Cuando aparece el símbolo (>) usa la información para decir por qué.

   a. ¿En qué condición se encuentra?

Modelo: acostar > enfermo
            Enrique está acostado porque está enfermo.

preocupar > tener un examen importante /
enojar > no poder ir al partido / decaído > no comer
desde ayer / contento > madre hacer todo por él

1. _____

2. _____

3. _____

4. _____

b. ¿Qué hace (no hace)?

Modelo: guardar cama > tener fiebre
Enrique guarda cama porque tiene fiebre.

tomar jarabe para la tos > toser / tomar aspirinas > tener dolor de cabeza / no comer > tener dolor de garganta

1. _____

2. _____

3. _____

B. El mundo desde mi ventana.

Alfonso está un poco aburrido y decide sentarse en la ventana y ver lo que están haciendo los vecinos. Usa **el progresivo** para describir en todo detalle lo que los vecinos de Alfonso están haciendo en ese momento. Aquí tienes algunos verbos que puedes usar:

limpiar / montar en bicicleta / leer / regar las plantas / lavar / mirar / pensar / jugar / arreglar

_____

_____

_____

_____

_____

_____

_____

C. Situaciones. Mira los siguientes dibujos y, usando las preguntas como guía, describe lo que ves. Usa tu imaginación.

¿Quiénes son las personas en los dibujos? Describe su apariencia física. ¿Dónde están? ¿Qué están haciendo? ¿En qué actividades participan a menudo?

_____

_____

_____

_____

D. La fiesta de fin de año. Mira la escena a continuación y descríbela en todo detalle. Habla de la fecha, la hora, las personas que están allí, cómo son, etc. Usa tu imaginación y añade cualquier otra información que necesites.

_____

_____

_____

_____

E. La satisfacción de pasar tiempo con los niños. Completa el siguiente párrafo en el que Felicia describe su relación con sus hermanitos. Usa **el presente** del verbo *ser, estar* o *tener*.

En este momento, mis hermanos _____ leyendo un libro. Como _____

sentados, yo _____ tiempo para escribir. Ellos _____ muy activos. Pedro

_____ tres años y Juan y Carmen _____ cinco. Ellos _____

mucha energía.

Mis vecinos _____ del Ecuador. Su hijo _____ cuatro años así que

muchas veces viene a jugar con mis hermanitos. Nosotros _____ una piscina muy grande en

el patio y allí pueden nadar pero yo _____ que cuidarlos y eso me causa mucha ansiedad.

_____ muy peligroso cuando van a la parte de la piscina que _____ más pro-

funda. A pesar de todo, me gusta _____ con ellos. ¿Piensas que _____ (yo)

loca? Cuando yo _____ con ellos me siento más joven. ¿ _____ [tú] de acuer-

do o _____ (tú) una de esas personas a quienes no les gustan los niños?

F. Los problemas de Tomás y Guadalupe. Completa el siguiente diálogo con la forma correcta del verbo *ser* o *estar* en **el presente**.

Tomás llega a casa de Guadalupe y toca a la puerta.

—¿Quién _____? —dice Guadalupe.

—_____ Tomás. _____ aquí porque quiero hablar contigo. ¿Qué

_____ [tú] haciendo?

—[Yo] _____ tratando de estudiar. Tengo que estar lista para el examen de mañana.

—Guadalupe, _____ hora de que hablemos. Sé que tú _____ muy enojada

conmigo, pero no _____ mi intención causarte problemas.

—Tú _____ el culpable de mi enojo. Hoy _____ jueves y desde el domingo

he tratado de comunicarme contigo y no me has llamado.

—Lo siento. Mi tío _____ aquí desde el sábado porque busca un apartamento. Su

esposa _____ reportera para un periódico y _____ aquí para

entrevistar a unos diplomáticos. Él _____ abogado y necesita encontrar un puesto.

—Entonces él _____ muy ocupado también.

—¿Qué puedo hacer para ponerte de buen humor? ¿Por qué no vamos a la fiesta de Rosario.

_____ el sábado.

—¿A qué hora _____ la fiesta?

—_____ a las seis.

Más tarde, Tomás llama a Guadalupe por teléfono.

—¡Hola, Guadalupe! ¿Cómo te sientes?

—¡Qué bueno que llamaste! [Yo] Ya no _____ deprimida.

—Bueno, [nosotros] _____ de acuerdo en que vamos a poner todo esto en el pasado.

—De acuerdo. ¡Fantástico!… Bueno, me alegro de que te sientas mejor.

—Mi tío _____ esperándome en la calle, tiene una entrevista esta tarde. Hasta pronto.

—Hasta luego, Tomás.

G. ¿Qué estabas haciendo cuando...?   Averigua (*Find out*) dónde estaban y lo que estaban haciendo tus compañeros de clase durante los siguientes incidentes. Luego escribe sus respuestas para compartir la información con el resto de la clase. Usa **el imperfecto** del verbo *estar* en tus preguntas.

> Modelo: el último Superbowl
>> *¿Dónde estabas durante el último Superbowl?*
>> *¿Qué estabas haciendo?*
>> *Tomás estaba en su casa. Estaba mirando la televisión.*

1. la serie mundial de béisbol

_____

2. la última tormenta

_____

3. las últimas elecciones presidenciales

_____

4. la ceremonia de entrega de los premios Oscar

_____

5. la fiesta del *prom* el año pasado

_____

H. Mi lugar favorito.   Piensa en tu lugar favorito. Descríbelo detalladamente pero no digas qué lugar es. Describe el tiempo, cómo te sientes, lo que haces, lo que ves, lo que otras personas hacen, etc. Usa **el presente**. Una vez que hayas escrito tu descripción, léesela a la clase para ver si ellos pueden adivinar cuál es tu lugar favorito.

> Modelo: *Desde mi lugar favorito puedo observar a las personas que pasan. Si hace buen tiempo, la gente corre y juega al fútbol. Muchas veces yo leo. Me siento muy tranquila allí.* (El parque)

_____

_____

_____

_____

_____

_____

_____

_____

_____

_____

Adjectives used with *ser* and *estar*

Some adjectives change meaning depending on whether they are used with *ser* or *estar*:

ser		**estar**	
ser aburrido	*boring*	estar aburrido	*bored*
ser atento	*courteous*	estar atento	*attentive*
ser bueno	*good*	estar bueno	*tasty/tastes good*
ser fresco	*fresh, impudent*	estar fresco	*fresh, just made, finished, or gathered*
ser listo	*clever*	estar listo	*ready*
ser loco	*scatterbrained*	estar loco	*insane*
ser malo	*bad*	estar malo	*ill*
ser orgulloso	*proud (pejorative)*	estar orgulloso	*proud*
ser rico	*rich*	estar rico	*delicious*
ser seguro	*safe*	estar seguro	*certain*
ser verde	*green*	estar verde	*unripe*

Note: The adjectives *vivo* (alive) and *muerto* (dead) are used with the verb *estar*.

Cuando la ambulancia llegó al hospital, el hombre **estaba muerto**. (*the condition resulting from dying*)	*When the ambulance got to the hospital, the man was dead.*

Ejercicio

¿Ser o estar?   Lee las siguientes situaciones. Luego, completa las frases para describir a la persona u objeto usando la información entre paréntesis. Recuerda que tienes que decidir entre el verbo *ser* o *estar*.

1. Celeste siempre saca las mejores notas de la clase. Ella _____ (listo).

2. Si te comes el aguacate ahora, te vas a enfermar. Ese aguacate _____ (verde).

3. Ayer le di mis libros a Sebastián y no sabe dónde los puso. Él _____ (loco).

4. Hace dos horas que miramos ese programa y no pasa nada. El programa _____ (aburrido).

5. Me encanta cómo preparan el pollo en este restaurante. Aquí el pollo _____ (rico).

6. Carlota y Rosaura piensan que esos chicos no son de su clase social. Ellas _____ (orgulloso).

7. El profesor de geografía habla demasiado y no dice nada interesante. Él _____ (aburrido).

8. Señor Cepeda, Ud. siempre me ayuda. Ud. _____ (atento).

9. Elena se ganó la lotería hace dos años. Ella _____ (rico).

10. Yo lo vi con mis propios ojos. Sé lo que pasó. Yo _____ (seguro).

Other uses of the gerund (present participle)

1. You have already reviewed the use of the gerund with the verb *estar* to express an action that is in progress.

   Juan y yo no podemos salir porque **estamos estudiando**.

   Juan and I cannot go out because we are studying.

2. The gerund is also used, as it is in English, without an auxiliary verb:

   Los padres, **tratando** de mantenersetranquilos, escucharon la descripción del accidente.

   The parents, while trying to stay calm, listened to the description of the accident.

   Dándole la mano al público, el político creía que aumentaba su apoyo.

   By shaking hands with the audience, the politician felt that his support was increasing.

3. But, in Spanish:

   • The infinitive, **not** the gerund, is used as a noun.

   Hacer ejercicio es bueno para la salud.

   Exercising is good for your health.

   Escuchar es un arte que necesitamos desarrollar.

   Listening is an art we need to develop.

   Escribir cartas no es tan popular como telefonear.

   Writing letters is not as popular as calling on the phone.

   • The infinitive, **not** the gerund, is used after prepositions.

   Salieron **sin decir** adiós.

   They left without saying good-bye.

   Después de oír el precio, decidieron no comprarlo.

   After hearing the price, they decided not to buy it.

   No sabíamos la dirección **antes de marcharnos**.

   We didn't know the address before leaving.

4. *Al* (*a* + *el*, meaning *upon*) functions as a preposition, therefore it must be followed by the infinitive.

   Al salir, vi a Dolores.

   Upon leaving, I saw Dolores.

Ejercicio

Un poco de práctica. Para comprender mejor el uso del infinitivo y el gerundio, completa las siguientes frases con **el infinitivo** o **el gerundio**.

1. Espero que sigan _____ (cantar).

2. No quiere continuar sin _____ (saber) más acerca de la situación.

3. _____ (Viajar) es una manera de aprender.

4. El criminal, _____ (gritar) ante el juez, sale de la corte.

5. Estamos _____ (prepararse) para salir de la oficina.

6. Mi hermano anda _____ (comportarse) como si fuera (*as if he were*) un rey.

7. Ese chico no sabe que _____ (enseñar) no es fácil.

8. Mañana te llamamos antes de _____ (ir) a tu casa.

9. El público, _____ (aplaudir) locamente, no quiere salir del teatro.

10. ¿Estás _____ (dormir)?

11. _____ (Fumar) es peligroso para la salud.

12. Al _____ (bajar) del avión, veo a los tíos de Guillermo.

13. La enfermera viene _____ (correr) porque hay una emergencia.

14. _____ (Querer) es _____ (poder).

15. Los muchachos, _____ (conducir) por primera vez, visitan a todos sus amigos del barrio.

Los verbos reflexivos

There is a new student in the school and Bárbara wants to know if Mateo has run into him. Read the following conversation between Mateo and Bárbara and underline the reflexive verbs.

—¿Ya te acostaste?

—No, pero voy a acostarme pronto porque mañana tengo que levantarme a las cinco. Tengo que ir a la escuela con mi mamá y ella se va muy temprano.

—¿Conociste al nuevo estudiante?

—Sí, se llama Pablo. Hoy se sentó a mi lado en la clase de inglés. Luego se quedó hablando conmigo por unos minutos después de la clase.

—¿Sabes que se parece a Jorge? Por eso creo que nos vamos a llevar muy bien.

—Lo sé.

—Bueno, si te acuestas ahora, vas a dormir lo suficiente.

—No te preocupes, todavía tengo que bañarme.

—Bueno, tengo que despedirme porque papá se enfada cuando hablo demasiado por teléfono.

—Hasta mañana, Bárbara. Nos vemos en la cafetería a eso de las siete.

—De acuerdo. Hasta mañana, Mateo.

If you had any difficulty recognizing the reflexive verbs, you may want to go to p. 136 to review and/or practice the formation of reflexive verbs.

Uses of reflexive verbs

In Spanish, reflexive verbs are conjugated with reflexive pronouns (*me, te, se, nos, os,* and *se*) which represent the same person as the subject. In other words, reflexive verbs are used to indicate that the subject is performing the action on or for him- or herself.

Me corto las uñas a menudo.   *I cut my nails often.*
Juan **se acostó** temprano.   *Juan went to bed early.*

Note that in Spanish, when using reflexive verbs with parts of the body or articles of clothing, the definite article is used in place of the possessive adjective used in English.

Some verbs change meaning when they are used reflexively. Some common verbs are

acercar	*to bring near*	acordarse	*to remember*
acordar	*to agree*	acercarse	*to approach*
ir	*to go*	irse	*to go away, leave*
negar	*to deny*	negarse (a)	*to refuse (to)*
parecer	*to seem*	parecerse (a)	*to look like*
probar	*to taste*	probarse	*to try on*
volver	*to return*	volverse	*to turn around*

Other uses of the reflexive construction

The reflexive construction is also used to express mutual or reciprocal action, that is, to indicate that the subjects are performing the action to or for one another by using the plural reflexive pronouns (*nos, os, se*).

Nosotros **nos encontramos** en el parque todos los días.	*We meet (each other) in the park every day.*
Se abrazan cuando se ven.	*They hug when they see each other.*
Hace tres semanas que no **nos escribimos**.	*We have not written to each other for three weeks.*

El uno al otro or *los unos a los otros* may be added if there is a need to clarify the reciprocity of the action.

Ellos **se miran el uno al otro**.	*They look at each other.*

The reflexive construction is also used with the verbs *hacerse, ponerse,* and *volverse* to express the equivalent of the English "to become". Each one of these verbs expresses a different type of change:

1. When conscious effort is involved in the change, use the construction *hacerse* + noun (or adjective).

Julio **se hizo** médico.	*Julio became a doctor. (through effort)*
Esos artistas **se hicieron** famosos.	*Those artists became famous. (through effort)*

2. When no conscious effort is implied and the change is physical, mental, or emotional, use the construcion *ponerse* + adjective.

Yo **me puse** muy nervioso cuando el director entró.	*I became very nervous when the principal entered. (involuntary emotional change)*

3. When the change is involuntary, sudden, and violent, use the construction *volverse* + adjective.

Mis amigas **se volvieron** locas cuando lo supieron.	*My friends became crazy when they found out. (sudden, often violent, change)*

Other uses of the reflexive pronoun *se*

The reflexive pronoun *se* is also used:

1. with the third person singular or plural to form the impersonal passive. Note that the subject usually follows the verb and the agent (doer) is unknown or not identified.

Se prohibe fumar en el metro.	*Smoking is prohibited in the subway.*
Los premios Oscar **se** entregan en marzo.	*The Oscar Awards are presented in March.*

2. with the third person singular to form impersonal statements

Se vive bien en el campo.	*(One, they, people, etc.) live well in the country.*

When there is doubt about whether the subject is impersonal or not, the subject *uno* is used to differentiate between the definite subjects (*he, she, you* and *it*), and the indefinite subject (*one*).

Uno se levanta temprano.	*One gets up early.*

3. with the third person singular or plural of the verb to impersonalize accidental, unplanned or unexpected actions

Siempre **se nos olvida** la cita con el doctor.	*We always forget the appointment with the doctor.*
Se me cayeron los libros.	*I dropped the books.*

Note that in the above Spanish sentences, the thing forgotten or dropped (not the person) is the subject of the verb. This construction removes the person's responsibility.

Ejercicios

A. Las primeras horas del día. Describe las primeras horas del día, desde que te despiertas hasta que sales de tu casa. Expresa lo que haces o no haces. Los verbos a continuación pueden ayudarte. Puedes añadir otros verbos que no están en la lista. Usa **el presente.**

despertarse	afeitarse	lavarse
levantarse	peinarse	vestirse
bañarse	desayunarse	despedirse

_____

_____

_____

_____

_____

_____

_____

B. Las últimas horas del día. Ahora describe las últimas horas del día hasta que te acuestas. Expresa lo que haces o no haces. Los verbos a continuación te ayudarán con la descripción. Puedes añadir otros verbos que no están en la lista. Usa **el presente.**

quitarse	secarse	acostarse
bañarse	ponerse	dormirse

_____

_____

_____

_____

_____

_____

_____

C. Una relación ideal.
Imagina que conoces a una pareja que se lleva muy bien (*get along well*). En tu opinion, ¿qué contribuye a esta relación? Escribe frases completas expresando lo que estas personas hacen o no hacen. Los verbos a continuación pueden ayudarte, pero puedes añadir otros que no están en la lista. Usa **el presente**.

enojarse / animarse / ayudarse / comunicarse / alegrarse / interesarse en / preocuparse / enfadarse / ofenderse / exasperarse

Modelo: *Ellos no se enojan por cosas tontas. Ellos se animan el uno al otro cuando hay problemas.*

_____

_____

_____

_____

_____

D. Respuestas.
Responde a las siguientes preguntas en la forma afirmativa prestando atención a la forma reflexiva.

1. ¿Se te cayó el lápiz? ¿Dónde?

   _____

2. ¿Se le perdió la mochila a Ricardo? ¿Dónde?

   _____

3. ¿Se te rompió el vaso? ¿Cómo?

   _____

4. ¿Se le quedaron los cuadernos a tu amiga? ¿Dónde?

   _____

5. ¿Se te paró el reloj? ¿Cuándo?

   _____

6. ¿Se les cayeron los documentos a Uds.? ¿Dónde?

   _____

E. Situaciones inesperadas.
Es lunes. Llegas a la escuela y te enteras (*you find out*) que tenías que hacer varias cosas pero desafortunadamente, no las hiciste. En cada situación da por lo menos tres explicaciones para estas situaciones inesperadas. Aquí tienes algunos verbos que puedes usar, pero añade otros que necesites. Usa **el pretérito** en tus respuestas.

olvidarse / perderse / quedarse / romperse / caerse

Modelo: Tenías que haber traído la composición.
   Se me olvidó comprar papel para la impresora.

1. Tenías que haber terminado el informe para la clase de química.

   _____

   _____

   _____

2. Tenías que haber terminado el libro para la clase de inglés.

_____

_____

_____

3. Tenías que haberle devuelto los discos compactos a tu mejor amigo(a).

_____

_____

_____

F. Miles de excusas.
Guillermo siempre tiene miles de excusas. Cada vez que le pides algo, él no lo hace y siempre tiene una excusa porque algo inesperado sucede. Usando los verbos entre paréntesis, escribe la respuesta que Guillermo da. Usa **el pretérito** en las frases 1, 3 y 4, y **el presente** en las otras frases.

1. Cuando me tiene que traer unos libros siempre dice: (olvidarse)

_____

2. Cuando le pido que me guarde algo, no lo hace y me dice: (perderse)

_____

3. Cuando le pido el coche me dice: (romperse)

_____

4. Cuando me tiene que traer algo de su casa, me dice: (quedarse en casa)

_____

5. Si le pido que me lleve los libros cuando caminamos a la escuela, me dice que no. Cuando le pregunto por qué, me dice: (caerse)

_____

G. Pequeños accidentes.
Usa los verbos entre paréntesis para explicar lo que les sucedió a las siguientes personas. Usa **el pretérito** en tus respuestas.

1. Ellos no pueden encontrar los pasaportes. (perderse)

_____

2. Tú no hallas la cámara. (olvidarse)

_____

3. Tu amiga no puede abrir la maleta. (romperse)

_____

4. Nosotros no encontramos la bolsa de mamá. (quedarse)

_____

5. Yo traía los boletos en la mano. (caerse)

_____

H. Hacerse, ponerse y volverse.   Lee las situaciones a continuación. Luego, escribe una frase expresando la idea *"to become."* Escoge entre *hacerse, ponerse* o *volverse.* Usa **el pretérito** en tus respuestas.

1. Elena caminaba por la calle. Delante de ella pasó corriendo un gato negro.

   Ella _____. (nervioso)

2. Humberto trabajó mucho y ahora es casi millonario.

   Él _____. (rico)

3. Cuando acusaron a Gilberto por la infracción.

   Él _____. (agresivo)

4. Luis y Carmen siempre querían ser abogados. No tenían mucho dinero y tuvieron que estudiar por diez años. Por fin, ellos _____

   _____. (abogado)

5. Cuando Ignacio se dio cuenta de que Gerardo lo había traicionado, él

   _____. (loco)

I. ¿Por qué te gusta la ciudad o el pueblo donde vives?   Escribe cinco frases en **el presente** expresando las razones por las cuales te gusta el lugar donde vives. Usa **la forma impersonal** *se*.

Modelo: *Aquí se vive tranquilamente.*

1. _____
2. _____
3. _____
4. _____
5. _____

En conclusión...

[Some of these exercises can be done orally after students have had time to prepare and write notes for presentation to the rest of the class.]

Los siguientes ejercicios han sido diseñados para que pongas en práctica los conceptos que has aprendido en esta unidad. Cuando no hay información específica sobre cuánto debes escribir o hablar, se espera que escribas ensayos de unas 200 palabras como mínimo. Si es una presentación oral, debes prepararte para hablar por unos dos o tres minutos.

A. Mi pariente favorito.   Todas las personas tienen un pariente favorito. Escribe un párrafo de unas ocho frases describiendo físicamente a tu pariente favorito. Luego explica por qué te gusta esta persona, las cualidades que admiras en él/ella, por qué te gusta cuando viene a visitarte, lo que hacen juntos, etc.

B. Reuniones familiares.
Escribe un párrafo de seis frases explicando por qué te gustan o no te gustan las reuniones familiares. Explica lo que tus parientes hacen o no hacen que te gusta o te molesta.

C. Los exámenes.
Cada persona tiene una manera diferente de prepararse para un examen. ¿Cómo te preparas tú para un examen importante? Expresa lo que haces o no haces desde la noche anterior hasta la hora del examen y explica por qué. Escribe por lo menos cinco frases.

Modelo: *Yo no bebo café porque me pone nervioso.*

1. _____
2. _____
3. _____
4. _____
5. _____

Ahora pregúntale a uno(a) de tus compañeros(as) cómo se prepara él o ella.

D. Preocupaciones.
Imagina que tienes que escribir un artículo para el periódico de tu escuela acerca de los problemas que afectan tu comunidad. Describe detalladamente tu comunidad, cómo es, quiénes viven allí, cuáles son algunos de los problemas que afectan tu vida y la de otros residentes y sugiere lo que se puede hacer para resolver esos problemas.

E. Adivinanzas.
Escoge: (a) a una persona famosa, (b) un animal exótico y (c) un objeto interesante. Describe cada uno en detalle para luego presentarle la descripción a tus compañeros de clase. Debes darles suficiente información, pero no mucha, para ver si ellos pueden adivinar quién o qué es.

F. El vendedor ambulante.
Imagina que eres un vendedor ambulante y que quieres venderle un producto o un aparato a uno de tus compañeros de clase. Describe el producto o el aparato y explica todo lo que se puede hacer con él. Trata de escoger un producto o aparato increíble que va a revolucionar la vida diaria.

Ejemplo de productos y aparatos:
- Una aspiradora que puedes programar para que limpie cuando no estás en casa
- Una crema que hace crecer el pelo

G. ¿Cómo se hace?
Explícale a un(a) amigo(a) cómo se preparan dos de las siguientes comidas. Recuerda que debes usar la forma impersonal con el pronombre reflexivo *se*. Si no sabes preparar ninguna de las comidas, pregúntale a un(a) compañero(a) de clase o a un pariente.

el arroz   una hamburguesa   una ensalada   un taco

Sin rodeos...

You will now listen to a series of questions about your life and some of the activities in which you participate. You will hear each question twice. You will have 20 seconds to respond as fully as possible. Listen to the first question . . .

En escena

Los dibujos en la próxima página representan un cuento. En tus propias palabras, describe en detalle lo que sucede. Usa el vocabulario y las preguntas a continuación como guía pero recuerda que debes usar tu imaginación y añadir cualquier información que creas necesaria. Usa el imperfecto y el pretérito en la descripción.

Vocabulario y guía

Estudia la siguiente lista de vocabulario antes de comenzar la descripción. Puedes añadir otras palabras o expresiones que te parezcan necesarias.

Sustantivos

el estanque, la charca (*the pond*)
la inundación (*the inundation, flood*)
la jaula (*the cage*)

la manguera (*the hose*)
los patos (*the ducks*)
la tienda de animales dómesticos (*the pet shop*)

Adjetivos

creativo (*creative*)

olvidadizo (*forgetful*)

Verbos y expresiones

acabar de + infinitivo (*to have just*)
dejar caer (*to drop*)
encogerse de hombros (*to shrug one's shoulders*)
inundarse (*to inundate, flood*)

no tener cuidado (*not to be careful*)
olvidarse de (*to forget*)
sonar (*to ring*)
sorprenderse (*to be surprised*)

Las siguientes preguntas e instrucciones te van a ayudar a narrar el cuento. Estas preguntas son sólo una guía. Puedes usar cualquier otra idea que quieras.

1. ¿Dónde está el chico? ¿Qué ropa lleva? ¿Qué hace? ¿Qué podemos ver dentro de su casa?

2. ¿Qué hace el chico? ¿Por qué? ¿Qué hace con la manguera?

3. ¿Qué está haciendo el chico ahora? ¿Qué le está diciendo a la persona con quien habla? Mientras él está hablando, ¿qué está sucediendo afuera de su casa?

4. Más tarde… ¿Qué ve el chico cuando sale de su casa? ¿Por qué sucedió esto? ¿Cómo se siente el chico?

5. ¿A dónde va el chico? ¿Con quién habla? ¿Cómo es la persona con quien habla? ¿Qué compra?

6. ¿Dónde está el chico ahora? ¿Quiénes están con él? ¿Qué hacen estas personas? ¿Qué miran? ¿Qué hacen los patos? ¿Cuál es tu opinión sobre lo que pasa?

1

2

3

4

5

6

La narración y la descripción en el presente

El presente

Regular verbs in the present

The present tense of regular verbs is formed by adding:

- (*–o, –as, –a, –amos, –áis, –an*) to the stem of *–ar* verbs.
- (*–o, –es, –e, –emos, –éis, –en*) to the stem of *–er* verbs.
- (*–o, –es, –e, –imos, –ís, –en*) to the stem of *–ir* verbs.

caminar		correr		recibir	
camino	caminamos	corro	corremos	recibo	recibimos
caminas	camináis	corres	corréis	recibes	recibís
camina	caminan	corre	corren	recibe	reciben

Ejercicios

A. Cambios. La familia de Tina habla sobre las vacaciones y los viajes. Completa las frases con la forma correcta del verbo en **el presente**. Luego, sustituye el sujeto en itálica por los sujetos entre paréntesis.

1. *Ellos* _____ (viajar) por lo menos dos veces al año. (yo/nosotros/tú/mi tía)

2. ¿Por qué no _____ (buscar) *Uds.* un hotel más barato? (tú/él/ellos/nosotros)

3. *Yo* _____ (prometer) ir con él el verano próximo. (nosotros/ellas/tú/Uds.)

4. ¿_____ (Aprender) *tú* mucho en los museos? (él/nosotros/la turista Ud.)

5. *Mis hermanos* _____ (compartir) las fotos con el director. (mi prima/tú/yo/nosotros)

6. *Tú* siempre _____ (recibir) muchas tarjetas postales. (nosotros/Uds./yo/mi mejor amigo)

B. Una semana típica. Lo que mis amigos, mis padres y yo hacemos o no hacemos. Usa la siguiente guía para describir lo que Uds. hacen o no hacen durante la semana. Puedes usar la lista de verbos a continuación o añadir otros verbos. Usa **el presente**.

trabajar / escribir / correr / preparar / discutir / limpiar / aprender / conversar / cocinar / compartir / comer / dibujar / asistir

1. Durante la semana…

    Yo _____

    Mis amigos _____

    Tú _____

    Mis padres y yo _____

2. Por la noche…

    Yo _____

    Mis amigos _____

    Tú _____

    Mis padres y yo _____

3. Los fines de semana…

    Yo _____

    Mis amigos _____

    Tú _____

    Mis padres y yo _____

C. Más información, por favor. Contesta a las preguntas a continuación según tu experiencia personal.

1. ¿Con quién compartes tu almuerzo en la escuela?

    _____

2. ¿Levantan Uds. la mano en clase?

    _____

3. ¿Interrumpen Uds. mucho al profesor?

    _____

4. ¿Lees mucho en tu tiempo libre?

    _____

5. ¿Pinta bien tu profesor(a) de español?

    _____

6. ¿Sufren tus amigos mucho durante los exámenes?

    _____

7. ¿Repasas tus apuntes antes de la clase?

    _____

8. ¿Grita tu mejor amigo durante los partidos de fútbol?

    _____

Irregular verbs in the present

The following verbs are irregular in the first person singular only:

caber: **quepo**, cabes, cabe, cabemos, cabéis, caben
caer: **caigo**, caes, cae, caemos, caéis, caen
dar: **doy**, das, da, damos, dais, dan
hacer: **hago**, haces, hace, hacemos, hacéis, hacen
poner: **pongo**, pones, pone, ponemos, ponéis, ponen
saber: **sé**, sabes, sabe, sabemos, sabéis, saben
salir: **salgo**, sales, sale, salimos, salís, salen
traer: **traigo**, traes, trae, traemos, traéis, traen
valer: **valgo**, vales, vale, valemos, valéis, valen
ver: **veo**, ves, ve, vemos, veis, ven

Verbs conjugated like *hacer*

deshacer (*to undo*)   satisfacer (*to satisfy*)

Verbs conjugated like *poner*

componer (*to compose, repair*)   exponer (*to expose*)   suponer (*to suppose*)
descomponer (*to break*)   imponer (*to impose*)
disponer (*to dispose*)   proponer (*to propose*)

Verbs conjugated like *traer*

atraer (*to attract*)   contraer (*to contract*)   distraer (*to distract*)

Ejercicios

A. Actividades.   Usando el modelo como guía escribe frases expresando lo que tú y otras personas hacen o no hacen. Usa **el presente**.

Modelo: yo / hablar con el consejero / mis amigos
Yo hablo con el consejero pero mis amigos no hablan con él.

1. yo / saber ir a casa de Pedro / Uds.

   _____

2. yo / salir con mis padres / mis amigos

   _____

3. yo / hacer la cama / tú

   _____

4. yo / dar las gracias / Uds.

   _____

5. yo / poner la mesa en mi casa / mi padre

   _____

6. yo / caber en el coche / tu amiga

_____

7. yo / traer el radio a la escuela / mis profesores

_____

8. yo / deshacer el rompecabezas / mi hermano

_____

B. Más información, por favor. Contesta a las siguientes preguntas según tu experiencia personal.

1. ¿Contraes muchas enfermedades durante el invierno?

_____

2. ¿Haces muchos viajes al extranjero?

_____

3. ¿Cuánto valen las entradas a los cines donde tú vives?

_____

4. ¿Sabes bailar el tango?

_____

5. ¿Compones canciones en el piano?

_____

6. ¿Dan tus amigos muchas fiestas?

_____

7. ¿Cae mucha nieve donde tú vives?

_____

8. ¿Ves muchas películas en vídeo?

_____

Other irregular verbs

The following verbs are irregular in more than one person:

decir: **digo, dices, dice,** decimos, decís, **dicen**
estar: **estoy, estás, está,** estamos, estáis, **están**
ir: **voy, vas, va, vamos, vais, van**
oír: **oigo, oyes, oye,** oímos, oís, **oyen**
ser: **soy, eres, es, somos, sois, son**
tener: **tengo, tienes, tiene,** tenemos, tenéis, **tienen**
venir: **vengo, vienes, viene,** venimos, venís, **vienen**

Verbs conjugated like *tener*

contener (*to contain*)   entretener (*to entertain*)   obtener (*to obtain*)
detener (*to detain, stop*)   mantener (*to maintain*)   retener (*to retain*)

Verbs conjugated like *venir*

convenir (*to agree, be suitable* [*good*] *for*)
intervenir (*to intervene*)
prevenir (*to warn, forewarn, prevent*)

Remember that *hay* (meaning *there is, there are*) is the impersonal form of the verb *haber*.

Ejercicios

A. Cambios.   Varios estudiantes hablan sobre su viaje a la escuela. Completa la frase original con la forma correcta del verbo en **el presente**. Luego, sustituye el sujeto en itálica por los sujetos entre paréntesis y haz cualquier otro cambio que sea necesario.

1. *Nosotros* _____ (ser) muy puntuales. (tú/él/la profesora/mis amigos)

2. *Ella* _____ (tener) que tomar dos autobuses. (Carola y yo/Uds./yo/ellos)

3. *Tú* _____ (estar) en la parada a las siete. (yo/los estudiantes/Ud./nosotros)

4. *Yo* _____ (obtener) un pase para tomar el metro. (nosotros/tú/Alberto/Uds.)

B. Más cambios.   Varios de tus amigos hablan sobre el cine y la música. Completa las frases con la forma correcta del verbo en **el presente**. Luego, sustituye los sujetos en itálica con los sujetos entre paréntesis.

1. *Ellos* _____ (decir) que las películas nuevas son malas. (tú/el crítico/nosotros/yo)

2. *Tú* nunca _____ (venir) al cine durante la semana. (mi mejor amiga/mis hermanos/Ud./yo)

3. ¿_____ (oír) *Uds.* muchas canciones mexicanas? (tú/nosotros/ella/ellos)

4. ¿_____ (ir) *Ud.* al cine a menudo? (Rosa/Tina y Paco/Uds./tú)

5. *Nosotros* no _____ (tener) ninguna película. (yo/ellas/Ud./tú)

C. ¿Cómo están...?   Lee las siguientes situaciones. Luego, escoge un adjetivo de la lista y completa las frases que describen cómo están estas personas.

nervioso / preocupado / ocupado / deprimido / saludable / sorprendido / mojado / agotado

1. No sé dónde está Jorge. Yo _____.

2. Tú tienes un examen muy difícil. Tú _____.

3. Ellos hacen ejercicios diariamente. Ellos _____.

4. Acabamos de salir de la piscina. Nosotras _____.

5. ¿Una fiesta para mí? ¿verdad? Yo _____.

6. Esta mañana Pablo corrió diez millas. Él _____.

7. No veo a mi novio desde el mes pasado. Yo _____.

8. ¡Cuántas cartas tiene que contestar, Sr. Urrutia! Ud. _____.

D. Personas que conocen.
Diego y sus amigos están describiendo a diferentes personas que conocen. Completa las descripciones con la forma correcta del verbo *tener* en **el presente**.

1. Tú _____ el pelo rubio. Elena _____ los ojos azules. Nosotros no _____ bigote.

2. Yo _____ la nariz muy pequeña. Antonio _____ los labios muy rosados. Uds. _____ las manos muy finas.

3. Yolanda _____ la cara redonda. Tú _____ el cuerpo bien proporcionado. Ellos _____ la piel muy suave.

4. Eduardo _____ el pelo muy corto. Elena _____ las uñas muy largas. Tú _____ las uñas cortas.

E. Una entrevista.
Usa las siguientes preguntas para entrevistar a uno de tus compañeros de clase. Escribe sus respuestas para que así puedas presentar la información a la clase sobre lo que te dijo él o ella.

1. ¿Qué tienes que hacer antes de salir de tu casa?

_____

2. ¿Oyes las noticias antes de salir para la escuela?

_____

3. ¿Cómo vienes a la escuela?

_____

4. ¿Ves a tus compañeros de clase en el autobús o en el metro?

_____

5. ¿Llegas tarde a veces?

_____

6. ¿Qué le dices al/a la profesor(a) cuando llegas tarde?

_____

7. ¿Es comprensivo(a) tu profesor(a)?

_____

8. ¿Cuántos estudiantes hay en la clase de español?

_____

9. ¿Están de acuerdo tus compañeros de clase con tu opinión sobre el/la profesor(a)?

_____

10. ¿Qué actividades deportivas hay en tu escuela?

_____

Stem-changing verbs ending in –ar and –er

pensar

p**ie**nso	pensamos
p**ie**nsas	pensáis
p**ie**nsa	p**ie**nsan

querer

qu**ie**ro	queremos
qu**ie**res	queréis
qu**ie**re	qu**ie**ren

Verbs conjugated like *pensar*

cerrar (*to close*)

comenzar (*to begin*)

confesar (*to confess*)

despertarse (*to wake up*)

empezar (*to begin*)

nevar (*to snow*)

sentarse (*to sit down*)

Verbs conjugated like *querer*

entender (*to understand*)   perder (*to lose*)

almorzar

alm**ue**rzo	almorzamos
alm**ue**rzas	almorzáis
alm**ue**rza	alm**ue**rzan

volver

v**ue**lvo	volvemos
v**ue**lves	volvéis
v**ue**lve	v**ue**lven

Other verbs conjugated like *almorzar*

acostarse (*to go to bed*)

costar (*to cost*)

demostrar (*to demonstrate, show*)

encontrar (*to find*)

jugar (*to play*)

mostrar (*to show*)

recordar (*to remember*)

soñar (*to dream*)

Verbs conjugated like *volver*

llover (*to rain*)

oler (*to smell*)

poder (*to be able*)

resolver (*to solve*)

Note that *oler* changes the *o* to *hue*.

Stem-changing verbs ending in –ir

Like the stem-changing verbs ending in *–ar* and *–er*, stem-changing verbs ending in *–ir* change in every person except the *nosotros* and *vosotros* forms. There are three types of stem changes in the verbs ending in *–ir* (*e* to *ie*, *o* to *ue*, and *e* to *i*)

e to ie
preferir

pref**ie**ro	preferimos
pref**ie**res	preferís
pref**ie**re	pref**ie**ren

Verbs like *preferir*

advertir (*to notify, warn*)
convertir (*to convert*)
divertirse (*to enjoy oneself, have a good time*)

hervir (*to boil*)
mentir (*to lie*)
sentir (*to feel, regret*)

sentirse (*to feel*)

o to ue
dormir

d**ue**rmo	dormimos
d**ue**rmes	dormís
d**ue**rme	d**ue**rmen

Verbs like *dormir*

dormirse (*to fall asleep*)   morir (*to die*)

e to i
servir

s**i**rvo	servimos
s**i**rves	servís
s**i**rve	s**i**rven

Verbs conjugated like *servir*

despedir (*to fire*)
despedirse (de) (*to say good-bye*)
impedir (*to prevent*)

medir (*to measure*)
pedir (*to ask for, request*)
reír(se) (*to laugh*)

repetir (*to repeat*)
sonreír(se) (*to smile*)
vestir(se) (*to dress*)

Ejercicios

A. Cambios.   Celeste y sus amigos van a visitar a Juan. Él regresa de un viaje. Completa las frases con la forma correcta del verbo en **el presente**. Luego, sustituye el sujeto en itálica por los sujetos entre paréntesis.

1. Hoy *yo* _____ (pensar) ir a visitar a Juan. (nosotros/ellas/tú/Eduardo)

2. *Ella* no _____ (recordar) si Juan vuelve hoy o mañana. (yo/nosotros/ellos/tú)

3. *Ellos* me _____ (pedir) la dirección de Juan. (ella/tú/Uds./Ud.)

4. *Nosotros* _____ (cerrar) la puerta antes de salir. (ellos/tú/Ud./yo)

5. ¿No _____ (oler) *tú* gasolina en el coche? (nosotros/Ud./ellas/él)

B. Frases incompletas. Caminando por el pasillo escuchas a varias personas hablar pero no oyes todo lo que dicen. Escribe frases completas con las palabras que oyes. Usa **el presente**.

1. Alberto / empezar / sus clases / ocho

_____

2. Carmen y Abelardo / pedir permiso / padres / siempre

_____

3. yo / encontrar / zapatos / mesa

_____

4. en Chicago / llover / todos los días

_____

5. ellos / repetir / frases / varias veces

_____

6. nosotros / cerrar / ventanas / cuando / nevar

_____

7. ese chico / no entender / cuando / tú / hablar rápido

_____

8. mi hermano y yo / dormir bien / porque / ellos / no hacer ruido

_____

Verbs ending —uir

In verbs ending in *–uir,* add a *y* after the *u* in all forms except *nosotros* and *vosotros.*

construir

construyo	construimos
contruyes	construís
construye	construyen

Other verbs like *construir*

atribuir (*to attribute*)	destruir (*to destroy*)	incluir (*to include*)
concluir (*to conclude*)	distribuir (*to distribute*)	influir (*to influence*)
contribuir (*to contribute*)	huir (*to flee*)	sustituir (*to substitute*)

Verbs ending in —iar and —uar

Verbs ending in *–iar* and *–uar* have a written accent in the *i* or *u* before the regular endings except in the *nosotros* and *vosotros* forms.

enviar

envío	enviamos
envías	enviáis
envía	envían

Verbs conjugated like *enviar*

confiar (en) (*to confide* [*in*])   fiarse (de) (*to trust*)   resfriarse (*to catch cold*)
espiar (*to spy*)   guiar (*to guide*)   variar (*to vary*)

continuar

continúo	continuamos
continúas	continuáis
continúa	continúan

Verbs conjugated like *continuar*

actuar (*to act*)   graduarse (*to graduate*)

Ejercicios

A. Cambios.   Recientemente un congresista fue acusado de espiar para otro gobierno. Completa las frases con la forma correcta del verbo en **el presente**. Luego, sustituye el verbo en itálica por los verbos entre paréntesis.

1. *Ellos* _____ (concluir) la investigación esta semana. (Ud./nosotros/tú/yo)

2. *El congresista* _____ (espiar) para un gobierno extranjero. (Uds./ella/yo/ nosotros)

3. *Su secretario* _____ (actuar) de una manera extraña. (tú/ellos/nosotras/Ud.)

B. Una relación ideal.   Tomás habla con sus amigos sobre Carlos e Ignacio. Ellos tienen una relación y una familia ideal. Completa las frases con **el presente** de los verbos entre paréntesis.

1. Carlos _____ (influir) en las decisiones de su hermano.

2. Sus padres siempre lo _____ (guiar).

3. Su hermano _____ (continuar) escuchando sus consejos.

4. Ignacio _____ (incluir) a toda su familia en sus decisiones.

5. Su abuelo _____ (contribuir) dinero para su educación.

6. Nosotros _____ (atribuir) su éxito a su vida familiar.

7. Tú _____ (actuar) como un miembro de su familia.

8. Carlos e Ignacio nunca _____ (espiar) en sus amigos.

9. Yo _____ (confiar) en sus habilidades.

10. Ellos nunca _____ (huir) de sus obligaciones.

Verbs with spelling changes

The following verbs are also irregular:

In verbs ending in -*ger* and -*gir*, change *g* to *j* in the first person singular.

–ger		**–gir**	
proteger		**exigir**	
protejo	protegemos	exijo	exigimos
proteges	protegéis	exiges	exigís
protege	protegen	exige	exigen

Verbs conjugated like *proteger*

coger (*to grab, catch*)   escoger (*to choose*)
encoger (*to shrink*)   recoger (*to gather, pick up*)

Verbs conjugated like *exigir*

afligir (*to grieve*)   dirigir (*to direct, conduct*)   fingir (*to feign, pretend*)
corregir (*to correct*)   elegir (*to choose*)

In verbs ending in -*guir*, change *gu* to *g* in the first person singular.

–guir	
seguir (*e → i*)	
sigo	seguimos
sigues	seguís
sigue	siguen

Other verbs conjgated like *seguir*

conseguir (*to get, acquire*)   extinguir (*to extinguish*)   proseguir (*to proceed*)
distinguir (*to distinguish*)   perseguir (*to pursue*)

In most verbs ending in vowel + -*cer* and vowel + -*cir*, and in verbs ending in consonant + -*cer*, add *z* after the vowel in the first person singular.

vowel + –cer (except hacer and decir)	
ofrecer	
ofrezco	ofrecemos
ofreces	ofrecéis
ofrece	ofrecen

Verbs conjugated like *ofrecer*

aborrecer (*to hate*)	desaparecer (*to disappear*)	parecer (*to seem*)
agradecer (*to thank*)	establecer (*to establish*)	permanecer (*to remain*)
aparecer (*to appear*)	merecer (*to deserve*)	pertenecer (*to belong*)
crecer (*to grow*)	nacer (*to be born*)	reconocer (*to recognize*)
conocer (*to know*)	obedecer (*to obey*)	

vowel + –cir (except decir)	
producir	
produzco	producimos
produces	producís
produce	producen

Verbs conjugated like *producir*

conducir (*to conduct, to drive*)   reducir (*to reduce*)   traducir (*to translate*)

consonant + –cer
vencer

venzo	vencemos
vences	vencéis
vence	vencen

Verbs conjugated like *vencer*

convencer (*to convince*)   ejercer (*to exert*)

Ejercicios

A. Cambios. Carlos está muy preocupado por la seguridad de su casa y de su barrio. Escribe la forma correcta del verbo en **el presente**. Luego, sustituye el sujeto en itálica por los sujetos entre paréntesis.

1. *El perro* _____ (proteger) la casa de los ladrones. (yo/nosotros/tú/Ud.)

2. *Ella* _____ (recoger) todos los juguetes antes de salir. (Uds./yo/nosotros/Carlos)

3. *La policía* _____ (perseguir) a los ladrones. (nosotras/Uds./ yo/tú)

4. *Los vecinos* _____ (permanecer) en casa después de las once. (mi hermana/tú/nosotros/yo)

5. *Yo* _____ (convencer) a los vecinos para luchar contra el crimen todos juntos. (tú/ellos/Ud./él)

B. Mi comportamiento (*behavior*). Contesta a las siguientes preguntas sobre tu comportamiento.

1. ¿Exiges mucho de tus amigos?

   _____

2. ¿Sigues los consejos de tus padres?

   _____

3. ¿Distingues entre los buenos amigos y los malos amigos?

   _____

4. ¿Convences a tus padres cuando quieres salir durante la semana?

   _____

5. ¿Obedeces las reglas de tu escuela?

   _____

6. ¿Eliges cuidadosamente a tus amigos?

   _____

7. ¿Perteneces a algún grupo que se preocupa por el medio ambiente?

   _____

The progressive

1. The progressive, as the term implies, indicates an action in progress. It is a compound tense, generally composed of a form of *estar* and the gerund (present participle). Any tense of *estar* can be used, but the present and the imperfect are the most common.

    Están descansando ahora.   *They are resting now.*
    Estábamos leyendo cuando se   *We were reading when the lights went out.*
       apagaron las luces.
    Estaré haciendo la maleta cuando vuelvas.   *I'll be packing when you get back.*

2. The verbs *seguir, continuar, venir, salir, ir, andar, entrar,* and *llegar* can be used in place of *estar* to form the progressive. Note that these verbs all suggest movement or continued action and that there are slight changes in the meaning of each verb. The form of the gerund always ends in *–ndo*; it never changes because it acts as an adverb.

    El niño **sigue llorando**; tendremos que   *The child just keeps crying; we'll have to call his*
       llamar a sus padres.   *parents.*
    Anda inventando cosas inútiles todo el día.   *He goes about inventing useless things all day long.*
    Va aprendiendo a utilizar el brazo   *He's learning to use his arm after the accident.*
       después del accidente.
    Vinieron corriendo para ayudar.   *They came running to help.*

3. Some expressions that can be used to emphasize that the action is in progress are *ahora, ahora mismo, en estos momentos,* etc.

Gerund (present participle)

The gerund is formed by adding:

     –ando to the stem of *–ar* verbs (i.e., nev**ando** [*snowing*])
     –iendo to the stem of *–er* and *–ir* verbs (i.e., llov**iendo** [*raining*], sal**iendo** [*leaving*])

Note that:

1. *–ar* and *–er* stem-changing verbs have regular forms.
    cerrar-cerrando   volver-volviendo

2. *–ir* stem-changing verbs have a single-letter stem change (*e* to *i* or *o* to *u*).
    dormir-d**u**rmiendo   pedir-p**i**diendo   sentir-s**i**ntiendo

3. *–er* and *–ir* verbs with stems ending in a vowel change the *i* of *–iendo* to *y*.
    caer-cayendo   huir-huyendo   leer-leyendo   oír-oyendo   traer-trayendo

    Some common irregular gerunds are
    decir-diciendo   ir-yendo   poder-pudiendo   reír-riendo

Location of pronoun

Object and reflexive pronouns can be attached to the gerund or they can come before the conjugated verb. When they are attached, the *a* or *e* of the ending is accented.

Me estoy peinando.

o

Estoy peinándo**me**.

I am combing my hair.

Domingo **nos lo** está leyendo.

o

Domingo está leyéndo**noslo**.

Domingo is reading it to us.

Ejercicios

A. Situaciones. Completa las siguientes situaciones con la forma correcta del **participio presente (gerundio)**. Presta atención a los verbos que pueden usarse para expresar que la acción está en progreso.

1. La gente sigue _____ (aplaudir). Luis Miguel continúa _____ (cantar). Ahora él le está _____ (dar) las gracias al público.

2. Juan está _____ (afeitarse). Yo estoy _____ (lavarse) la cara. Mi mamá continúa _____ (servir) el desayuno.

3. Manuela está _____ (quejarse). Su novio le sigue _____ (pedir) disculpas. Ahora ella está _____ (sonreír).

4. Mi papá está _____ (ver) una película en la televisión. Mi mamá continúa _____ (leer). Yo les sigo _____ (escribir) cartas a mis amigos.

5. La nieve sigue _____ (caer). El reportero continúa _____ (decir) que no va a nevar mucho. Yo creo que él está _____ (mentir).

6. Diego llega _____ (cantar). Sus amigos vienen _____ (gritar). Ellos están _____ (celebrar) el fin del año escolar.

7. Mis padres salen _____ (correr). Yo voy _____ (caminar). Mi hermano anda _____ (huir) de la lluvia.

B. En progreso. Cambia los siguientes verbos del presente al **progresivo**. Usa **el presente** del verbo entre paréntesis y el gerundio. Presta atención al sujeto de los verbos conjugados.

(estar)		(seguir)		(andar)	
1. piden	_____	6. llueve	_____	11. empieza	_____
2. tomas	_____	7. se acuesta	_____	12. pongo	_____
3. hago	_____	8. sonríes	_____	13. me baño	_____
4. leen	_____	9. piensan	_____	14. se sientan	_____
5. nos vestimos	_____	10. miramos	_____	15. juegas	_____

C. ¡Me vuelven loco! Completa las siguientes frases expresando lo que algunas personas hacen que molesta a las otras. Usa **el progresivo** en tus respuestas. Recuerda que puedes usar *estar, venir, llegar, seguir,* etc. para formar el progresivo.

Modelo: Cuando hago mi tarea, *mis hermanos continúan mirando la televisión.*

1. Cuando quiero estar tranquilo(a), _____

   _____.

2. Cuando estoy deprimido(a), _____

   _____.

3. Cuando mis amigos y yo estamos agotados, _____

   _____.

4. Cuando mi profesor(a) está preocupado(a), _____

   _____.

5. Si mi madre está ansiosa, _____

   _____.

Reflexive verbs

Reflexive verbs are conjugated with the reflexive pronouns (*me, te, se, nos, os,* and *se*) that represent the same person as the subject.

bañarse		**ponerse**		**dormirse**	
me baño	**nos** bañamos	**me** pongo	**nos** ponemos	**me** duermo	**nos** dormimos
te bañas	**os** bañáis	**te** pones	**os** ponéis	**te** duermes	**os** dormís
se baña	**se** bañan	**se** pone	**se** ponen	**se** duerme	**se** duermen

---

Location of the reflexive pronouns

1. With the exception of the affirmative commands, reflexive pronouns precede the conjugated verb.

Ellos **se** acuestan a las diez.	*They go to bed at ten.*
Juan **se** puso el sombrero.	*Juan put on his hat.*
¡No **te** duermas!	*Do not fall asleep!*

2. Reflexive pronouns follow and are attached to affirmative commands.

¡Levánta**te**!	*Get up!*
¡Vístan**se** en seguida!	*Get dressed right away!*

3. In the construction "conjugated verb + infinitive", the reflexive pronoun may be placed either before the conjugated verb or after the infinitive, in which case, it is attached to it.

   Me quiero acostar.

   o   *I want to go to bed.*

   Quiero acostar**me**.

4. In the construction "conjugated verb + present participle", the reflexive pronoun may be placed either before the conjugated verb or after the present participle, in which case it is attached to it.

Lo estoy leyendo.
o
Estoy leyéndo**lo**.

I am reading it.

5. If one or more object pronouns are attached to the gerund, a written accent is placed over the vowel (*a* or *e*) before –*ndo*.

Ejercicios

A. Cambios. Gilberto habla sobre sus actividades y las actividades de su familia. Completa las frases con la forma correcta del verbo en **el presente**. Luego, sustituye el sujeto en itálica por los sujetos entre paréntesis.

1. *Nosotros* _____ (despertarse) a las siete durante la semana. (ella/yo/Uds./tú)

2. *Mi hermanito* _____ (prepararse) para ir a la escuela. (yo/tú/nosotros/Uds.)

3. *Mis padres* _____ (lavarse) las manos antes de comer. (ellas/Ud./él/nosotros)

4. *Mi madre* _____ (quedarse) en la oficina hasta muy tarde. (tú/nosotras/yo/Uds.)

5. *Tomás* _____ (acostarse) a medianoche. (nosotros/ellos/Ud./tú)

B. Actividades diarias. Completa las frases siguientes sobre las actividades que observas. Usa **el presente** de los verbos entre paréntesis, pero antes tienes que decidir si vas a usar la forma reflexiva o no.

1. (lavar/lavarse) Elena _____ su coche nuevo y luego ella _____ las manos.

2. (vestir/vestirse) Rodolfo _____ a su hija y luego él _____.

3. (quitar/quitarse) Nosotros _____ los zapatos y luego le _____ los zapatos a Juan.

4. (peinar/peinarse) Mi mamá _____ y luego _____ a mi hermanito.

5. (acostar/acostarse) Mi vecino _____ a sus hijos y luego él _____.

6. (bañar/bañarse) Ellos _____ y luego _____ a su perro.

C. Preparaciones para cenar en un restaurante elegante. Es domingo y la familia
Sandoval va a cenar a un restaurante muy elegante. Todos están preparándose al mismo tiempo.
Escribe frases completas con las palabras a continuación. Usa **el presente progresivo** en tus respuestas.

Modelo: mi hermana / vestirse en el pasillo
Mi hermana está vistiéndose en el pasillo.
o
Mi hermana se está vistiendo en el pasillo.

1. mi papá / afeitarse en su cuarto de baño

   _____

2. mi hermano / lavarse la cara

   _____

3. mi abuelo / cepillarse los dientes en el baño

   _____

4. yo / peinarme delante del espejo

   _____

5. mi mamá / vestirse en su cuarto

   _____

D. Un encuentro en el parque. Carlos habla sobre un encuentro que él ve en un parque en la
ciudad donde vive. Completa la narración con la forma correcta del verbo en **el presente**.

Gilberto _____ (encontrarse) con ella en el parque. Ella _____ (pare-

cerse) mucho a él. Ellos _____ (vestirse) muy sencillamente y son muy similares hasta

en la manera en que caminan. Ella _____ (acercarse) a él. Ellos _____

(abrazarse) y sin decirse una palabra, _____ (darse) la mano y continúan caminando.

Yo _____ (quedarse) sentado en el banco, mi amiga Flora _____ (levan-

tarse) y los sigue por unos minutos. Ella _____ (volverse) y nosotros dos

_____ (reírse). Ahora sabemos que ellos _____ (olvidarse) de los proble-

mas del pasado y que ahora _____ (irse) a su casa para comenzar una vida nueva.

UNIDAD 4

Cómo expresar deseos y obligaciones

In this unit, you will review and practice how to tell someone to do something and how to persuade and influence others to take a certain course of action. You will also review how to express your own obligations as well as the obligations of others.

El imperativo

In order to express your desire to affect someone else's behavior, you will need to know how to use two moods: the imperative and the subjunctive.

The imperative is used to tell someone to do something with a direct command. Because of this it is commonly known as the command form.

The subjunctive is also used to get another person or thing to act according to one's desires. However, the desire is expressed indirectly and its force can vary from a light request to a demand. First, you will review the uses of the imperative.

If you would like to review and/or practice the formation of the imperative, go to pp. 162, 166, and 172.

Read the following passage and underline all the verbs that appear in the imperative (command form):

El baño de vapor (*steam bath*) es recomendado por muchos médicos como una efectiva hidroterapia indicada para combatir estados depresivos, prevenir resfríos, además de otras aplicaciones. Para aquellas personas a quienes les gusta el calor húmedo, es preciso tomar ciertas precauciones además de consultar con su doctor.

Las siete reglas para tomar el baño de vapor

1. Sáquese todas sus alhajas (*jewels*) porque el metal al calentarse puede quemarlo.

2. Tome una ducha tibia (*lukewarm*), enjabónese y enjuáguese (*rinse off*). Recuerde que la piel debe estar perfectamente limpia y seca para favorecer la eliminación de toxinas.

3. Durante la primera entrada siéntese lo más cerca posible del suelo, donde el calor es menos intenso.

4. Si hace sauna, salga después de transcurridos cinco minutos, dúchese con agua tibia y séquese. Puede volver a entrar hasta dos veces, pero tenga en cuenta (*keep in mind*) que no debe permanecer más de 10 minutos por vez.

5. Si piensa volver a entrar, deje que los últimos cinco o diez segundos de su ducha sean con agua fría. De ese modo podrá permanecer en el sauna más tiempo sin sentir un calor excesivo.

6. Cuando haya finalizado, vuelva a tomar una ducha fría, comenzando por los pies y ascendiendo hasta la cabeza.

7. Séquese, aplique una crema humectante, tome un vaso grande de líquido, preferentemente agua o jugo de frutas y acuéstese durante 20 a 30 minutos.

If you were not able to find all the verbs in the command form, you may want to review the material on pp. 162–173 and do some of the exercises.

Uses of the imperative (command)

The command form is used to tell someone to do something directly.

Doble Ud. a la izquierda. (*formal*)	*Turn to the left.*
Justina, **llega** a tiempo. (*familiar*)	*Justina, arrive on time.*
Vamos juntos. (*exhortative*)	*Let's go together.*

Remember that the object pronouns are attached to the end of the verb if the command is affirmative; if it is negative, they appear in front of the verb.

Devuélveselo.	*Return it to him/her.*
No se lo devuelvas.	*Do not return it to him/her.*

Other ways of giving direct commands

Other ways of telling someone to do something directly are by using:

1. the infinitive, usually in instructions such as recipes, signs, or instructions for filling out forms

Hervir el agua.	*Boil the water.*
Firmar en el espacio indicado.	*Sign in the indicated space.*

2. circumlocution, a roundabout or lengthy way to express an idea

Haga el favor de darme el cambio.	*Do me the favor of giving me the change.*
Tenga la bondad de sentarse allí.	*Be good enough to sit down there.*

3. the imperfect subjunctive of the verbs *querer, deber,* or *poder*. This is the most polite way to request something in Spanish.

¿**Quisiera** prestarme los apuntes?	*Would you lend me the notes?*
Debiera hablar con el director.	*You should speak with the director.*
¿**Pudiera** darme ese bolígrafo?	*Could you give me that ballpoint pen?*

A. ¡Estoy perdido! Mientras caminas por la calle, un señor que parece ser turista te pregunta cómo se llega a diferentes lugares. Recuerda que como no lo conoces bien, debes tratarlo de Ud. Usando el mapa a continuación dile al señor cómo llegar de la Plazoleta del Puerto…

1. a la oficina de correos

   _____

2. al Fuerte San Felipe del Morro

   _____

3. al Museo Pablo Casals

   _____

4. a la Catedral de San Juan

   _____

5. a la Fortaleza

   _____

B. Recomendaciones. Imagina que tienes la oportunidad de hablar personalmente con el Presidente de los Estados Unidos a través de un programa que les permite a los jóvenes hacer recomendaciones al gobierno. ¿Qué le dirías? Puedes usar algunos de los problemas de la lista que sigue o algunos que tú identifiques. Luego haz tus recomendaciones usando **la forma *Ud.* del mandato**. Escribe por lo menos seis situaciones. Algunos problemas posibles son

el número de personas desempleadas

el número de personas desamparadas, sin casa

el alto precio de los alquileres de viviendas

la violencia en la familia

la cantidad de jóvenes que dejan sus estudios

la necesidad de aumentar los fondos para la educación

el costo de visitar a los médicos, hospitales, etc.

Modelo: *Hay muchos desempleados. Aumente Ud. el número de trabajos.*

1. _____

2. _____

3. _____

4. _____

5. _____

6. _____

C. Requisitos para formar parte del equipo. A algunos de tus compañeros no les permiten formar parte de un equipo deportivo en tu escuela. Para participar hay ciertos requisitos como tener buenas notas, ser puntual, etc. Diles cómo ellos pueden cambiar la situación. Usa **la forma *Uds.* del mandato**. Puedes expresarte con la forma negativa o afirmativa del mandato (*Uds.*). Escribe por lo menos seis frases.

Modelo: *Saquen mejores notas.*

   o

   No lleguen tarde a la escuela.

1. _____

2. _____

3. _____

4. _____

5. _____

6. _____

D. Lecciones de conducir. Uno(a) de tus amigos(as) te pide que lo/la ayudes a aprender a conducir. Imagina que estás en el coche con él o ella. Usando las frases a continuación como guía, dale algunas instrucciones. Usa **la forma *tú* del mandato**. Por lo menos cinco de las frases tienen que ser negativas.

Modelo: (no) poner la señal para doblar
No pongas la señal para doblar.
o
Pon la señal para doblar.

1. (no) doblar a la derecha/izquierda

   _____

2. (no) parar en la esquina/en el medio de la calle

   _____

3. (no) sacar la mano e indicar que vas a doblar

   _____

4. (no) ir más rápido/despacio

   _____

5. (no) tener miedo

   _____

6. (no) continuar por esta calle

   _____

7. (no) dejar pasar a ese hombre

   _____

8. (no) doblar ahora

   _____

9. (no) seguir derecho

   _____

10. (no) ser más agresivo(a)

   _____

Ahora dale tres sugerencias generales que debe tener en cuenta al conducir.

1. _____

2. _____

3. _____

E. Ayudando a un vecino. En la comunidad donde vives han empezado un programa para reci-clar los periódicos y los objetos de plástico y de vidrio. Tú decides hablar con uno de tus vecinos y decirle lo que debe o no debe hacer. Explícale lo que debe separar, si debe limpiar los envases, dónde los debe poner, qué día los recogen, etc. Escribe por lo menos seis sugerencias y usa **la forma *tú* del mandato**. Recuerda que algunas sugerencias van a necesitar un mandato negativo.

> Modelo: *Amarra todos los periódicos.*
>
> o
>
> *No amarres todos los periódicos.*

1. _____
2. _____
3. _____
4. _____
5. _____
6. _____

F. Sugerencias. Los jóvenes tienen que enfrentarse a muchos problemas hoy en día. Lee las siguientes situaciones y escribe una sugerencia para ayudar a la persona. Usa **la forma *tú* del mandato**. Recuerda que algunas sugerencias van a necesitar un mandato negativo.

> Modelo: Algunos de mis amigos se ríen de la ropa que llevo.
> *Explícales que te gusta la moda de los años sesenta.*

1. Por mucho que estudio las matemáticas, no las entiendo.

   _____

2. Mis padres ponen demasiada presión para que salga bien en mis clases.

   _____

3. La profesora de arte siempre está gritándome. Ella me odia.

   _____

4. Perdí mi pase para viajar de mi casa a la escuela.

   _____

5. Tengo que trabajar cinco horas al día y no tengo mucho tiempo para estudiar.

   _____

6. No me seleccionaron para el equipo de natación.

   _____

7. Mis amigos están enojados porque no puedo pasar mucho tiempo con ellos.

   _____

8. Quisiera actuar en la próxima obra que presenta el club de teatro.

   _____

9. Mis padres no comprenden mis necesidades.

_____

10. Los fines de semana estoy agotadísimo.

_____

G. Consejos.   Uno de tus compañeros te pide consejos porque no se lleva bien (*doesn't get along*) con sus padres. ¿Qué consejos le vas a dar? Escribe por lo menos seis consejos que te parezcan apropiados. Usa **la forma *tú* del mandato.**

Modelo: *Háblales de tus problemas.*

1. _____
2. _____
3. _____
4. _____
5. _____
6. _____

H. El fin de semana.   Tus amigos parecen estar desanimados después de una semana muy dura en la escuela. Tú quieres distraerlos y pasarlo bien este fin de semana. Sugiere por lo menos seis actividades en que Uds. pueden participar este fin de semana y explícales por qué cada una te parece buena idea. Usa **la forma *nosotros* del mandato.**

Modelo: *¡Vamos al cine! Dan una película de aventuras.*
¡Visitemos el museo de arte moderno! Hay una exhibición de Dalí.

1. _____
2. _____
3. _____
4. _____
5. _____
6. _____

The indirect command

Another way to express a command is by using an indirect command. The indirect command is formed as follows:

que + the subjunctive + subject (if expressed)

¡Que viva el rey!	*May the king live (long)!*
¡Que te vaya bien!	*May you have a good trip!*

In indirect commands, a verb of volition (i.e., *quiero, espero*) is understood but not expressed.

¡Que lo haga Juan!	*Let Juan do it! [I want Juan to do it]*

Ejercicio

Deseos. Imagina que las personas a continuación se encuentran en estas situaciones. Usa la información entre paréntesis para expresar tus deseos con un mandato indirecto.

1. Graciela tiene un examen hoy. (salir bien)

   _____

2. Diego tiene mucho sueño. (dormir mucho)

   _____

3. Fernando y Susana van a pasar el fin de semana en el campo. (pasarlo bien)

   _____

4. Tus padres van a un baile esta noche. (divertirse)

   _____

5. El presidente de los EE.UU. ha venido a visitar la ciudad donde viven. (vivir el presidente)

   _____

6. Consuelo va a comprar un billete de lotería. (tener mucha suerte)

   _____

7. Los hermanos de Arturo tienen dolor de estómago. (sentirse mejor)

   _____

8. Soledad tiene que visitar al dentista esta tarde. (no sufrir mucho)

   _____

Expressions to indicate obligation

These are some of the constructions you may use to express obligation in Spanish:

1. *tener que* + infinitive

   Roberto, tú **tienes que llegar** a las ocho mañana. — *Roberto, you have to arrive at eight tomorrow.*

   Uds. **tienen que terminar** el trabajo este fin de semana. — *You have to finish the job this weekend.*

2. *deber* + infinitive

   Yo **debo llamar** a mi abuela esta noche. — *I should call my grandmother tonight.*

   Tú **debes aprender** a usar la computadora. — *You should learn to use the computer.*

3. *haber de* + infinitive

   Nosotros **hemos de visitar** a Tomás mañana por la tarde. — *We must visit Tomás tomorrow afternoon.*

   Tú **has de llegar** antes que Jorge. — *You must arrive before Jorge.*

4. *Hay que* + infinitive

Hay que llegar a tiempo.	*One must arrive on time.*
Hay que tener dieciocho años para poder ver esa película.	*One must be eighteen years old to be able to see that movie.*

5. impersonal expressions + infinitive

Es necesario pedir permiso para salir temprano de la clase.	*It is necessary to ask permission to leave the class early.*
Es importante tener los documentos disponibles.	*It is important to have the documents available.*

Note that the last two ways are used when the statement is intended for no one in particular or when no subject is implied and it is thus a general statement of obligation. This contrasts with the other statements which require a subject and a conjugated verb.

Ejercicios

A. Obligaciones. Todos tenemos miles de obligaciones. Usa la información a continuación para escribir frases completas y expresar las obligaciones.

Modelo: ayudar con los quehaceres (*tener que* + infinitive)
     Yo tengo que ayudar con los quehaceres.

1. tratar a los adultos con respeto (*deber* + infinitive)

   _____

2. no tomar drogas (*haber de* + infinitive)

   _____

3. llegar temprano a la escuela (*tener que* + infinitive)

   _____

4. estudiar regularmente (*es necesario* + infinitive)

   _____

5. no usar violencia cuando tenemos problemas (*es preciso* + infinitive)

   _____

6. ayudar a los necesitados (*hay que* + infinitive)

   _____

7. ahorrar dinero para el futuro (*hay que* + infinitive)

   _____

8. cumplir con las responsabilidades (*tener que* + infinitive)

   _____

9. no mirar demasiado la televisión (*es mejor* + infinitive)

   _____

10. leer libros regularmente (*más vale* + infinitive)

    _____

B. ¿Por qué...?   Ahora pregúntale a algunos de tus compañeros de clase por qué es necesario cumplir con las obligaciones que expresaste en el ejercicio anterior y escribe sus respuestas en los espacios en blanco.

Modelo: *¿Por qué es necesario ayudar con los quehaceres?*
Es necesario ayudar con los quehaceres porque nuestros padres trabajan mucho.

1. _____
2. _____
3. _____
4. _____
5. _____
6. _____
7. _____
8. _____
9. _____
10. _____

El subjuntivo

Another way to influence the actions of others is by the use of the subjunctive. The subjunctive helps you to express your desire for others to take a particular course of action.

If you would like to review and/or practice the formation of the present and/or present perfect subjunctive, go to pp. 174–180.

Read the following selection from a brochure of a hospital in Texas where suggestions are given to the parents of young children before they are admitted for surgery. Underline all the verbs that appear in the present subjunctive.

SUGERENCIAS PARA LOS PADRES

1. Es imprescindible que pasen por la oficina principal. Allí les pedirán que llenen varios formularios y que firmen el permiso para todas las pruebas necesarias además de la operación. Exigimos que todos los padres hayan hecho estos trámites antes de admitir al paciente.
2. Es necesario que lleguen al hospital a tiempo el día de la operación.
3. Les pedimos a todos los pacientes que no desayunen la mañana de la operación.
4. Les aconsejamos que traigan varias pijamas.
5. La administración permite que Uds. se queden con su hijo o hija hasta antes de llevarlo(la) a la sala de operación.
6. Los doctores insisten en que el paciente descanse después de la operación.
7. No permitimos que se queden en el cuarto después de las nueve de la noche.
8. Durante la estancia de su hijo o hija en el hospital, conviene que él/ella lleve una etiqueta con su nombre todo el tiempo.
9. Si desea que le instalen un televisor en el cuarto, se recomienda que lo pida con veinticuatro horas de anticipación.
10. Ojalá que nuestros servicios sean de su agrado y esperamos que queden satisfechos, y les recomienden nuestro hospital a sus familiares y amigos.

If you had any difficulty finding all the verbs and sentences where the subjunctive appears, you may want to go to pp. 174–179 and review the formation of the present subjunctive.

Using the subjunctive after verbs of volition

The subjunctive mood generally expresses ideas that are dependent on other expressions for their meaning, so it is used primarily in dependent clauses.

independent clause + *que* + dependent clause

(subject A / verb in the indicative) + *que* + (subject B / verb in the subjunctive)

Yo quiero que **tú vayas** con él.	*I want you to go with him.*
La bibliotecaria manda que **yo busque** los libros.	*The librarian orders me to look for the books.*
El director prohibe que **la gente fume** aquí.	*The principal forbids people to smoke here.*

If the verb in the main clause implies "influencing" the outcome of the dependent clause or "persuading" the outcome of the dependent clause, then the subjunctive is used in the dependent clause. Verbs usually associated with influencing or persuading are verbs of wanting, desiring, ordering, and forbidding.

Note that after verbs and expressions of volition (wish or desire):

1. The subjunctive is used if the subject of the dependent clause is different from the subject of the independent clause.

Yo quiero que **ellos traigan** los planos.	*I want them to bring the plans.*
Mis padres esperan que **yo conduzca** con cuidado.	*My parents hope that I/expect me to drive carefully.*

2. The infinitive is used if there is only one subject.

—¿**Quieres visitar** Madrid?	—*Do you want to visit Madrid?*
—Sí, **espero ir** este año.	—*Yes, I hope to go this year.*

The following verbs and expressions of wish or desire are followed by the subjunctive:

aconsejar que	decir que	dejar que
desear que	escribir que	esperar que
exigir que	hacer que	impedir que
insistir en que	mandar que	obligar a que
ojalá que	pedir que	permitir que
preferir que	prohibir que	querer que
recomendar que	rogar que	sugerir que
suplicar que		

Mi familia quiere que **Marcela venga** a visitarnos el año próximo.	*My family wants Marcela to come visit us next year.*
Yo recomiendo que **tú pagues** el dinero que le debes a José.	*I recommend that you pay the money that you owe José.*

Note that:

1. *Decir* and *escribir* require the subjunctive when used to express a command.

   Gerardo me **dice** que lo **haga** yo.   *Gerardo tells me to do it.*
   (*giving a command*)

   But:

   Gerardo me dice que él lo hará.   *Gerardo tells me he will do it.*
   (*reporting information*)

   Yo le **escribo** que él le **hable** a su madre.   *I write to him/her to talk to his/her mother.*
   (*giving a command*)

   But:

   Yo le escribo que yo le hablé a su madre.   *I write to him/her that I talked to his/her mother.*
   (*reporting information*)

2. *Ojalá* (*I hope*) is always followed by the subjunctive.

   Ojalá que **tengamos** tiempo de visitar el museo.   *I hope we have time to visit the museum.*

3. When used to express an indirect command, the verbs *aconsejar, dejar, hacer, mandar, obligar, permitir,* and *prohibir* can be followed by either an infinitive or *que* and the subjunctive.

   Nos **manda buscar** el paquete.
   Manda que busquemos el paquete.   *He orders us to look for the package.*

In addition, note that the following impersonal expressions also require the use of the subjunctive. These expressions reflect a wish or desire.

es mejor que	importa que	es preciso que
es necesario que	conviene que	es importante que
es imprescindible que	es menester que	más vale que

Es necesario que **regreses** antes de las dos.   *It is necessary that you return before two o'clock.*
Es mejor que no **vayamos** a esa reunión.   *It is better for us not to go to that meeting.*

If there is no change in subject, the infinitive is used after impersonal expressions.

Es mejor comer verduras todos los días.   *It is better to eat vegetables every day.*

Sequence of tenses: present and present perfect subjunctive

Main clause (indicative)	**Dependent clause** (subjunctive)
present	
present perfect	present
future	present perfect
command	

As you can see the present and the present perfect subjunctive can follow a verb in the present, present perfect, or future indicative and in the command.

Note that after these tenses:

1. The present subjunctive is used to express what is happening or will happen in constructions that require the subjunctive.

   Yo exijo que **tú** lo **leas** esta noche.   *I demand that you read it tonight.*
   ¡Insistan Uds. en que **él se peine**!   *Insist that he comb his hair!*

2. The present perfect subjunctive is used to express what has happened or will have happened in constructions that require the subjunctive.

Yo exijo que **Uds.** lo **hayan leído** antes de venir a la clase.

I demand that you have read it before coming to class.

¡Insistan Uds. en que **él se haya peinado** antes de salir!

Insist that he has combed his hair before going out!

Ejercicios

A. ¿Qué hacer? Lee las siguientes situaciones, luego usa los verbos y expresiones que aparecen en la página 149 para indicar lo que tú u otros quieren, aconsejan, recomiendan, etc. Usa los sujetos entre paréntesis como guía y varía los verbos.

Modelo: Clara está mirando demasiado la televisión.
(La madre/ella)
La madre le ordena que ella estudie más.

1. Los estudiantes están comiendo en el pasillo. (El director/ellos)

_____

2. Nuestro club necesita recaudar (*raise*) fondos para los necesitados. (Nosotros/ellos)

_____

3. Yo quiero salir pero mi madre dice que nieva mucho. (Ella/yo)

_____

4. El próximo partido es el más importante para nuestro equipo. (El entrenador/nosotros)

_____

5. Tú no puedes ir a la última clase del día porque tienes una cita con el doctor. (Tú/yo)

_____

6. Hace tres semanas que te presté un libro y ahora lo necesito. (Yo/tú)

_____

7. Tus padres gritan mucho cuando no haces la tarea. (Yo/tú)

_____

8. El profesor necesita una tiza para escribir en la pizarra. (Él/un estudiante)

_____

9. El año próximo voy a necesitar mucho dinero para asistir a la universidad. (Mi consejera/yo)

_____

10. Uno de mis amigos se ha roto un brazo jugando al vólibol. (Yo/él)

_____

B. Los consejos de los adultos.
Muchos adultos a tu alrededor siempre tratan de hacer recomendaciones y dar consejos para que estés preparado(a) para la vida. Escribe por lo menos seis oraciones explicando lo que tus padres, tíos, profesores, etc. te recomiendan o te aconsejan. Usa los verbos a continuación. Luego compara tus respuestas con las de otros estudiantes de la clase.

insistir en / aconsejar / recomendar / esperar / decir / sugerir

Modelo: *Mi abuela insiste en que yo termine mis estudios.*

1. _____
2. _____
3. _____
4. _____
5. _____
6. _____

C. Más recomendaciones.
Imagina que le quieres hacer recomendaciones al director o a la directora de tu escuela para que mejore las clases, las actividades estudiantiles, etc. ¿Qué vas a recomendarle? Usa los verbos a continuación u otros que necesites para expresar tus ideas. Trata de darle por lo menos una recomendación con cada verbo.

pedir / recomendar / sugerir / desear / aconsejar / permitir

Modelo: *Yo le pido que cambie el horario de clases.*

1. _____
2. _____
3. _____
4. _____
5. _____
6. _____
7. _____
8. _____

D. ¡Tienes que cambiar!
Has tenido problemas con uno de tus amigos(as) porque hace ciertas cosas que a ti no te gustan. Lee la lista de cosas que hace y usa el verbo entre paréntesis para escribir una recomendación que le harías para que cambie lo que hace. Varía los verbos que usas en las frases.

Modelo: Le dice tus secretos a otras personas.
(prohibir)
Te prohibo que les digas mis secretos a otras personas.

1. Siempre se le olvida devolverte el dinero que le prestas. (sugerir)

_____

2. Siempre llega tarde cuando Uds. tienen una cita. (exigir)

_____

3. Te critica mucho. (rogar)

_____

4. No te presta los apuntes cuando faltas (*you miss*) a la clase. (esperar)

_____

5. No te espera al salir de la clase. (ojalá)

_____

6. Pasa demasiado tiempo con otros amigos. (preferir)

_____

7. No te ayuda cuando tienes problemas con tu tarea. (pedir)

_____

8. Nunca contesta a tiempo tus llamadas telefónicas. (recomendar)

_____

_____

Ahora pregúntale a uno de tus compañeros de clase lo que ellos le dirían a un amigo o amiga si estuvieran en la misma situación.

E. Cosas de adultos.
Tu amigo Jorge acaba de llegar del Perú y quiere aprender sobre las actividades de los jóvenes en los Estados Unidos. ¿Qué se necesita para que los jóvenes puedan participar en ciertas actividades? Escribe una explicación usando expresiones impersonales (p. 150) para expresar tus ideas.

Modelo: llegar a casa después de las once de la noche
Para poder llegar a casa después de las once de la noche es necesario que los jóvenes les pidan permiso a sus padres.

1. conducir un coche

_____

_____

2. beber bebidas alcohólicas

_____

_____

3. ir a películas clasificadas R

_____

_____

4. tener un teléfono en su cuarto

_____

_____

5. quedarse en casa de un(a) amigo(a) durante el fin de semana

_____

_____

6. tener una tarjeta de crédito

_____

_____

7. tener un trabajo después de las clases

_____

_____

8. tener su propio apartamento

_____

_____

9. votar en las elecciones

_____

_____

10. tener un novio o una novia

_____

_____

F. Obligaciones.

¿Cuáles son algunas de las obligaciones que tienes en tu casa? Escribe una lista de tus obligaciones. Una vez que hayas terminado, pregúntales a dos compañeros de clase y toma apuntes para que así puedas darle un informe a la clase sobre tus obligaciones y las de ellos. Usa **expresiones impersonales** y **el subjuntivo** para expresar tus ideas.

es mejor que	es menester que	es necesario que
es preciso que	es imprescindible que	es importante que
importa que	más vale que	conviene que

_____

_____

_____

_____

G. Situaciones.

Lee las siguientes afirmaciones de uno de tus compañeros. Dale una recomendación para que cambie la situación. Usa dos formas diferentes de expresar **obligación** en la situaciones #1 y #2, dos **mandatos** en las situaciones #3 y #4 y dos frases usando **el subjuntivo** en las situaciones #5 y #6.

1. Siempre llegamos tarde a la escuela.

_____

2. No nos gusta la comida de la escuela.

_____

3. Tenemos que irnos temprano.

_____

4. Queremos ir al baile de esta noche.

_____

5. Necesitamos terminar el informe para la clase de ciencias.

_____

6. Empezó a llover cuando estábamos jugando en el parque y nos mojamos de pies a cabeza.

_____

Ejercicios de resumen

A. Mis padres.   Lee la siguiente selección sobre la relación que tiene Tina con sus padres y complétala con **el presente de indicativo** o **el presente de subjuntivo** de los verbos entre paréntesis.

Realmente tengo buenos padres. Aunque me prohiben que _____ (hacer–yo) muchas

cosas; sé que lo _____ (hacer) por mi bien. Por ejemplo, siempre exigen que mis ami-

gos _____ (venir) a buscarme a mi casa cuando _____ (tener–yo) una

cita. No dejan que yo _____ (regresar) demasiado tarde y prefieren que yo no

_____ (ir) a muchas fiestas. En cambio, ellos le dan más libertad a mi hermana. Nunca

le han impedido que _____ (quedarse–ella) fuera hasta las altas horas de la noche.

Como ella _____ (cumplir) dieciocho años el mes próximo, parece más madura que

yo. Con todo y eso, _____ (llevarse–nosotros) muy bien. Ella me aconseja que

_____ (esperar–yo) unos años más y entonces podré tener más libertad.

B. Ayudando a otros.   Germán tiene problemas porque siempre anda ayudando a otras personas sin pensar en sí mismo. En esta selección Germán acaba de decirle a Amelia que le ha prestado un
libro a Marcos y éste no se lo ha devuelto. Amelia le da consejos. Lee el diálogo entre él y Amelia y
complétalo con la forma correcta del **presente de indicativo** o del **presente de subjuntivo** de los
verbos entre paréntesis.

—Haz que te _____ (devolver–él) el libro.

—Se lo he pedido varias veces pero él no me lo _____ (haber) devuelto.

—Mira, te sugiero que la próxima vez le pidas que te lo _____ (devolver) una semana

   antes de que lo necesites, así tú no _____ (ir) a tener problemas.

—Ojalá que _____ (poder–yo) seguir tu consejo. Sabes cómo _____

   (ser–yo), nunca _____ (decir) lo que tengo que decir.

—Pues, es preciso que tú _____ (ponerse) fuerte.

—A propósito, ¿has visto a Julián? Es importante que yo lo _____ (ver) hoy pues él

   quiere que lo _____ (ayudar–yo) con su informe.

—Ay, ¡otra vez! Oye, es mejor que _____ (pensar–tú) en ti. Más vale que tú

   _____ (ayudar) a los otros sólo de vez en cuando.

C. Excusas. Juan no es un estudiante muy bueno y siempre trata de buscar una excusa por llegar tarde a la escuela. Completa la selección con la forma correcta del verbo entre paréntesis en **el presente de indicativo** o en **el presente de subjuntivo**.

—Oye, apúrate, el profesor insiste en que _____ (llegar–nosotros) a clase a tiempo.

—No te preocupes. Siempre tengo una buena excusa. Le digo que mis padres me obligan a que

_____ (hacer–yo) la cama antes de salir o le digo que ellos insisten en que

_____ (dar–yo) de comer al perro…

—¿Te _____ (creer) él?

—Por supuesto. Y si llegamos tarde, ¿qué _____ (poder) pasar?

—Últimamente el profesor no permite que nosotros _____ (entrar) en la clase después

de las ocho.

—Bueno en ese caso, más vale que _____ (tomar–nosotros) un taxi. Conviene que yo

no le _____ (pedir) ninguna excusa en estos momentos.

D. Comprensión entre amigos. Carolina y Rosaura hablan sobre un incidente que acaba de pasar. Aparentemente Carolina le dijo algo a Rosaura que no debía decirle. Completa la conversación con la forma correcta del verbo entre paréntesis en **el presente de indicativo** o en **el presente de subjuntivo**.

—Te recomiendo que le _____ (decir–tú) la verdad a Leonardo. Él

_____ (ser) muy comprensivo.

—Espero que lo _____ (ser–él). Pero siempre me ha pedido que no

_____ (discutir–yo) nuestros problemas con otras personas.

—Explícale que estabas muy enojada y que necesitabas hablar con alguien. Estoy segura de que él

_____ (ir) a comprender.

—_____ (Tener–tú) razón. Es mejor que él _____ (oír) lo que pasó de

mi boca y no de la de otra persona.

—Claro. Y, ¡ojalá que no _____ (olvidarse–tú) de decirle que _____

(ser–nosotras) muy buenas amigas desde hace mucho tiempo!

—Ahí viene Leonardo. Espero que todo _____ (arreglarse).

—Buena suerte.

En conclusión...

[Some of these exercises can be done orally after students have had time to prepare and write notes for presentation to the rest of the class.]

Los siguientes ejercicios han sido diseñados para que pongas en práctica los conceptos que has aprendido en esta unidad. Cuando no hay información específica sobre cuánto debes escribir o hablar, se espera que escribas ensayos de unas 200 palabras como mínimo. Si es una presentación oral, debes prepararte para hablar por unos dos o tres minutos.

A. Para evitar la situación. Mira los siguientes dibujos y sugiere lo que tiene que suceder para que las personas cambien lo que están haciendo o lo que está sucediendo. Usa las palabras para escribir frases completas (a). Luego, en el espacio en blanco (b) escribe una recomendación original.

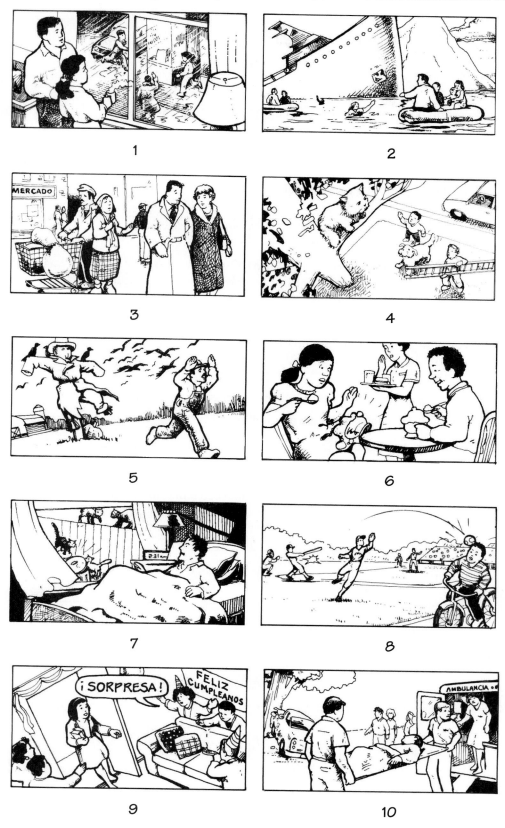

1. a. yo esperar que ellas / no mojarse

   _____

   b. _____

2. a. rogarles que / no desesperarse

   _____

   b. _____

3. a. es necesario que / nosotros preocuparse por los desamparados

   _____

   b. _____

4. a. es importante que / el gato bajar del árbol

   _____

   b. _____

5. a. ojalá que / el campesino no volverse loco

   _____

   b. _____

6. a. más vale que / ella tener más cuidado

   _____

   b. _____

7. a. convenir que / no dejar la basura al aire libre

   _____

   b. _____

8. a. sugerirle al chico que / no montar en bicicleta cerca del campo de béisbol

   _____

   b. _____

9. a. ella preferir que / no darle una sorpresa

   _____

   b. _____

10. a. yo recomendar que / conducir con cuidado

    _____

    b. _____

B. Una carta. Imagina que le tienes que escribir una carta a una persona que da consejos en el periódico sobre los problemas o las presiones que los jóvenes tienen en la escuela o en casa. Explícale cuáles son algunas de las "demandas" que hacen los padres o los profesores. Luego pídele consejos. Sigue el siguiente esquema para escribir la composición.

1. Identifica dos o tres problemas.

2. Explica lo que otros te/les exigen a ti o a los estudiantes en general. (Usa los verbos en la p. 149)

3. Di lo que ellos (los padres o profesores) hacen que no te gusta y lo que deben hacer.

4. Pídele consejos.

Una vez que hayas escrito la carta, tu profesor(a) va a dársela a otro estudiante para que él o ella te responda.

C. Un(a) amigo(a) exigente. ¿Has tenido alguna vez un amigo o una amiga demasiado exigente? ¿Cuáles son algunas de las cosas que te exige? Haz una lista de seis cosas que él o ella te exige. Usa los verbos en la p. 149. Luego, da una explicación de lo que tú quieres, deseas, le exiges o le prohibes que haga. Ellos te van a hacer una recomendación para cada una de tus frases.

D. Para entrar en la universidad. A estas alturas (*By now*) ya habrás pensado en lo que necesitas hacer para asistir a una buena universidad. Escribe seis recomendaciones que le harías a un(a) compañero(a) un poco más joven que tú para que sepa lo que necesita hacer. Usa expresiones impersonales y el subjuntivo en las frases.

es mejor que	es menester que	es necesario que
es preciso que	es imprescindible que	es importante que
importa que	más vale que	conviene que

E. Para llevar una vida sana. Explica lo que una persona debe hacer para llevar una vida sana. Recuerda que como vas a expresar ideas generales, no dirigidas a una persona en particular, necesitas usar expresiones impersonales y el infinitivo.

F. La unión hace la fuerza: las obligaciones en la comunidad. Todos tenemos responsabilidades en nuestra comunidad; explica cómo todos unidos podemos hacer cambios positivos para el bien de todos. Usa expresiones que expresen obligación, expresiones impersonales o verbos que necesiten el uso del subjuntivo.

G. Sugerencias para los turistas. Imagina que trabajas para la Oficina de Turismo en tu comunidad y que un grupo de turistas te pide información y sugerencias sobre las actividades en que pueden participar en la ciudad. Usa expresiones de obligación, mandatos, etc. para expresar tus ideas. Dale por lo menos seis sugerencias usando expresiones impersonales o expresiones que expresan obligación.

Sin rodeos...

You will listen to a series of questions in which you are asked to give advice or express what you want others to do. You will hear each question twice. You will have 20 seconds to respond as fully as possible. Listen to the first question…

En escena

Los dibujos a continuación representan un cuento. En tus propias palabras, describe en detalle lo que sucede. Usa el vocabulario y las preguntas a continuación como guía pero recuerda que debes usar tu imaginación y añadir cualquier información que creas necesaria.

Vocabulario y guía

Estudia la siguiente lista de vocabulario antes de comenzar la descripción. Puedes añadir otras palabras o expresiones que te parezcan necesarias.

Sustantivos

la arena (*the sand*)
la balsa (*the raft*)
el barco de velas (*the sail ship*)
la isla desierta (*the deserted island*)
la leña (*the firewood*)

el mono (*the monkey*)
el pelícano (*the pelican*)
la tormenta (*the storm*)
el tronco (*the trunk*)

Adjetivos

agotados (*exhausted*)

hambrientos (*hungry*)

Verbos y expresiones

abandonar (*to abandon*)
ahogarse (*to drown*)
construir (*to build*)
darse prisa (*to hurry*)
en medio de (*in the middle of*)

juntar (*to gather*)
pescar (*to fish*)
salvarse (*to save onself*)
tener hambre (*to be hungry*)

Las siguientes preguntas e instrucciones te van a ayudar a narrar el cuento. Estas preguntas son sólo una guía. Puedes usar cualquier otra idea que quieras.

1. Describe el tiempo. ¿Dónde están los hombres? ¿Qué están tratando de hacer?

2. Después de muchas horas… ¿Dónde se encuentran los hombres ahora? Describe el tiempo. ¿Cómo se sienten ellos?

3. ¿Qué hace cada uno de los hombres? ¿Para qué hacen esas actividades? ¿Qué hay en la arena?

4. ¿Dónde están ahora? ¿Qué hay en un árbol? ¿Qué vemos en el cielo? ¿Qué hacen los hombres? ¿Qué llevan en los brazos? ¿Para qué?

5. Cuando ellos regresan al lugar donde estaban originalmente… ¿Qué ven? ¿Qué hacen los animales? ¿Cómo se sienten ellos?

6. Usa los siguientes verbos y expresiones para expresar por lo menos seis recomendaciones o sugerencias para estos hombres.

aconsejarles que
conviene que

es importante que
es necesario que

es preciso que
recomendarles que

1

2

3

4

5

6

Cómo expresar deseos y obligaciones

El imperativo

The formal command

Regular verbs

1. The formal command (*Ud.* and *Uds.*) is formed by adding an *–e* or *–en* to the root of the *–ar* verbs. If the verb ends in *–er* or *–ir*, you add *–a* or *–an*.

caminar		correr		abrir	
camine Ud.	no camine Ud.	corra Ud.	no corra Ud.	abra Ud.	no abra Ud.
caminen Uds.	no caminen Uds.	corran Uds.	no corran Uds.	abran Uds.	no abran Uds.

2. The negative form of all formal commands is expressed by placing *no* in front of the affirmative form of the verb. No changes are needed in the verb.

Irregular verbs

1. All verbs that are irregular in the first person singular of the present indicative also have an irregular command stem. They keep this irregularity in the command form, but they follow the same pattern of endings as those of regular verbs. Here are some examples:

servir
| **Sirva Ud.** el postre. | *Serve the dessert.* |
| **No sirva Ud.** los entremeses. | *Do not serve the appetizers.* |

hacer
| **Hagan Uds.** las maletas. | *Pack the suitcases.* |
| **No hagan Uds.** mucho ruido. | *Do not make too much noise.* |

dormir
Duerma Ud. en este cuarto. — *Sleep in this room.*
No duerma Ud. en la sala. — *Do not sleep in the living room.*

estar
Esté Ud. aquí a las dos. — *Be here at two.*
No esté Ud. enojado conmigo. — *Do not be angry at me.*

conducir
Conduzcan Uds. despacio. — *Drive slowly.*
No conduzcan Uds. muy rápido. — *Do not drive too fast.*

2. The following verbs are irregular in the formal command:

ser
sea Ud.   no **sea** Ud.   **sean** Uds.   no **sean** Uds.

dar
dé Ud.   no **dé** Ud.   **den** Uds.   no **den** Uds.

estar
esté Ud.   no **esté** Ud.   **estén** Uds.   no **estén** Uds.

saber
sepa Ud.   no **sepa** Ud.   **sepan** Uds.   no **sepan** Uds.

ir
vaya Ud.   no **vaya** Ud.   **vayan** Uds.   no **vayan** Uds.

Verbs with spelling changes

Verbs that end in . . . change as follows . . .

–gar	$g \rightarrow gu$	pa**gue** Ud.	no pa**gue** Ud.
–car	$c \rightarrow qu$	to**que** Ud.	no to**que** Ud.
–zar	$z \rightarrow c$	empie**ce** Ud.	no empie**ce** Ud.

Position of pronouns

If the command is affirmative, object pronouns and reflexive pronouns are attached to the end of the verb; if the command is negative, they must be placed before the verb. Remember that if there are two pronouns, a pronoun referring to a person precedes one that refers to a thing; in other words, the indirect object pronoun is always placed in front of the direct object pronoun. Also, *se* always comes first.

Cómpre**selo** allí. — *Buy it there for him/her.*
No **se lo** compre allí. — *Do not buy it there for him.*

Siénte**se** en esa silla. — *Sit down in that chair.*
No **se** siente en esa silla. — *Do not sit in that chair.*

Ejercicios

A. Cambios. Imagina que estás en el aeropuerto de La Paz, Bolivia, y un hombre de negocios de Inglaterra te pide información para llegar a su hotel. Como él no habla español muy bien, le escribes las instrucciones que él necesita. Usa las frases a continuación para expresar tus ideas con **el mandato Ud.**

1. Salir por esa puerta.

   _____

2. Buscar un taxi.

   _____

3. Darle la dirección al taxista.

   _____

4. Pagar la tarifa en el puente.

   _____

5. Pagarle al taxista.

   _____

6. Pedirle un recibo al taxista.

   _____

7. Darle una propina.

   _____

B. De niñero(a) (*babysitter*). Los padres de los niños que cuidas van a salir esta noche y te han pedido que cuides a los niños. Usando las frases a continuación, escribe lo que les vas a decir a los niños. Usa **el mandato Uds.**

1. no hacer ruido

   _____

2. no molestar

   _____

3. quedarse en su cuarto

   _____

4. jugar con sus juegos electrónicos

   _____

5. no abrir la puerta

_____

6. no usar el teléfono

_____

7. no ser impertinentes

_____

8. no sacar la bicicleta afuera

_____

9. leer un libro de cuentos

_____

10. no sentarse en la escalera

_____

11. no jugar con la televisión

_____

12. no pedir helado

_____

13. acostarse temprano

_____

14. apagar las luces antes de dormirse

_____

C. Un programa de cocina.

Imagina que te han invitado a un programa de cocina en español. La anfitriona (*host*) del programa te pide que le muestres tu receta para una tarta de espinacas. Escribe la forma correcta de los verbos entre paréntesis en **el mandato Ud**.

1. _____ (Hervir) las espinacas.

2. _____ (Picar) las cebollas.

3. _____ (Cocinar) las cebollas en el aceite.

4. _____ (Agregar) la espinaca.

5. _____ (Añadir) sal y pimienta.

6. _____ (Sacar) la mezcla del fuego y _____ (poner) la mezcla en una bandeja para hornear.

7. _____ (Cubrir) la espinaca y las cebollas con queso rallado.

8. _____ (Cocinar) en el horno durante 30 minutos.

D. En el avión. Imagina que estás en un avión y el/la auxiliar de vuelo les dice a los pasajeros lo que deben o no deben hacer. Usa las frases a continuación para expresar lo que él o ella dice. Usa **el mandato Uds.**

1. prestar atención a las instrucciones de seguridad

   _____

2. abrocharse el cinturón

   _____

3. no fumar en los lavatorios

   _____

4. apretar el botón si necesitan ayuda

   _____

5. poner el equipaje debajo del asiento

   _____

6. no levantarse durante el aterrizaje

   _____

E. Una visita a un centro para ancianos. La clase de español del hermano de Ramiro va a visitar un hogar para personas de tercera edad donde hay muchas personas que hablan español. La profesora quiere que ellos den una buena impresión y por eso les dice lo que deben o no deben hacer. Completa las frases con **el mandato Uds.**

1. _____ (Colgar) los abrigos en el armario.

2. _____ (Ir) a saludar a los ancianos en las sillas de ruedas.

3. _____ (Ser) amables con todos.

4. No _____ (reírse) mucho.

5. _____ (Recoger) todos los platos después de la merienda.

6. _____ (Saber) bien la canción que vamos a cantar.

7. _____ (Empezar) a cantar todos a la vez.

8. No _____ (mentir) si les hacen preguntas.

9. No _____ (estar) en los cuartos privados por mucho tiempo.

10. _____ (Dar) las gracias si les hacen un cumplido.

The familiar commands

The tú command

With a few exceptions, the affirmative *tú* command in Spanish has the same form as the third person singular of the present indicative. You will be able to tell the difference by the context in which you find the verbs, and in spoken language by the inflection in the voice. Another way to tell them apart is by remembering that if a pronoun is involved, it will always come after the verb if an affirmative command is being expressed.

Eduardo come constantemente.	Eduardo eats constantly.
¡Come en la cocina!	Eat in the kitchen!
Elena **lo** trae.	Elena brings it.
¡Tráelo ahora mismo!	Bring it right now!

Irregular verbs

1. The following verbs are irregular in the affirmative familiar command:

decir: **di**   salir: **sal**
hacer: **haz**   ser: **sé**
ir: **ve**   tener: **ten**
poner: **pon**   venir: **ven**

2. The negative familiar command is formed by adding –s to the *Ud.* command. For example:

beber: **no bebas**   salir: **no salgas**
caminar: **no camines**   ser: **no seas**
decir: **no digas**

¡No vayas al parque sin un suéter!   *Don't go to the park without a sweater!*

3. For reflexive verbs, an additional change is needed. The reflexive pronoun changes from *se* to *te*. For example:

sentarse: **no te sientes**
irse: **no te vayas**

¡No te peines en la clase!   *Don't comb your hair in class!*

The *vosotros* command

1. The affirmative *vosotros* command is formed by replacing the final –r of the infinitive with –d.

Corred en el patio.   *Run on the patio.*

2. If the reflexive pronoun is needed, the –d is omitted.

Peinaos en el cuarto de baño.   *Comb your hair in the bathroom.*

3. The only exception to this rule is the verb *irse*, whose *vosotros* command is ***idos***.

4. The negative *vosotros* command is formed with the second person plural of the present subjunctive.

No corráis por los pasillos.	*Do not run in the halls.*
No salgáis con esos chicos.	*Do not go out with those boys.*
No os bañéis ahora.	*Do not bathe now.*
No os vayáis tan temprano.	*Do not leave so early.*

Note that the *vosotros* form is used primarily in Spain. In the rest of the Spanish-speaking world, the *ustedes* form is used when addressing more than one person.

Ejercicios

A. Sugerencias para perder peso.
Un(a) amigo(a) te escribe diciéndote que quiere perder peso. Usando las frases a continuación, escríbele explicando lo que él o ella debe hacer. Usa **el mandato** *tú*.

1. ponerse a dieta

   _____

2. no comer entre comidas

   _____

3. comer más vegetales

   _____

4. hacer ejercicios

   _____

5. ir a un gimnasio

   _____

6. tener cuidado con los postres

   _____

7. caminar a todas partes

   _____

8. no echar mucha azúcar al café

   _____

9. no comprar chocolates

   _____

10. salir a caminar después de la cena

    _____

11. ser paciente

    _____

12. venir a visitar a mi doctor si tienes problemas

    _____

B. Según la estación.
Usa las siguientes frases para expresar lo que una persona debe o no debe hacer en las diferentes estaciones del año. Usa **el mandato** *tú* y una explicación.

Modelo: no ponerse un suéter
En el verano no te pongas un suéter; hace mucho calor.
o
ponerse un suéter
En el invierno ponte un suéter; hace frío.

1. ponerse un abrigo

_____

2. no ponerse un traje de baño

_____

3. no jugar en el parque

_____

4. no ir a esquiar

_____

5. llevar sandalias

_____

6. no llevar guantes de lana

_____

7. no salir a la calle sin gorro

_____

8. usar crema bronceadora

_____

9. no usar el aire acondicionado

_____

10. abrir las ventanas

_____

11. apagar la calefacción

_____

12. no venir a visitarme sin paraguas

_____

C. Quejas.

Víctor se está quejando porque en su casa lo único que oye son órdenes. Él piensa que un día va a volverse loco. Expresa **los mandatos** *tú* que le dan sus padres y hermanos. Sustituye los complementos del verbo por pronombres. Recuerda que si usas un verbo reflexivo y el mandato es afirmativo, los pronombres van unidos al verbo y si son negativos los pronombres van delante del verbo.

Modelo: lavarse *las manos* antes de comer
Lávatelas antes de comer.
no comer *las galletas* en la cama
No las comas en la cama.

1. ponerse *el sombrero*

_____

2. no sentarse en esa silla

_____

3. no contar *el cuento a Carlota*

_____

4. hacer *los mandados* (errands)

_____

5. acordarse del libro

_____

6. bañarse antes de acostarse

_____

7. peinarse antes de salir

_____

8. no invitar *a los chicos* a la fiesta

_____

9. ser paciente con tus hermanos

_____

10. tener cuidado al cruzar la calle

_____

11. no enviarles *una tarjeta a ellos*

_____

12. comprar *un disco* para mí

_____

D. Complaciendo a los padres.

Los padres de tu mejor amiga siempre están contentos con ella. Usa las frases a continuación para expresar **los mandatos *tú*** que ella te da para que tus padres estén contentos contigo también.

1. llegar a tu casa temprano

_____

2. ir a limpiar el cuarto al regresar de la escuela

_____

3. sacar buenas notas

_____

4. ayudar con los quehaceres

_____

5. no perder tus libros

_____

6. recordar lo que les gusta

_____

7. no mentir

_____

8. no reírse de otras personas

_____

9. incluir a tus padres en tus decisiones

_____

10. contribuir dinero para tus gastos

_____

11. escoger bien a los amigos

_____

12. recoger la ropa en tu cuarto

_____

13. salir de compras con tus padres

_____

14. no venir a visitarme sin su permiso

_____

E. Sugerencias.

Uno(a) de tus compañeros(as) está un poco nervioso(a) porque tiene que examinarse. Es un examen muy importante. Usa las frases a continuación para escribir algunas sugerencias que lo/la ayudarán a salir bien. Usa **el mandato** *tú*.

1. empezar a estudiar varios días antes

_____

2. acostarse temprano la noche anterior

_____

3. no ponerse nervioso(a)

_____

4. hacer una lista de todos los temas que tienes que estudiar

_____

5. repasar los apuntes

_____

6. llegar a tiempo

_____

7. venir a la escuela a tiempo

_____

8. traer suficientes lápices y bolígrafos

_____

9. leer las instrucciones con cuidado

_____

10. adivinar cuando no sepas las respuestas

_____

11. decirles a tus hermanos que tienes un examen

_____

12. no beber café antes del examen

_____

F. César y Enrique están en Barcelona. La familia con la que viven les da algunos consejos porque ellos nunca han estado en España. Completa lo que les dicen con **el mandato** *vosotros*.

1. _____ (Regresar) a casa temprano.

2. No _____ (ir) a los barrios que no conocéis.

3. _____ (Pedir) ayuda a un policía si os perdéis.

4. No _____ (tomar) el metro demasiado tarde.

5. No _____ (dormirse) en el metro.

6. _____ (Acordarse) de nuestro número de teléfono.

7. _____ (Fijarse) bien en las rutas de los autobuses.

8. No _____ (preocuparse) si no comprendéis todo lo que os dicen los barceloneses.

The *nosotros* command

1. The *nosotros* command, or exhortative form, derives from the *nosotros* form of the present subjunctive. This form is the equivalent of the English expression *Let's . . . .* (If you would like to review the formation of the present subjunctive, see pp. 174–180.)

   Caminemos por la playa.   *Let's walk on the beach.*
   Sentémonos aquí.   *Let's sit here.*

   Note that when the reflexive pronoun is attached, the *–s* is omitted from the ending *–mos*.

2. If the command is negative, place *no* in front of the verb. No further changes are needed.

   No caminemos por la playa.   *Let's not walk on the beach.*
   No nos sentemos aquí.   *Let's not sit here.*

3. The verbs *ir* and *irse* are irregular in the affirmative command but regular in the negative command.

   ir
   ¡Vamos!   **¡No vayamos!**
   irse
   ¡Vámonos!   **¡No nos vayamos!**

4. An alternative to the *nosotros* command is to use the construction *Vamos + a +* infinitive.

   Vamos a caminar por la playa.   *Let's walk on the beach.*
   Vamos a sentarnos aquí.   *Let's sit here.*

Ejercicio

Una merienda. Tú y tus compañeros están planeando ir a una merienda en el parque. ¿Qué deben llevar tú y tus compañeros? Usando las frases a continuación, escribe lo que necesitan hacer. Use **el mandato** *nosotros* según las instrucciones.

Modelo: salir temprano
¡Salgamos temprano!
¡Vamos a salir temprano!

Usa *ir a + infinitivo*

1. preparar una ensalada de papas

   _____

2. hacer bocadillos

   _____

3. llevar servilletas

   _____

4. comprar pollo frito

   _____

5. no olvidar los cubiertos (*silverware*)

   _____

Ahora usa el mandato *nosotros*

6. llevar esta cesta

   _____

7. poner varias botellas de agua en esa bolsa

   _____

8. pedirle algunas cintas a Santiago

   _____

9. preparar una limonada

   _____

10. no sacar los refrescos de la nevera hasta el último momento

   _____

El subjuntivo

Regular verbs in the present subjunctive

The present subjunctive forms are very easy to remember. The endings of the *–ar* verbs are the same as the endings of the *–er* and *–ir* verbs in the present indicative; the endings of the *–er* and *–ir* verbs are the same as the endings of the present indicative of the *–ar* verbs. The only exception is the first person singular which is the same as the third person singular.

The present subjunctive is formed in the following manner:

1. Start with the *yo* form of the present indicative.

2. Drop the *–o*.

3. Add the endings as indicated in this section.

caminar		**correr**		**recibir**	
camine	camin**emos**	corra	corr**amos**	reciba	recib**amos**
camin**es**	camin**éis**	corr**as**	corr**áis**	recib**as**	recib**áis**
camine	camin**en**	corra	corr**an**	reciba	recib**an**

Ejercicios

A. Cambios.   Hoy es día de limpieza en casa de los Montoya. Todos los miembros de la familia sugieren algo. Completa las frases con la forma correcta del verbo en **el presente de subjuntivo**. Luego, sustituye el sujeto en itálica por los sujetos entre paréntesis.

1. Queremos que *Uds.* _____ (lavar) la ropa sucia. (ellos/tú/él)

2. Prefieren que *yo* _____ (barrer) la casa. (nosotros/Ud./tú)

3. Papá desea que *nosotros* _____ (pulir) el piso. (ella/yo/Ud.)

4. Mamá insiste en que *ella* _____ (meter) los libros en cajas. (ellos/yo/tú)

5. Sugiero que *tú* _____ (abrir) todas las ventanas. (nosotros/ella/Uds.)

6. Mi hermano recomienda que *Uds.* _____ (pintar) la cerca del patio. (nosotros/ella/yo)

B. Una excursión.   Los estudiantes de tu escuela quieren hacer una pequeña excursión a un parque de atracciones cerca de tu ciudad. Usando las frases a continuación expresa tus deseos. Usa **el presente de subjuntivo** del verbo entre paréntesis.

1. Es necesario que nosotros _____ (llamar) a la compañía de autobuses.

2. Es importante que tú _____ (mandar) la carta a los padres.

3. Es imprescindible que nosotros _____ (reunir) todo el dinero antes del martes.

4. Conviene que nosotros _____ (llevar) suficiente dinero.

5. Más vale que Uds. _____ (repartir) anuncios por toda la escuela.

6. Es preciso que nosotros _____ (regresar) antes de que oscurezca.

7. Es mejor que tú _____ (confirmar) todo con el director.

8. Importa que yo _____ (asistir) a la reunión del consejo estudiantil.

C. Un(a) amigo(a) tiene un resfriado. ¿Qué sugerencias le darías? Para expresar tus recomendaciones, completa las frases con la forma correcta del verbo en **el presente de subjuntivo**.

1. Aconsejo que tú _____ (guardar) cama.

2. Recomiendo que tú _____ (beber) mucha agua.

3. Haz que tu madre te _____ (tomar) la temperatura.

4. Sugiero que no _____ (bañarse) con agua fría.

5. Insisto en que tú no _____ (correr) por unos días.

6. Suplico que me _____ (llamar) si me necesitas.

7. Ojalá que tú _____ (mejorarse).

Irregular verbs in the present subjunctive

1. Verbs that have an irregular stem in the first person singular (*yo*) of the present indicative also have an irregular stem in the present subjunctive.

caber:	quepa, quepas, quepa, quepamos, quepáis, quepan
caer:	caiga, caigas, caiga, caigamos, caigáis, caigan
conducir:	conduzca, conduzcas, conduzca, conduzcamos, conduzcáis, conduzcan
hacer:	haga, hagas, haga, hagamos, hagáis, hagan
poner:	ponga, pongas, ponga, pongamos, pongáis, pongan
producir:	produzca, produzcas, produzca, produzcamos, produzcáis, produzcan
tener:	tenga, tengas, tenga, tengamos, tengáis, tengan

2. Verbs that do not end in –*o* in the *yo* form of the present indicative are irregular in the present subjunctive.

dar:	dé, des, dé, demos, deis, den
estar:	esté, estés, esté, estemos, estéis, estén
ir:	vaya, vayas, vaya, vayamos, vayáis, vayan
saber:	sepa, sepas, sepa, sepamos, sepáis, sepan
ser:	sea, seas, sea, seamos, seáis, sean

   The present subjunctive of *hay* is *haya*.

Ejercicios

A. Conexiones. ¿Sabes escribir **el subjuntivo** de la primera persona singular (*yo*) de los siguientes verbos? Recuerda que el presente de indicativo de la primera persona de estos verbos es irregular.

1. oír _____
2. ofrecer _____
3. traducir _____
4. bendecir _____
5. deshacer _____

6. construir _____
7. disponer _____
8. obtener _____
9. distraer _____
10. entretener _____

11. valer _____
12. traer _____
13. convenir _____
14. posponer _____
15. atraer _____

B. Combinaciones. Ricardo va a pasarse unas semanas con sus tíos. Sus padres le dan ciertas recomendaciones porque es la primera vez que él va a estar lejos de ellos. ¿Qué le dicen? Escribe oraciones completas usando la información a continuación. Usa **el presente de indicativo** en la primera parte de la frase y **el presente de subjuntivo** en la segunda parte.

yo	exigir que	tú
tu madre	permitir que	
tus abuelos	preferir que	
nosotros	obligar que	
	desear que	
	prohibir que	
	impedir que	
	hacer que	

saber todos los números de emergencia
hacer los planes cuidadosamente
ser disciplinado
regresar a la casa temprano
venir muy contento de las vacaciones
no ir a restaurantes caros
conducir con mucho cuidado
tener más paciencia
no ver películas muy violentas
conocer la ciudad bien
dar las gracias siempre

Modelo: *Yo prefiero que tú regreses a casa temprano.*

1. _____
2. _____
3. _____
4. _____
5. _____
6. _____
7. _____
8. _____
9. _____
10. _____

C. El proceso para entrar a la universidad. Cuando los estudiantes empiezan a pensar en ir a la universidad, todo el mundo tiene sugerencias. Completa las frases siguientes con la forma correcta del verbo en **el presente de indicativo** en la primera parte de la frase y **el presente de subjuntivo** en la segunda parte.

1. Mi consejera _____ (exigir) que nosotros _____ (estar) listos para la reunión.

2. Mis padres _____ (recomendar) que yo _____ (leer) sobre lo que ofrecen las mejores universidades.

3. Nosotros le _____ (sugerir) a Alberto que él _____ (ir) a visitar varias universidades.

4. _____ (Ser) necesario que tú _____ (terminar) de llenar el cuestionario para el lunes.

5. Más _____ (valer) que nosotros _____ (ser) más disciplinados con los formularios.

6. _____ (Ser) preciso que ella _____ (saber) más sobre la ayuda financiera.

7. Tu padre _____ (ordenar) que tú _____ (estar) bien preparado para la entrevista.

8. Mis profesores _____ (querer) que nosotros _____ (estar) de acuerdo con nuestros padres en todas las decisiones.

9. _____ (Convenir) que Ud. nos _____ (dar) más dinero para los formularios de admisión.

10. Tú no _____ (dejar) que ellos _____ (poner) todas las actividades en el formulario.

Stem-changing verbs in the present subjunctive

1. Verbs that end in –*ar* and –*er* and are stem-changing in the present indicative follow the same stem-changing pattern in the present subjunctive.

   Verbs that end in –*ar* or –*er*:
   pensar (*ie*):   **pie**nse, **pie**nses, **pie**nse, pensemos, penséis, **pie**nsen
   querer (*ie*):   **quie**ra, **quie**ras, **quie**ra, queramos, queráis, **quie**ran
   encontrar (*ue*):   enc**ue**ntre, enc**ue**ntres, enc**ue**ntre, encontremos, encontréis, enc**ue**ntren

2. Stem-changing verbs that end in –*ir* follow whatever stem changes occur in the present indicative, but they require an additional change in the *nosotros* and *vosotros* forms in the present subjunctive.

   Verbs that end in –*ir*:
   preferir (*ie*):   pref**ie**ra, pref**ie**ras, pref**ie**ra, prefiramos, prefiráis, pref**ie**ran
   dormir (*ue*):   d**ue**rma, d**ue**rmas, d**ue**rma, durmamos, durmáis, d**ue**rman
   servir (*i*):   sirva, sirvas, sirva, sirvamos, sirváis, sirvan

   For a list of common stem-changing verbs, look at p. 175.

Ejercicios

A. Cambios. En la escuela de Isabel los estudiantes están tratando de llevarse bien (*get along*) y evitar conflictos. Los estudiantes discuten lo que tienen que hacer. Escribe la forma correcta del verbo entre paréntesis en **el presente de subjuntivo**. Luego, sustituye el sujeto en itálica por los sujetos entre paréntesis.

1. Espero que *tú* no _____ (pensar) mal de mí. (él/Susana/ellos/Ud.)

2. Prohiben que *él* _____ (pedir) excusas por los errores cometidos. (nosotros/Ud./yo/tú)

3. Insistimos en que *Ud.* _____ (entender) el comportamiento (*behavior*) de otros. (tú/ellos/ella/Uds.)

4. Es necesario que *Uds.* _____ (resolver) el mal entendimiento. (yo/nosotros/ellos/tú)

5. Es mejor que *Uds.* no _____ (reírse) de él. (ellos/tú/Ud./Carmen y Rosa)

6. Más vale que *Ud.* no le _____ (mentir) a nadie. (yo/ellas/Uds./nosotros)

B. Frases incompletas. Los padres de los estudiantes en la escuela de Isabel también tienen recomendaciones. Usa las listas a continuación para escribir frases completas sobre lo que ellos dicen. Recuerda que en la segunda parte de la frase tienes que usar **el presente de subjuntivo**.

es importante que	Isabel	sentirse bienvenido
es menester que	yo	devolver los libros a tiempo
ojalá que	nosotros	no perder tiempo con tonterías
es mejor que	ellas	no jugar a juegos violentos
más vale que	tú	no mentir a los amigos
		despedirse antes de salir
		llevarse bien con todos
		defender los principios
		recordar las reglas del grupo

Modelo: *Es importante que tú te lleves bien con todos.*

1. _____

2. _____

3. _____

4. _____

5. _____

6. _____

7. _____

8. _____

9. _____

Verbs with spelling changes

Verbs that end in . . . change as follows . . .

–gar	$g \rightarrow gu$	llegue, llegues, etc.
–car	$c \rightarrow qu$	saque, saques, etc.
–zar	$z \rightarrow c$	abrace, abraces, etc.

Ejercicios

A. Cambios. Los estudiantes en la clase de química se preparan para saber qué hacer en caso de emergencia. Completa las frases con la forma correcta del verbo en **el presente de subjuntivo.** Luego, sustituye el sujeto en itálica por los sujetos entre paréntesis. ¡Cuidado! No todos los verbos pertenecen al grupo arriba.

1. Desea que *nosotros* _____ (extinguir) el fuego. (yo/Uds./ella/tú)

2. Basta que *yo* _____ (entregar) un informe al director. (nosotros/ellas/tú/Ud.)

3. Pide que *tú* _____ (escoger) la salida más cercana. (nosotros/Uds./yo/ella)

4. Es preciso que *él* _____ (empezar) a juntar a los otros estudiantes. (yo/nosotros/Uds./tú)

5. Sugieren que *tú* _____ (convencer) a los estudiantes a prestar atención a las instrucciones. (él/yo/nosotros/Uds.)

6. Ojalá que *Uds.* _____ (averiguar) cómo actuar en caso de emergencia. (tú/la clase/nosotros/Ud.)

B. Respuestas a situaciones. Cada vez que alguien dice algo María le da una recomendación o expresa su opinión. Lee la información a continuación y luego expresa las ideas en frases completas. Usa **el presente de subjuntivo.** ¡Cuidado! No todos los verbos pertenecen al grupo arriba.

Modelo: Hace mucho calor.
  Yo / esperar / haber aire acondicionado
  Yo espero que haya aire acondicionado.

1. Hay muchas cucarachas en este barrio. Mi mamá / querer / yo / sacar la basura

_____

2. Hubo un accidente en la esquina. Ellos / esperar / la policía / investigar

_____

3. A mi papá le encanta la ensalada. Él / desear / nosotros / escoger buenas lechugas

_____

4. Mañana tenemos un examen importante. El profesor / prohibir / nosotros / llegar tarde

_____

5. Ese restaurante es muy caro. El guía / sugerir / nosotros / no almorzar allí

_____

6. Parece que estamos perdidos. Yo / recomendar / nosotros / seguir por esta calle

_____

7. Ese libro no contiene la información que buscamos. El bibliotecario / aconsejar / Ud. / buscar otro

_____

8. En esa película el ejército lucha contra los rebeldes. Ojalá / ellos / vencer a los rebeldes

_____

9. Mi tía tiene muchos figurines de cristal en la sala. Ella / pedir / nosotros / jugar en el patio

_____

10. La semana que viene habrá un concierto. Nosotros / preferir / Uds. / practicar más

_____

11. Eloísa se va de vacaciones. Ella / insistir en / yo / abrazarla

_____

12. La familia Escobar ha planeado un viaje a la playa para mañana. Ellos / esperar / no llover

_____

The present perfect subjunctive

The present perfect subjunctive is composed of the present subjunctive forms of *haber* plus the past participle.

haya		hayamos	
hayas	+ past participle	hayáis	+ past participle
haya		hayan	

Es necesario que ya **se hayan marchado**.   *It's necessary for them to have left already.*

¡Exija Ud. que los estudiantes lo **hayan escrito** antes de llegar a clase!   *Demand that the students have written it before arriving in class.*

If you need to review the formation of the past participles, go to p. 48.

Ejercicios

A. La salud. En la clínica, Rigoberto escucha lo que dicen las personas que están allí. Completa lo que dicen con la forma correcta del **presente perfecto de subjuntivo**.

1. Prefiero que ella _____ (visitar) a la nueva médica antes de jugar con el equipo.

2. Jorge insiste en que nosotros _____ (venir) a esta clínica antes de ir al laboratorio.

3. Temen que él no _____ (mejorarse) para el día de la fiesta.

4. Es una lástima que tú no _____ (poder) hacer más ejercicio antes de la operación.

5. Ojalá que nuestro tío _____ (dejar) de fumar.

6. Rogamos que el niño no _____ (romperse) una pierna.

7. Es importante que yo _____ (terminar) mi terapia física para entonces.

8. ¿Esperas que Elena _____ (recuperarse) suficientemente para hacer camping con nosotros?

B. La cita. Rolando va a salir con Elena por primera vez. Los padres no lo conocen y él y ellos tienen ciertas expectativas. Responde a las preguntas con la información entre paréntesis. Usa **el presente perfecto de subjuntivo**.

Modelo: ¿Qué prefieren sus padres? ella / no hacer planes para salir sola con él
Sus padres prefieren que ella no haya hecho planes para salir sola con él.

1. ¿Qué espera Rolando? (Elena / vestirse temprano)

   _____

2. ¿En qué insisten los padres de Elena? (ella / hacer su tarea antes de salir)

   _____

3. ¿Qué prefieren sus padres? (ella / decirles la hora de regreso antes de salir)

   _____

4. ¿Qué le piden a ella? (ella / presentarles al chico antes de salir)

   _____

5. ¿Qué es mejor para Elena? (ella / invitar a otras amigas)

   _____

6. ¿Qué desea Rolando? (los padres / no poner muchas limitaciones)

   _____

La narración y la descripción en el futuro: cómo expresar emoción, duda, negación, probabilidad o conjetura

In this unit, you will review how to express your desires, plans, and ideas about the future and how to speculate about the present and the future. You will also review how to talk about your emotions, feelings, and doubts and how to describe hypothetical events, people, and things.

El futuro

In order to talk about the future and to speculate about it you will need to know how to use the future tense.

Read the following excerpts from newspaper accounts and underline all the verbs that appear in the future tense.

Setenta y cuatro relojes fechados entre los siglos XVII y XVIII se expondrán en Madrid desde hoy hasta el 27 de mayo.

Los precios máximos de las gasolinas subirán diez céntimos, mientras que bajarán veinte céntimos los gasóleos.

El ex presidente de la URSS, Mijaíl Gorbachov, realizará una visita privada a Barcelona el próximo lunes.

El arquitecto español Santiago Calatrava diseñará la estación de Oriente de Lisboa.

Durante la mañana habrá ambiente soleado en todas las regiones, aunque se formarán nubes por la tarde.

If you would like to review and/or practice the formation of the future tense, go to p. 213 and p. 215.

Uses of the future tense

The future tense is used:

1. To indicate an event that will take place in the future

   El año próximo **iremos** a los Andes.   *Next year we will go to the Andes.*
   Saldremos de viaje en dos meses.   *We will leave on a trip in two months.*

   Note that in Spanish this use of the future tense is less common in everyday communication than the use of *will* is in English.

2. To express speculation, assumption, or probability

   ¿Cuántos chicos **habrá** en el patio?   *I wonder how many boys are there on the patio?*
   Serán las tres de la tarde.   *It is probably three o'clock in the afternoon.*

   In this construction, the future tense is being used to speculate or guess about the present time.

3. To express the result of suppositions regarding the future

   Si practicas mucho, **ganarás** el concurso.   *If you practice a lot, you will win the contest.*
   Te **invitaré** a comer, si llegas a tiempo.   *I will invite you to eat, if you arrive on time.*

   Note that the future tense can never be used in the *si* clause.

In addition to the future tense, there are several other ways to express ideas, desires, and plans for the future in Spanish. Read the following excerpts of conversations to review the different ways of talking about the future.

Dos amigos hablan sobre sus planes.
—¿A qué universidad vas a asistir el año próximo?
—Todavía no sé. La semana próxima voy a ir con mis padres a visitar dos y entonces vamos a decidir. ¿Y tú?
—La verdad es que estoy un poco confundido. Voy a reunirme con mi consejera y después veré.

Armando habla por teléfono con Carolina. Carolina piensa pasar dos semanas en Chile con la familia de Armando.
—¿Cuándo vas a llegar?
—Llego a Miami a las tres el lunes y luego tomo el vuelo de LanChile a las cinco.
—Entonces llegas a eso de las dos de la mañana. Mi familia y yo te esperamos en el aeropuerto.
—Gracias. Lo pasaremos muy bien.

Juan y Esperanza limpian el cuarto de Juan antes de que él se mude para un dormitorio en la universidad.
—¿Qué harás con todos esos libros, Juan?
—Se los regalaré a mis amigos. En el dormitorio no tendré tanto espacio como aquí.
—¿Me enviarás la información que te pedí?
—Por supuesto, el hecho de que voy a la universidad no quiere decir que me olvidaré de ti y de mis amigos.
—Así lo espero.

Now read the selections again and make a list of all the structures that are used to express future action. In the sections that follow you will review different ways used to express the future in Spanish.

Talking about the not too distant future

To indicate an event that is going to happen in the immediate future, use:

1. *ir* + *a* + infinitive.

   Uds. **van a tener** problemas si no hacen la tarea.

   You are going to have problems if you do not do the homework.

2. the present indicative tense with expressions relating to the future such as *esta tarde, mañana, la semana que viene, el lunes próximo*, etc.

   Llegamos a Mérida el lunes próximo.

   We arrive in Mérida next Monday.

Other ways to express plans and desires for the future

Other ways to express your plans and desires for the future are:

1. *pensar* + infinitive

   Pienso ir a la tienda de discos este fin de semana.

   I am planning to go to the record store this weekend.

2. *esperar* + infinitive

   Espero llegar antes de las dos.

   I hope to arrive before two.

3. *tener ganas de* + infinitive

   Tenemos ganas de salir temprano hoy.   *We feel like leaving early today.*

4. *querer* + infinitive

   Quieren venir con nosotros la semana   *They want to come with us next week.*
   próxima.

5. *quisiera* (*quisieras*, etc.) + infinitive

   Quisiéramos vender los libros a la librería.   *We would like to sell the books to the bookstore.*

Ejercicios

A. Guía para pacientes y padres. La siguiente selección es de la "Guía para pacientes y padres" del Children's Hospital en Boston, Massachusetts. Completa el texto con la forma apropiada del futuro de los verbos entre paréntesis.

Cuando usted y su hijo(a) lleguen a la unidad de atención médica los _____ (recibir) un miembro del personal de enfermería que les _____ (mostrar) su cuarto.

Su hijo(a) _____ (tener) una enfermera primaria que _____ (ser) la responsable de coordinar y planificar su atención médica. La enfermera primaria de su hijo(a) los _____ (hacer) participar y los _____ (mantener) informados sobre los planes de tratamiento y el progreso de la hospitalización. La enfermera primaria _____ (discutir) con usted los preparativos de atención médica para después de la hospitalización.

Además de la enfermera primaria hay otras enfermeras que _____ (participar) en la atención de su hijo(a). Cada unidad de pacientes es dirigida por una enfermera administradora que con mucho gusto _____ (reunirse) con usted para discutir las necesidades especiales de su hijo(a).

Durante su hospitalización, su hijo(a) _____ (ser) visitado(a) diariamente por un equipo de doctores. El equipo, que por lo general consiste de un médico supervisor, médicos residentes y estudiantes de medicina, _____ (estar) a cargo de la atención de su hijo(a) y _____ (poder) responder a cualquiera de sus preguntas.

Durante su estadía en el hospital le _____ (ayudar) muchas enfermeras y doctores. Sin embargo, solamente una enfermera y un doctor _____ (ser) los responsables de coordinar su atención médica.

Su enfermera _____ (hablar) con él o ella y con Ud. acerca de cualquier preocupación que tengan y los _____ (ayudar) a prepararse cuando llegue el día de volver a casa.

El personal de actividades para pacientes le _____ (dar) la oportunidad de conocer a otros pacientes de su edad y _____ (organizar) actividades como por ejemplo: torneos de juegos de mesa, juegos con computadoras, películas, etc.

B. ¡Última noticia!   Mientras lees el periódico te enteras de lo que ha sucedido recientemente, y te preguntas cómo va a reaccionar la gente. Usando **el futuro de probabilidad**, sugiere dos reacciones posibles a los siguientes acontecimientos.

Modelo:

> **Eligen a Ernesto Martínez Presidente**

Estará muy contento.
Habrá muchos que celebren la victoria.

1.
> **Vientos fuertes obligan cierre del aeropuerto**

_____

_____

2.
> **Varios barrios se quedan sin electricidad por veinticuatro horas**

_____

_____

3.
> **Bolsa de valores* baja precipitosamente**

_____

_____

4.
> **Familia en Burgos gana el premio gordo de la lotería**

_____

_____

5.
> **Estudiantes protestan contra aumento de matrícula**

_____

_____

* Stock market

6.
> ## Nuevas computadoras revolucionan el mundo de la informática

_____

_____

C. Al final del año escolar.

Tú y tus amigos empiezan a hacer planes para celebrar el final del año escolar. ¿Qué harán Uds.? Escribe un párrafo corto incluyendo la siguiente información:

1. Cuándo terminará el curso

2. Adónde van a ir para celebrar

3. Quiénes piensan participar en la celebración

4. Qué quisieran hacer allí

5. Cualquier otra actividad que hayan planeado

_____

_____

_____

_____

D. Mis planes para el verano.

Lee las siguientes frases y complétalas según lo que tú piensas hacer este verano. Usa **el futuro** para completar las frases de una manera original.

1. Si salgo bien en mis clases, yo…

_____

2. Si mis amigos quieren acompañarme, nosotros…

_____

3. Si consigo un buen trabajo, yo…

_____

4. Si no hace buen tiempo, mis amigos…

_____

5. Si al final del verano tengo suficiente dinero, yo…

_____

E. Preparativos. Mañana es un día muy importante para el club de español. Varios estudiantes de Uruguay llegan para pasar unas semanas en tu escuela en un programa de intercambio. Diles a tus compañeros algunas cosas que vas a hacer esta noche para estar listo(a) para su llegada. Escribe por lo menos seis frases y usa diferentes maneras para expresar el futuro.

Modelo: *Mañana traigo un cartel para darles la bienvenida.*
Esta noche quisiera hacer un cartel.

1. _____
2. _____
3. _____
4. _____
5. _____
6. _____

F. Planes. Usando **el presente** de los verbos a continuación escribe una lista de los planes que tú y tus amigos tienen para el futuro. Tienes que decir por lo menos tres cosas que tú y ellos quieren hacer en el futuro. Puedes usar la lista a continuación y otras cosas que no estén en la lista.

querer / preferir / soñar con / pensar
ir a la universidad / viajar a todos los países hispanos
conocer al presidente / ser arquitecto, médico, etc.
pasar un verano en España, México, etc.
conseguir un trabajo / aprender a usar la computadora

Modelo: *Quiero pasar todo el verano en la playa.* o *Mis amigos quieren pasar el verano en las montañas.*

_____
_____
_____
_____
_____
_____
_____

G. ¡De vacaciones! Mañana tu familia sale de vacaciones y todos tienen varios quehaceres (*chores*) que terminar antes del viaje. Para que no haya problemas, tú escribes todo lo que tienen que hacer las diferentes personas de tu familia. Haz una lista de todas las cosas que van a hacer tú y los miembros de tu familia antes de salir. Usa las ideas a continuación y añade tres más. Trata de usar diferentes maneras para expresar **el futuro inmediato** (*pensar, esperar, tener ganas de, querer, quisiera*, etc. + *infinitivo*).

1. escoger la ropa apropiada

_____

2. hacer las maletas

_____

3. cancelar la entrega (*delivery*) del periódico

_____

4. llevar los perros a la casa del vecino

_____

5. llenar el tanque de gasolina del coche

_____

6. _____

7. _____

8. _____

Uses of the future perfect

The future perfect tense is used to express what will have happened by a certain date or time.

El lunes **habré terminado** la composición.   _On Monday I will have finished the composition._

It is also used to express probability or conjecture about the past.

¿Ya **habrán salido**?   _I wonder if they have already left._
Habrás leído la lista equivocada.   _You probably read the wrong list._

If you would like to review and/or practice the formation of the future perfect tense, go to p. 215.

Ejercicios

A. Para entonces...   Usa la información a continuación para escribir frases originales sobre lo que tú y otras personas habrán hecho para cierta fecha. Usa **el futuro perfecto**.

Modelo: Para esta tarde, yo…
         Para esta tarde, yo ya habré terminado mi experimento.

1. Para mañana, yo…

_____

2. Para el año 2025, mis amigos y yo…

_____

3. Para el fin del año, mis padres…

_____

4. Para la semana próxima, mi amigo(a)…

_____

5. Para el próximo junio, mis profesores…

_____

6. Para el año que viene, el presidente de los EE.UU…

_____

7. Para las próximas elecciones, los políticos…

_____

B. Posibles explicaciones. Expresa la razón por la cual las siguientes situaciones probablemente ocurrieron. Usa **el futuro perfecto** para expresar suposición.

> Modelo: Juan estuvo muy cansado ayer.
> *No habrá dormido bien anteanoche.*

1. Varios estudiantes no llegaron a tiempo hoy.

   _____

2. Gilberto no se encontró con su novia este fin de semana.

   _____

3. El maratón comenzó con dos horas de retraso.

   _____

4. El doctor no pudo hablar con mi abuelo.

   _____

5. Mis parientes se marcharon sin despedirse.

   _____

6. Tú no viste a tus padres en el centro comercial.

   _____

7. Los asistentes de vuelo dejaron sus maletas en el avión.

   _____

Uses of the subjunctive

In the previous unit, you reviewed the use of the subjunctive after verbs and expressions of volition. In this unit you will review other uses of the subjunctive.

The subjunctive after verbs and expressions of emotion, feeling, and judgment

The subjunctive is used after:

1. verbs and verbal expressions of emotion, feeling, and judgment, such as:

alegrarse de que	puede ser que	temer que
esperar que	sentir de	tener miedo de que
estar contento(a) (triste) de que	sorprenderse de que	valer la pena que
parece mentira que		

   Nos alegramos de que tu abuelo ya no **esté** enfermo.

   We are happy that your grandfather is no longer sick.

2. impersonal expressions which express emotion, feeling, and judgment, such as:

es absurdo que	es indispensable que	es probable que
es curioso que	es justo que	es ridículo que
es escandaloso que	es (una) lástima que	es sorprendente que
es imposible que	es posible que	es triste que
es increíble que	es preferible que	

   Es increíble que Antonio **corra** tan rápido.

   It is incredible that Antonio runs so quickly.

Remember that if the subject of both verbs is identical or the subject of both verbs is understood but not expressed (impersonal), the infinitive is used.

Espero dormir bien esta noche.   *I hope to sleep well tonight.*

Es absurdo enviar una carta cuando   *It is absurd to send a letter when there are fax*
hay máquinas de fax.   *machines.*

The subjunctive after expressions of doubt, denial, and uncertainty

The subjunctive is also used after verbs and expressions of doubt, denial, uncertainty, and negation, such as:

¿Creer que…?	dudar que	negar que
no creer que	no pensar que	es dudoso que
no estar seguro(a) de que		

¿Dudan Uds. que el equipo **pierda**   *Do you doubt that the team will lose the*
el campeonato?   *championship?*

Note that expressions which indicate certainty require the indicative:

es cierto que	es claro que	es evidente que
es obvio que	es seguro que	es verdad que
no hay duda de que	estar seguro(a) de que	

Es cierto que **lloverá** mañana.   *It is certain that it will rain tomorrow.*
Es obvio que él no **sabe** lo que dice.   *It is obvious that he doesn't know what he is saying.*

Ejercicios

A. Cuando sea presidente… Te han elegido presidente del consejo estudiantil para el año próximo. Expresa algunas de tus esperanzas y sentimientos sobre lo que pasará mientras seas presidente. Usa los verbos y expresiones a continuación para expresar tus ideas. Tienes que escoger entre **el indicativo** y **el subjuntivo**.

1. Me sorprende que…

    _____

2. No creo que…

    _____

3. Es justo que…

    _____

4. Es probable que…

    _____

5. Me alegro de que…

    _____

6. Es cierto que…

    _____

7. Dudo que…

_____

8. No hay duda de que…

_____

9. Es obvio que…

_____

10. No pienso…

_____

B. El próximo capítulo.   Acabas de ver un capítulo de una telenovela en la televisión. Como esta novela continúa cada semana, siempre dejan al televidente en suspenso. He aquí lo que sucede:

El señor Mirabal acaba de enterarse de que su esposa está encinta. Él ha estado un poco enojado con ella porque su suegra siempre está metida (_meddling_) en sus asuntos. La suegra piensa que él no es un hombre digno del amor de su hija. El señor Mirabal y su esposa pensaban mudarse a otra ciudad lejos de su suegra. El señor Mirabal ya tenía un trabajo en una nueva compañía pero su socio de negocios lo ha acusado de haber robado dinero de la compañía.

¿Qué sucederá? Usa los verbos a continuación para expresar tus emociones, dudas, y opiniones sobre lo que sucede o va a suceder.

1. Dudo que…

_____

2. No creo que…

_____

3. No pienso…

_____

4. Me alegro de que…

_____

5. Puede ser que…

_____

6. Es (una) lástima que…

_____

7. Parece mentira que…

_____

8. Es absurdo que…

_____

C. Inseguridades. Vas a participar en una competencia académica. Te sientes un poco nervioso(a) y estás preocupado(a). Usa los verbos a continuación para escribir cinco preguntas que les harás a tus compañeros para ver si ellos tienen confianza en ti.

no creer / dudar / no creer / no pensar / negar

Modelo: *¿No crees que yo pueda ganar?*

1. _____
2. _____
3. _____
4. _____
5. _____

Ahora, hazle las preguntas a uno de tus compañeros y escribe sus respuestas.

Modelo: *¿No crees que yo pueda ganar?*
Claro, estás muy bien preparado. Dudo que pierdas.

1. _____
2. _____
3. _____
4. _____
5. _____

D. Una reunión familiar. ¿Cómo te sientes después de haber pasado algún tiempo con muchos de tus familiares? Imagina que acabas de pasar un fin de semana con muchos parientes que no habías visto por mucho tiempo. Usa los verbos y expresiones a continuación para expresar tus sentimientos sobre la reunión familiar. Tienes que decidir entre **el indicativo** y **el subjuntivo**.

1. Yo me alegro de que…

_____

2. Es obvio que…

_____

3. Es curioso que…

_____

4. Nos sorprende que…

_____

5. Tengo miedo de que…

_____

6. Estamos contentos de que…

_____

7. Siento que…

_____

8. Estoy seguro de que…

_____

The subjunctive after certain conjunctions

1. The following conjunctions always require the subjunctive:

   a condición de que (*provided that*) a no ser que (*unless*) en caso de que (*in case that*)
   a fin de que (*so that, in order that*) antes de que (*before*) para que (*so that, in order that*)
   a menos que (*unless*) con tal (de) que (*provided that*) sin que (*without*)

   Te lo prestaré **con tal que** me lo **devuelvas**   *I will lend it to you provided that you return it to*
   en buena condición.   *me in good condition.*

   Santiago va con Celia **a no ser** que ella   *Santiago is going with Celia unless she doesn't want*
   no **quiera** ir con él.   *to go with him.*

   Remember that the prepositions *antes de, para,* and *sin* are followed by the infinitive when
   there is no change of subject.

   Antes de salir, llamaré a Juan.   *Before leaving, I will call Juan.*

2. The following conjunctions can be used with either the indicative or the subjunctive.

   de manera que (*so, so that*) tan pronto como (*as soon as*) hasta que (*until*)
   de modo que (*so, so that*) así que (*as soon as*) cuando (*when*)
   mientras que (*while*) después (de) que (*after*) una vez que (*once*)
   en cuanto (*as soon as*) luego que (*as soon as*) cada vez que (*each time that*)

   They require:

   • the subjunctive if the subsequent action or event has not yet occurred.

   • the indicative if the action or event has already occurred or is customary.

   Iremos **en cuanto lleguen** los otros invitados.   *We will go as soon as the other guests arrive.*

   But:

   Fuimos **en cuanto llegaron** los otros   *We went as soon as the other guests arrived.*
   invitados.

   Cuando llegues te daré el dinero.   *When you arrive, I will give you the money.*
   But:
   Cuando llega, le doy el dinero.   *When he arrives, I give him the money.*

3. *Aunque* can be used with both the indicative and the subjunctive. It requires the subjunctive
   when the subsequent clause refers to a hypothetical event or situation, unknown or unclear
   to the speaker. (In this case, *aunque* is translated as *even if*.)

   Aunque sea caro, me gusta.   *Even if it is expensive (and it may be), I like it. (I*
   (no sé si es caro o no)   *don't know if it is expensive or not.)*

   It requires the indicative when it refers to a factual event or situation. (In this case, *aunque* is
   translated as *even though* or *although*.)

   Aunque es caro, me gusta. (sé que es caro)   *Although it is expensive, I like it. (I know it is*
   expensive.)

Ejercicios

A. En clase.   Un profesor de Chile ha venido a visitar tu escuela. Mientras caminan por los pasillos
tú haces algunas observaciones sobre la escuela. Usa el subjuntivo para expresar una conclusión lógica
pero que sea una suposición.

1. El Sr. Vega explica la lección despacio de modo que…

   _____

2. Los estudiantes siempre hablan entre sí antes de que…

   _____

3. Esos estudiantes allí están repasando sus apuntes en caso de que…

   _____

4. Siempre hay tarea a menos que…

   _____

5. Los consejeros permiten algunos cambios en el programa de estudios con tal que…

   _____

6. Yo siempre traigo mi calculadora para que…

   _____

B. Condiciones y más condiciones.
Usa las expresiones a continuación para expresar las condiciones que hay que cumplir para llevar a cabo las ideas expresadas en las frases incompletas.

una vez que / cuando / después de que / en cuanto / luego que / tan pronto como / a condición de que / a menos que

Modelo: Yo podré ir al Ecuador…
       Yo podré ir al Ecuador una vez que saque mejores notas.

1. Mis padres me regalarán un coche…

   _____

2. Saldré mejor en mis clases…

   _____

3. Trataré de conseguir mi licencia de conducir…

   _____

4. Actuaré en la obra de teatro de la escuela…

   _____

5. Comeré en la cafetería de la escuela…

   _____

6. Devolveré los libros a la biblioteca a tiempo…

   _____

7. Mantendré mi cuarto limpio…

   _____

8. Ayudaré con los quehaceres de la casa…

   _____

C. Contratiempos (Setbacks). La vida está llena de contratiempos. Para enfrentarnos a ellos debemos actuar con madurez. ¿Qué harás en las siguientes situaciones? Escribe tres frases para cada situación y trata de usar el presente de subjuntivo en por lo menos una de las frases. Usa las siguientes expresiones para expresar tus ideas. Sigue el modelo.

a no ser que / antes de que / mientras / hasta que / de manera que / de modo que / tal vez / aunque / como / quizás / donde

Modelo: Tienes que terminar un libro para la clase del lunes.
Llamaré a mis amigos tan pronto como haya leído el último capítulo.
Aunque me inviten, no saldré el viernes por la noche.
Me quedaré en casa el domingo a menos que haya terminado el libro.

1. Acabas de enterarte de que tu novio(a) no quiere salir más contigo.

_____

_____

_____

2. El/La profesor(a) acaba de anunciar otro examen que no esperabas.

_____

_____

_____

3. El doctor acaba de decirte que pesas más de lo que debes.

_____

_____

_____

4. Uno(a) de tus primos(as) va a pasar unos meses en tu casa y tú vas a tener que compartir el cuarto con él/ella.

_____

_____

_____

5. El viaje que habías planeado por mucho tiempo ha sido cancelado por la agencia de viajes.

_____

_____

_____

D. En mi opinión. Completa las siguientes declaraciones dando dos terminaciones lógicas a las frases.

Modelo: El crimen no disminuirá mientras que…
El crimen no disminuirá mientras que el alcalde no pague más a los policías y mientras que los criminales no reciban un castigo adecuado.

1. No habrá paz en el mundo hasta que…

_____

_____

2. Tal vez encuentren una cura para el SIDA cuando…

_____

_____

3. Habrá personas sin casa a no ser que…

_____

_____

4. Necesitamos más cárceles a menos que…

_____

_____

5. Se acabará el racismo en cuanto…

_____

_____

6. No se acabará el tráfico de drogas sin que…

_____

_____

7. Tendremos servicio militar obligatorio para que…

_____

_____

8. Seguirá la corrupción en el gobierno mientras…

_____

_____

The subjunctive in relative clauses

1. The subjunctive is used after a relative pronoun (usually *que*) when the clause the pronoun introduces:

   - refers to a person, place, or thing which may not exist or may not be found.

     Necesitas un libro que lo **explique**.　　*You need a book that explains it.*

     Busco una chica que **conozca** este　　*I am looking for a girl who knows this computer*
     programa para la computadora.　　　*program.*

     (Note that the personal *a* is omitted. However, when the pronouns *alguien, nadie, alguno(a, os, as)* and *ninguno(a)* (when referring to people) are the direct object, the personal *a* is required.)

   - refers to a negative antecedent such as *nadie, nada,* or *ninguno.*

     No conozco a nadie que **sepa** hablar　　*I don't know anyone who knows how to speak*
     esperanto.　　　*Esperanto.*

     No hay ningún estudiante que **pueda**　　*There is no student who can solve the problem.*
     resolver el problema.

2. The indicative is used after a relative pronoun when the clause the pronoun introduces refers to a person, place, or thing which definitely exists.

Look at the following examples carefully:

Alejandro busca una computadora que no **cueste** mucho.

Alejandro is looking for a computer that doesn't cost much.

Elena tiene una computadora que **costó** poco.

Elena has a computer that cost very little.

¿Hay alguien que **tenga** un bolígrafo?

Is there someone who has a ballpoint pen?

Sí, hay alguien que **tiene** un bolígrafo.

Yes, there is someone who has a ballpoint pen.

Note that in the first sentence of each pair above, the existence of the antecedent is in question and, therefore, the subjunctive is used. In the second sentence of each pair, the speaker affirms that there is such an object or person, so the indicative is used.

Other uses of the subjunctive

1. The ending *–quiera* can be added to certain words to form indefinite expressions known as *–quiera* compounds. Some important ones are:

adondequiera (*to wherever*)   cuandoquiera (*whenever*)
comoquiera (*however*)   dondequiera (*wherever*)
cualquier, cualquiera, cualesquiera (*whatever, whichever*)   quienquiera, quienesquiera (*whoever*)

These compounds are followed by the subjunctive if uncertainty is implied and by the indicative if referring to something known.

Yo compraré cualquier coche que me **guste**.

I will buy whatever car I like.

But:

Samuel compra cualquier coche que le **gusta**.

Samuel buys whatever car he likes.

Rogelio almorzará con quienquiera que lo **invite**.

Rogelio will have lunch with whoever invites him.

But:

Pedro almorzaba con quienquiera que lo **invitaba**.

Pedro used have lunch with whoever invited him.

Comoquiera que tú te **vistas**, lucirás bien.

However you dress, you will look good.

But:

Comoquiera que ella **se vestía**, lucía bien.

However she dressed, she looked good.

2. The subjunctive is used in the construction:

por + adjective or adverb + *que* + subjunctive

Por difícil que sea el examen, saldré bien.

No matter how difficult the exam may be, I will do well.

Por rápido que él corra, no ganará el maratón.

No matter how fast he runs, he will not win the marathon.

3. The subjunctive is also used in the following construction:

subjunctive + *lo que* + subjunctive

Venga lo que venga, le daré la bienvenida.   *No matter what comes (Come what may), I will welcome him.*

Diga lo que diga, no le haré caso.   *No matter what he says, I will not pay attention to him.*

4. *Tal vez, quizás, a lo mejor,* and *posiblemente* can be followed by either the indicative or the subjunctive depending on the degree of certainty of the statement.

Tal vez llueva hoy.   *Perhaps it will rain today.*
  (more doubtful → subjunctive)

Tal vez lloverá hoy.   *Perhaps it will rain today.*
  (less doubtful → indicative)

Ejercicios

A. No hay nadie que...   Lee las siguientes situaciones o preguntas. Luego, usa la información para completar las frases de una manera lógica.

1. La profesora de baile necesita bailarines de tango.
   No hay nadie que…

   _____

2. ¿Quién sabe traducir al francés?
   No encuentran a nadie que…

   _____

3. Miguel, tú bebes más leche que ninguna otra persona.
   No conocemos a nadie…

   _____

4. Mi padre cocina muy bien.
   No hay nadie que…

   _____

5. ¿Quién me puede ayudar con la fiesta?
   No conozco a nadie…

   _____

B. Cosas que desconozco. Piensa en algunas cosas o ciertas personas que necesitas o que buscas. Luego, escribe cinco frases expresando las ideas. Usa el modelo como guía.

Modelo: *Busco a alguien que comprenda geometría.*

o

Necesito un libro que explique bien la geometría.

1. _____
2. _____
3. _____
4. _____
5. _____

C. ¿Qué buscan? Imagina que trabajas para una agencia de empleos y que necesitas escribir anuncios para los puestos que aparecen a continuación. Describe detalladamente el tipo de persona que buscas y los requisitos que tienen que tener para el puesto.

Modelo: Médico(a)

Busco un médico o una médica que haya estudiado pediatría. Es necesario que le gusten los niños. Exigimos que trabaje los fines de semana.

1. Secretario(a)

_____
_____
_____

2. Arquitecto(a)

_____
_____
_____

3. Profesor(a)

_____
_____
_____

4. Policía

_____
_____
_____

5. Biólogo(a)

_____
_____
_____

6. Taxista

_____

_____

_____

7. Consejero(a)

_____

_____

_____

8. Periodista

_____

_____

_____

Ahora escoge otras dos ocupaciones o profesiones de tu gusto y escribe un anuncio para cada una.

9. _____

_____

_____

_____

10. _____

_____

_____

_____

D. Un semestre en mi ciudad.

Una de tus amigas va a pasarse un semestre estudiando en la ciudad donde vives. Completa las frases a continuación de una manera lógica y original con información acerca de la ciudad donde vives.

1. En _____ lo pasas bien adondequiera que…

_____

2. Si necesitas ayuda, le puedes preguntar a quienquiera que…

_____

3. Generalmente aceptan tarjetas de crédito en cualquier restaurante que…

_____

4. Te sentirás muy a gusto dondequiera que…

_____

E. Problemas de un político. Uno de los políticos en tu comunidad ha tenido muchos problemas últimamente. Lee las situaciones y luego, escribe una frase expresando tu opinión. Usa la construcción *por* + *adjetivo* o *adverbio* + *que* + *subjuntivo* en tus respuestas.

Modelo: El Sr. Jiménez no tiene suficiente dinero para la campaña electoral.
Por mucho que pida, los ciudadanos no contribuirán a su campaña.
o
Por bueno que sea, no merece más dinero.

1. Han acusado al Sr. Jiménez de un desfalco (*embezzlement*).

   _____

2. El partido al cual pertenece no lo ha apoyado.

   _____

3. Su familia no aparece con él en sus discursos.

   _____

4. El crimen no ha disminuido en su distrito.

   _____

5. No ha estado presente en muchas de las votaciones importantes.

   _____

6. No ha establecido una posición específica sobre sus ideas.

   _____

Ejercicios de resumen

A. Resultados. Imagina que te encuentras en las siguientes situaciones. Combina las siguientes frases usando las conjunciones entre paréntesis para expresar el resultado o lo que harás.

Modelo: Yo prepararé la cena. Mis parientes vienen.
(en caso de que)
Yo prepararé las cena en caso de que mis parientes vengan.

1. Te voy a prestar el libro. Lo necesitas. (cuando)

   _____

2. Cómete el sándwich. El profesor regresa. (antes de que)

   _____

3. Pasa por mi casa. Tú terminas el examen. (después de que)

   _____

4. Visitaré Barcelona. Tengo dinero. (tan pronto como)

   _____

5. Me pondré las botas. Empieza a llover. (luego que)

   _____

6. No te molestaré. Tú estás con tus amigos. (mientras que)

   _____

7. Siéntate aquí. Puedes ver mejor. (de modo que)

8. Te llamaré. Yo llego a mi casa. (en cuanto)

9. Quédate en la esquina. Nosotros regresamos. (hasta que)

10. La saludaré. La veo. (cada vez que)

B. Respuestas.

Imagina que escuchas las siguientes preguntas pero las personas que responden no las contestan completamente. Ayúdalas usando tu creatividad y termínalas de una manera original.

1. —¿Le escribirás una carta a tu tía?
   —Sí, se la escribiré a menos que ella…

2. —¿Saldrás de la escuela temprano?
   —Sí, saldré sin que el director…

3. —¿Van a buscar Uds. una casa nueva?
   —Sí, la vamos a buscar a fin de que…

4. —¿Vas a recoger la ropa en la tintorería?
   —Sí, la voy a recoger antes de que mi padre…

5. —¿Por qué vas a acompañar a tu madre al consultorio del médico?
   —Voy a acompañarla para que ella…

6. —¿Te darán el préstamo?
   —Claro, me lo darán con tal de que yo…

7. —¿Vas a poner un anuncio en el periódico?
   —Sí, lo voy a poner a no ser que tú…

8. —¿Por qué cierras las ventanas?
   —Las cierro en caso de que…

9. —¿Dónde pondrás los juguetes?
   —En el armario, sin que mi hermanito…

10. —¿Por qué no me dan las llaves del coche?
    —Te las damos a condición de que tú…

C. ¿Indicativo o subjuntivo?   Conjuga los verbos entre paréntesis. Presta mucha atención al contexto pues tendrás que escoger entre **el indicativo** o **el subjuntivo**.

1. Cuando yo _____ (salir) con él, él siempre paga por todo.

2. ¿Dudas que ellos no _____ (querer) dormir en ese hotel?

3. Niega que nosotros _____ (haber) estado presentes.

4. Aquí está la cuchara para que él _____ (servir) el postre.

5. Sabía que yo estaba enfermo, así que ella _____ (venir) a verme.

6. Temen que yo _____ (preferir) quedarme en Bolivia.

7. Llámeme en cuanto Ud. _____ (salir) de la reunión.

8. Es obvio que Uds. no _____ (enterarse) hasta hoy.

9. Te diré lo que pasó luego que me _____ (decir) por qué te interesa tanto.

10. Les sorprende que nosotros _____ (dormir) en el piso.

11. Siento que tus padres no _____ (ser) más pacientes.

12. Se ha alegrado de que tú _____ (haber) llamado.

13. Terminé la tarea mientras que él _____ (mirar) la televisión.

14. ¿Por qué no me llamas mientras que _____ (estar-tú) en la oficina?

15. Los esperaré en la puerta hasta que Uds. _____ (regresar).

D. Situaciones.   Lee las siguientes selecciones y complétalas con la forma correcta del verbo entre paréntesis. Presta atención al contexto. Puedes usar **el presente de subjuntivo**, **el mandato**, **el infinitivo** o **el presente de indicativo**.

1. Javier se despide de su esposa en el aeropuerto. Ella sale en un viaje de negocios.

   —Por favor, llámame en cuanto _____ (llegar-tú)

   —Pero Daniel, es posible que no _____ (conseguir-yo) un taxi inmediatamente.

   —No importa. No voy a _____ (estar-yo) dormido a esa hora.

   —Bueno, también puede ser que el avión _____ (llegar) retrasado.

   —No _____ (preocuparse-tú). Esperaré tu llamada.

   —¿Tienes miedo de que yo _____ (olvidarse) de ti en sólo unas horas?

   —No, no es eso. Yo _____ (querer) estar seguro de que llegaste bien.

2. Simón ayuda a su amigo José en la oficina donde trabaja. Él reparte el correo y limpia las oficinas.

   —¿No crees que _____ (haber) demasiados paquetes en ese carrito?

   —No. Es muy fuerte. Además es preferible que _____ (entregar-nosotros) todo esta tarde.

   —Está bien. Te ayudaré con tal de que _____ (ir-nosotros) a cenar después de _____ (terminar).

   —De acuerdo. Iremos una vez que _____ (limpiar-yo) la oficina.

   —Parece mentira que te _____ (pagar-ellos) tan poco. No _____ (deber-tú) trabajar tanto.

3. Tomás y Zoila hablan sobre su amiga Olga. Aparentemente Olga tiene dudas y no sabe si va a continuar sus estudios.

—¿Sabes lo que _____ (andar-ellos) diciendo de Olga?

—Sí. Dicen que ahora no _____ (querer-ella) ir a la universidad.

—Parece que _____ (querer-ella) viajar por un año antes de seguir sus estudios.

—Es triste que ella _____ (perder) un año sin _____ (estudiar); a

no ser que _____ (cambiar-ella) sus planes y _____ (decidir-ella)

quedarse aquí.

—¿Por qué no vamos a visitarla en caso de que _____ (necesitar-ella) un poco de

apoyo?

—Tienes razón. Vamos antes de que _____ (regresar) sus padres del trabajo. Así

podemos hablar con más libertad.

4. Antonio y Juan quieren salir a dar una vuelta por el centro pero Antonio no quiere que su hermanito Paquito vaya con ellos.

—Oye, vamos a salir antes de que Paquito nos _____ (ver).

—¿Es que no quieres que _____ (ir-él) con nosotros?

—Claro. Siempre que _____ (salir-yo), quiere ir conmigo y aunque es mi herma-

nito yo _____ (necesitar) estar con mis amigos de vez en cuando.

—¿Por qué no llamas al hijo de tu vecina para que _____ (jugar-él) con él?

—Ay no. Temo que los dos _____ (empezar) a destruir la casa. Ese chico

revuelve todo cada vez que _____ (venir-él) aquí.

—En ese caso, invítalo a condición de que _____ (entretenerse-ellos) jugando con

sus juguetes.

—Buena idea. Vale la pena que yo _____ (tratar) de resolver este problema de

alguna manera.

5. Ricardo habla con su novia. Ella se queja porque él no la ha visitado en una semana.

—Es escandaloso que no _____ (haber-tú) venido a visitarme en una semana.

—Es que no quiero _____ (venir) sin que tú me _____ (llamar).

—Lo siento, pero pensé que habíamos quedado en que tú vendrías el martes pasado.

—Claro, pero también hemos decidido que yo no _____ (venir) a menos que tú

me _____ (llamar) para decirme cuándo vas a estar en casa.

—Bueno, ya estás aquí, así que ¡_____ (tratar-nosotros) de divertirnos!

E. Una carta corta. La abuela de Diego le escribe una carta porque él está visitando a unos amigos de la familia y ella le ha enviado un regalo a la señora donde está Diego. Complétala con la forma correcta de los verbos entre paréntesis. Presta atención al contexto y escoge entre **el presente de subjuntivo** o **el presente de indicativo**. Usa **el presente perfecto de subjuntivo** en el primer espacio.

Querido Mario,

Acabo de recibir tu carta. Me sorprende que la señora Núñez no _____ (estar) esperándote en el aeropuerto. Estoy segura de que ella _____ (tener) una buena excusa. Tan pronto como _____ (recibir-tú) mi paquete dale el regalo a ella, a menos que _____ (pensar-tú) que es mejor esperar hasta el día de su cumpleaños. Siento que nosotros no _____ (poder) estar allí con ella. Tu padre _____ (tener) mucho trabajo y yo temo que él no _____ (terminar) el informe que está escribiendo. Me alegro de que tú _____ (estar) en esa casa donde _____ (ir-ellos) a tratarte muy bien. Puedes quedarte allí hasta que tus primos _____ (llegar). Ellos regresan el 21 de este mes, así que haz todo lo posible por divertirte, a no ser que _____ (tener-tú) demasiado trabajo, aunque lo dudo.

Te envío cien dólares a fin de que _____ (visitar) algunos lugares de interés. En caso de que te _____ (hacer) falta más dinero, llámame y te enviaré más. Te lo enviaré sin que tu padre lo _____ (saber) pues de vez en cuando se pone furioso porque piensa que tú _____ (deber) estar trabajando.

Un fuerte abrazo,

Tata

En conclusión...

[Some of these exercises can be done orally after students have had time to prepare and write notes for presentation to the rest of the class.]

Los siguientes ejercicios han sido diseñados para que pongas en práctica los conceptos que has aprendido en esta unidad. Cuando no hay información específica sobre cuánto debes escribir o hablar, se espera que escribas ensayos de unas 200 palabras como mínimo. Si es una presentación oral, debes prepararte para hablar por unos dos o tres minutos.

A. Planes para el futuro. Usa los verbos *querer, preferir, pensar* y *soñar con* para expresar cuáles son tus planes para el futuro. Una vez que hayas hecho tu lista, pregúntale a uno de tus compañeros de clase sobre lo que escribió y toma apuntes para que puedas darle la información al resto de la clase.

B. El futuro del mundo.

Muchas personas se sienten un poco pesimistas acerca del futuro del mundo. ¿Qué opinas tú? ¿Cómo será el mundo del siglo XXI? ¿Qué cambios habrá? ¿Qué habremos hecho para entonces? Escribe una composición de unas 200 palabras expresando tus opiniones sobre este tema. Sigue el siguiente esquema para organizar tus ideas.

1. Expresa tu tesis. (Usa el futuro y el futuro perfecto.)

2. Explica lo que dudas que suceda. (Usa las siguientes expresiones y el subjuntivo.)
   temer que / es imposible que / no estoy seguro(a) de que / es dudoso que

3. Explica tus sentimientos acerca de las ideas en el párrafo anterior. (Usa las siguientes expresiones y el subjuntivo)
   vale la pena que / alegrarse de que / parece mentira que / es posible que / es escandaloso que

4. Resume tus ideas.

C. La juventud del futuro.

Escribe una composición de unas 200 palabras en la que expliques cómo piensas que actuarán los jóvenes en el futuro. Aquí tienes algunas palabras que te ayudarán con tu composición:

Sustantivos

las metas (*the goals*)   el porvenir (*the future*)

Verbos y expresiones

alcanzar (*to achieve*)   obtener (*to obtain*)
desarrollar (*to develop*)   superar (*to overcome*)
estar dispuesto(a) a (*to be ready to*)

D. Situaciones.

Mira los dibujos a continuación. Una vez que hayas pensado en la situación, termina las frases expresando tus ideas acerca de la situación.

1.

Modelo: Temo que…
          Temo que los chicos no hayan ido a la escuela.
          Dudo que…
          Dudo que no se ensucien la ropa.

Es probable que sus padres…

_____

Nosotros tememos que los chicos…

_____

Es evidente que después de jugar ellos…

_____

2.

Siento que el chico…

_____

¿Crees que sus amigos…

_____?

Es una lástima que él…

_____

3.

Parece mentira que alguien…

_____

Pienso que la chica no podrá dormir esta noche a menos que…

_____

Ella no perdonará a la persona que le envió el paquete por chistosa que…

_____

4.

Los marcianos buscan seres humanos que…

_____

¿Hay alguien que…

_____?

No hay duda de que ellos…

_____

5.

Estoy seguro(a) de que los padres…

_____

Los chicos seguirán peleando (*fighting*) hasta que…

_____

Los padres deben parar el coche antes de que…

_____

6.

Me sorprende que el chico…

_____

Es cierto que en algunas ciudades grandes…

_____

No hay basureros de manera que la gente…

_____

7.

Los amigos del chico deben hablar con él cada vez que él…

_____

Es triste que tantos jóvenes…

_____

Me alegro de que las leyes…

_____

8.

Es obvio que ese señor...

_____

Le va a doler dondequiera que él...

_____

Él debe regresar a su casa tan pronto como...

_____

E. Aprensiones.
Ya pronto asistirás a la universidad. Escribe un párrafo en el que expliques algunas de las aprensiones que tienes sobre tu nueva vida allí. Usa por lo menos seis de las expresiones a continuación para expresar tus ideas.

esperar que / tener miedo de que / es probable que / no pensar que / es cierto que / no creer que / es (una) lástima que / dudar que / es evidente que

F. Los cambios en mi comunidad.
Muchas comunidades en los Estados Unidos han pasado por un sinnúmero de cambios. Algunos cambios son positivos pero otros no. ¿Qué opinión tienes de tu comunidad? Escribe dos párrafos en los que expliques tus opiniones. Usa las expresiones a continuación para expresar tus ideas.

sentir que / sorprenderse que / (no) es justo que / no estar seguro(a) de que / no hay duda de que / es preferible que / es absurdo que / dudar que

G. Mis expectativas.
¿Qué esperas de ti mismo(a)? ¿Has pensado en lo que quieres ser o en lo que quieres hacer en el futuro? Escribe un párrafo en el que expliques lo que esperas ser o estar haciendo en unos diez años. Usa las expresiones a continuación para expresar tus ideas.

es posible que / esperar que / es dudoso que / es seguro que / negar que / es verdad que

Sin rodeos...

You will now listen to a series of questions in which you are asked about your plans for the future and your opinions about the future. You will hear each question twice. You will have 20 seconds to respond as fully as possible. Listen to the first question . . .

En escena

Los dibujos en la próxima página representan un cuento. En tus propias palabras, describe en detalle lo que sucede. Usa el vocabulario y las preguntas a continuación como guía pero recuerda que debes usar tu imaginación y añadir cualquier información que creas necesaria.

Vocabulario y guía

Estudia la siguiente lista de vocabulario antes de comenzar la descripción. Puedes añadir otras palabras o expresiones que te parezcan necesarias.

Sustantivos

el accidente nuclear (*the nuclear accident*)
la contaminación (*the pollution*)
el marciano (*the Martian*)
el medio ambiente (*the environment*)
la nave espacial (*the spaceship*)

el OVNI (Objeto Volador No Identificado) (*the UFO*)
el planeta (*the planet*)
la semilla (*the seed*)
a soledad (*the solitude, loneliness*)
la tierra (*the Earth*)

Adjetivos

abandonado (*abandoned*)
desierto (*deserted*)

destruido (*destroyed*)
roto (*broken*)

Verbos y expresiones

asustarse (*to get scared*)
aterrizar (*to land*)
echar de menos (*to miss*)

llevar a cabo (*to carry out*)
sembrar (*to plant*)
volar (*to fly*)

Las siguientes preguntas e instrucciones te van a ayudar a narrar el cuento. Estas preguntas son sólo una guía. Puedes usar cualquier otra idea que quieras.

1. ¿Quiénes son las personas en el dibujo? ¿Cómo van vestidos? ¿Qué miran? Describe lo que ven a su alrededor. En tu opinión, ¿qué temen?

2. ¿Dónde se encuentran ahora? ¿Qué habrá pasado? En tu opinión, ¿qué sentirán ellos? ¿Cuáles son algunas de las emociones que sientes tú?

3. De repente… ¿qué sucede? ¿qué ven? ¿Quiénes vienen? ¿De dónde vendrán?

4. ¿Quiénes bajan de la nave espacial? ¿Qué buscan? ¿Qué es sorprendente? ¿Qué pasará tan pronto como los chicos entren en la nave espacial? ¿Se quedarán adentro por mucho tiempo? ¿Irán a algún lugar?

5. Después de un largo viaje… ¿Adónde llegaron? ¿Dónde parecen estar?

6. Unos meses después… ¿Cómo van vestidos los chicos ahora? ¿Qué hacen? ¿Qué sucederá en el futuro? Usa tres de las siguientes expresiones para expresar otras ideas.

para que	alegrarse de	en caso de que
tan pronto como	parece mentira que	una vez que

1

2

3

4

5

6

La narración y la descripción en el futuro: cómo expresar emoción, duda, negación, probabilidad o conjetura

El futuro

The future

The future in Spanish is formed with the infinitive and the following endings: *–é, –ás, –á, –emos, –éis, –án*

escuchar		**ser**		**aplaudir**	
escuchar**é**	escuchar**emos**	ser**é**	ser**emos**	aplaudir**é**	aplaudir**emos**
escuchar**ás**	escuchar**éis**	ser**ás**	ser**éis**	aplaudir**ás**	aplaudir**éis**
escuchar**á**	escuchar**án**	ser**á**	ser**án**	aplaudir**á**	aplaudir**án**

These endings are also added to the irregular stems of the following verbs:

caber:	**cabr–**	poder:	**podr–**	salir:	**saldr–**
decir:	**dir–**	poner:	**pondr–**	tener:	**tendr–**
haber:	**habr–**	querer:	**querr–**	valer:	**valdr–**
hacer:	**har–**	saber:	**sabr–**	venir:	**vendr–**

Ejercicios

A. Cambios. Hugo y sus colegas están muy emocionados porque el jefe de la organización donde trabajan les va a permitir asistir a una conferencia. Completa las frases con la forma correcta del verbo en **el futuro**. Luego, sustituye el sujeto en itálica por los sujetos entre paréntesis.

1. *El Sr. Iglesias* nos _____ (decir) el día de la conferencia. (ellos/ella/tú/Eduardo)

2. *Josefina Morales* _____ (dar) el discurso de bienvenida. (nosotros/él/ellas/yo)

3. *Carlota* no _____ (poder) venir con nosotros. (tú/Uds./ella/Ud.)

4. ¿Cuánto _____ (valer) *los cuartos* en el hotel? (el billete por avión/los billetes de tren/la matrícula)

5. *Cristóbal* _____ (llegar) mañana temprano. (yo/nosotros/Uds./Teresa y Clara)

6. *Nosotros* _____ (asistir) a la conferencia todo el fin de semana. (ella/yo/tú/ellos)

7. ¿Cuándo _____ (saber) *Uds.* si aceptaron la propuesta? (tú/yo/nosotros/ella)

8. *Nosotros* no _____ (ir) si Oscar no va. (él/yo/tú/ellas)

9. Algún día *él* _____ (hacer) las reservaciones. (yo/nosotros/tú/ellos)

10. *Yo* _____ (quejarse) si no vamos todos. (tú/ellos/nosotros/él)

B. Suposiciones. Muchas personas hacen suposiciones constantemente. Completa las siguientes frases para expresar lo que la gente dirá en estas situaciones. Usa **el futuro** para expresar conjetura o suposición.

1. Es el teléfono. ¿Quién _____ (llamar) a esta hora de la noche?

2. Pablo no está en clase hoy. ¿_____ (Estar) enfermo?

3. Nos faltan muchas respuestas. ¿Cuándo _____ (venir) a ayudarnos el profesor?

4. Ya es tarde y hay mucha gente en la cola (*on line*) para ver la película. No _____ (tener-ellos) entradas disponibles (*available*).

5. Es una elección importante. ¿_____ (Haber) muchos candidatos para el puesto?

6. Hace horas que trabajamos y no tengo reloj. ¿Qué hora _____ (ser)?

C. Conclusiones. A las siguientes frases les hace falta una conclusión. Expresa lo que harán o no harán las siguientes personas en estas situaciones. Usa **el futuro** de los verbos entre paréntesis.

1. La hermana de Gerardo rompió su videocasetera. Es necesario comprar una nueva.

   Si cuesta mucho yo no la _____ (comprar).

   Mis padres _____ (usar) su tarjeta de crédito.

   Ellos _____ (buscar) otro modelo.

   Si no encuentran una barata mi hermana _____ (componer) el modelo viejo.

2. Uds. tienen planeadas varias actividades para el fin de semana.

   Si llueve nosotros no _____ (jugar).

   Yo _____ (ir) al cine.

   Tú _____ (quedarse) en casa.

   Los niños _____ (hacer) la tarea.

3. Tú estás de vacaciones con tu familia y varios amigos y quieres visitar varios lugares antes de regresar a casa, pero hoy es el último día que vas a pasar en México.

Si hay tiempo mis padres _____ (querer) visitar las ruinas.

Nosotros _____ (ir) al Museo de Antropología.

Uds. _____ (poder) visitar Teotihuacán.

Mi amigo Pablo _____ (correr) por el Zócalo.

4. Un grupo de estudiantes quiere empezar un programa de ayuda para las personas que necesitan vivienda.

Si todos los estudiantes no pueden ayudar nosotros _____ (invitar) a otros.

Si ellos piensan que no es una buena idea Ud. _____ (tener) que encontrar otra solución.

El director cree que _____ (valer) la pena empezar el proyecto. _____ (Ser) mucho más difícil si no tenemos el apoyo de todos.

El futuro perfecto

The future perfect is composed of the future forms of the verb *haber* plus the past participle.

habré			habremos	
habrás	+ past participle		habréis	+ past participle
habrá			habrán	

¿Habrán empezado Uds. para el anochecer?   *Will you have started by nightfall?*
Claro, **habremos terminado** el trabajo   *Of course, we will have finished the work by then.*
  para entonces.

If you need to review the formation of the past participles, go to p. 48.

Ejercicios

A. Para entonces.   Completa las frases para expresar lo que tú y las siguientes personas habrán hecho para cierta fecha. Usa **el futuro perfecto** de los verbos. Luego, sustituye los sujetos en itálica por los sujetos entre paréntesis.

1. *Yo* _____ (escribir) el informe para mañana. (ellas/nosotros/tú/él)

2. *Mis amigos y yo* _____ (graduarse) de la universidad para el año 2025. (Uds./ellas/tú/yo)

3. *Mis padres* _____ (resolver) los problemas económicos para fin de año. (él/yo/Uds./nosotros)

4. *Mi hermano* _____ (descubrir) la verdad para la semana próxima. (nosotros/tú/ella/Ud.)

5. *El director* _____ (imponer) más reglas a los muchachos para el año próximo. (Uds./ellos/Ud./él)

6. *El Presidente de los Estados Unidos* _____ (proponer) muchas leyes nuevas. (ellos/nosotros/tú/Uds.)

7. *Los políticos* _____ (solucionar) muchos de los problemas que tenemos. (ella/Uds./nosotras/yo)

B. Demasiado tarde. Cada vez que alguien le pregunta algo a Julieta, ella responde que ya lo habrá hecho para esa fecha. Usa la información entre paréntesis para escribir las repuestas que ella da. Usa **el futuro perfecto**.

Modelo: ¿Vienes con nosotros a las cinco? (llegar a mi casa)
No, para las cinco ya habré llegado a mi casa.

1. ¿Por qué no vienes a visitarme el lunes? (salir de vacaciones)

   _____

2. ¿Quieres usar mi enciclopedia la semana próxima? (terminar el informe)

   _____

3. ¿Vas a ir con nosotros al teatro mañana? (ver la obra)

   _____

4. Si todavía necesitas dinero, te lo traigo esta tarde. (pagar el préstamo)

   _____

5. ¿Vamos de compras el miércoles? (irse para el campo)

   _____

UNIDAD

I I I I I I I I I I I I I I

6

La narración y la descripción en el pasado (II)

In this unit, you will review how to express past desires, plans, and ideas, as well as past emotions, feelings, and doubts. You will also review how to describe hypothetical events, people, and things in the past, how to speculate about the past, and how to talk about what you would do or would have done in various situations.

El pasado

You have already reviewed four of the indicative tenses that are used to narrate and describe in the past in Spanish: the preterite, the imperfect, the present perfect, and the pluperfect.

While you read the following passage, underline the verbs which appear in these tenses and then think about why each particular tense is used.

If you would like to review the uses of these tenses, go to p. 32 (preterite), p. 46 (imperfect), p. 48 (present perfect), p. 49 (pluperfect).

Un aventurero de cuatro años

Juan Antonio Bufí Gutiérrez tiene sólo cuatro años y medio, pero eso no impidió que durante el segundo fin de semana de mayo, protagonizara la gran escapada de su vida. Juan Antonio voló solo desde Fuenteventura, en las islas Canarias, a Düsseldorf (Alemania) sin equipaje, sin billete y sin que su familia tuviera la menor idea de dónde estaba hasta que el comandante de un avión de la compañía LTU informó al aeropuerto canario que tenía un pasajero a bordo que no era suyo. Hacia el mediodía del sábado 14 se echó en falta a Juan Antonio.

Era un día de enorme ajetreo* y era normal que estuviera jugando con otros chicos en las instalaciones hoteleras donde trabaja su padre.

Lo primero que hizo el padre fue llamar al aeropuerto, pues conoce el carácter aventurero de su chaval*. Le dijeron que allí no podía estar. Así que continuó buscándolo por el complejo turístico en el que trabaja y dio aviso a la Cruz Roja y a Protección Civil para que trataran de encontrarlo.

Según el Diario de Las Palmas, la Interpol participó en la búsqueda de Juan Antonio, quien el domingo 15 regresó tan campante* a su casa. Su padre contaba que, cuando conoció el paradero* de su hijo, tomó un avión a recogerlo.

Juan Antonio padre no cree que se tratara de un intento de secuestro ni nada parecido. Conoce a su hijo y no le ha sorprendido su hazaña*.

El pequeño ha contado poco de su aventura. Según su padre, "sólo dice que le ha gustado mucho. Para él es como si hubiera ido a una excursión".

ajetreo: *activity*	paradero: *whereabouts*
chaval: *young lad*	hazaña: *heroic feat*
campante: *with an air of satisfaction*	

In order to express more thoughts and feelings in the past, you will need to review two more indicative tenses: the conditional and the perfect conditional and two more subjunctive tenses: the imperfect and the pluperfect.

If you would like to review and/or practice the formation of the imperfect and the pluperfect subjunctive tense, go to pp. 240 and 244.

Now, reread the passage on pp. 217–218 and circle the verbs which appear in the imperfect or the pluperfect subjunctive.

Summary of the uses of the subjunctive

The subjunctive is used in dependent clauses when the subject of the dependent clause is different from that of the main clause, and:

1. the verb or verbal expression in the main clause expresses:

   - volition (wishes, desires, etc.)

     Mis abuelos prefieren que **yo me quede** en casa.   *My grandparents prefer that I stay at home.*

   - feelings, emotions, and judgment

     Mis amigos se alegran de que **haya llegado** el verano.   *My friends are glad that summer has arrived.*

   - doubt, denial, uncertainty, and negation

     El director duda que **Uds. terminen** el trabajo esta noche.   *The principal doubts that you will finish the work tonight.*

2. the dependent clause refers to an antecedent whose existence is in question.

   Todos buscan una chica **que sea como tú**.   *They are all looking for a girl that is like you.*

3. the dependent clause is introduced by conjunctions that (by their meaning) indicate that the action in the clause may not or did not take place (i.e., conjunctions express purpose, proviso, etc.)

   Yo aprenderé a nadar, **cuando tenga tiempo**.   *I will learn to swim, when I have time.*

Ejercicio de repaso

Situaciones. Lee las siguientes situaciones y complétalas con la forma correcta de los verbos entre paréntesis. Recuerda que tienes que escoger entre **el presente de indicativo** y **el presente de subjuntivo**.

1. Tomás llama a Alicia por teléfono. Ella tiene que preparar un informe y necesita algunos libros.

   —¿Quieres que yo te _____ (llevar) los libros que encontré?

   —Sí, por favor. Espero que los libros me _____ (ayudar) con la información que yo _____ (necesitar) para el informe.

   —Dudo que _____ (haber) mucha información en éstos. La bibliotecaria dice que _____ (buscar-tú) en el Internet. Allí _____ (haber) una lista de los libros que se han publicado en los últimos años.

   —Es importante que yo _____ (tener) la información más reciente. Mi profesor insiste en que _____ (continuar) la investigación hasta que _____ (encontrar) todo lo posible.

   —De acuerdo. Pero, yo temo que la genética _____ (ser) un campo que _____ (estar) evolucionando todavía y no creo que tú _____ (ir) a escribir un informe definitivo.

   —Bueno, más vale que tú _____ (venir) y me _____ (traer) los libros que tienes. Yo te los devolveré en cuanto yo _____ (terminar). No hay duda que tú _____ (ser) un buen amigo.

   —Saldré en unos minutos… tan pronto como mi mamá _____ (llegar).

   —No te preocupes, ven cuando tú _____ (estar) listo. Yo no _____ (pensar) hacer planes para salir hasta que tú _____ (estar) aquí.

2. Gilberto está muy preocupado por su mejor amiga, Consuelo. Él habla con su prima Tina porque él no ha tenido mucho éxito ayudándola.

   —¿Es verdad que Consuelo está nerviosa de nuevo? Yo acabo de hablar con ella.

   —Sí, parece muy preocupada por los exámenes. Pero Gilberto, por mucho que tú _____ (tratar) de hablar con ella, no se _____ (dar) cuenta de que estás tratando de ayudarla.

   —¿Conoces a alguien que _____ (poder) hablar con ella? Cuando la _____ (ver), siempre le aconsejo que _____ (hacer) una cita con el psiquiatra. Estoy seguro de que sus problemas _____ (ser) más serios de lo que ella cree.

   —No seas tonto. Bien sabes que ella _____ (actuar) de una manera un poco loca cada vez que tiene mucha presión.

—No estoy exagerando. Es buena idea que ella _____ (hablar) con un profesio-

nal en caso de que ella _____ (empezar) a tener los mismos problemas cuando

_____ (asistir) a la universidad.

—En eso, sí que tienes razón. Es preciso que ella _____ (tranquilizarse) y que no

_____ (temer) salir mal en los exámenes.

—Me sorprende que sus padres no _____ (tratar) de ayudarla. Ellos dejan que

ella _____ (hacer) demasiadas cosas a la vez.

—Es una lástima que nosotros _____ (tener) tantas presiones en la escuela. ¿Qué te

parece si invitamos a Consuelo a ir al cine?

—Bueno, tendrá que ser sin que sus padres lo _____ (saber). Es posible que ellos

_____ (enfadarse) si saben que ella _____ (tener) exámenes y

que ha decidido ir al cine.

—Yo prefiero que ella se lo _____ (decir) a sus padres en caso de que ellos

_____ (enterarse) más tarde. En cuanto yo la _____ (ver), la

invitaré.

—Gracias, Tina. ¿Hay algún otro amigo que _____ (querer) ir con nosotros?

Cuando hay más personas, _____ (divertirse-nosotros) más.

—Tienes razón. ¡Ojalá que yo _____ (encontrar) a otros amigos. Ya es muy

tarde.

—¡Buena suerte! Te espero en la cafetería.

Sequence of tenses: present and present perfect subjunctive

The rules regarding the use of the subjunctive apply for all tenses: the present, present perfect, imperfect, and pluperfect subjunctive. In general, the tense of the verb in the subjunctive depends on the tense of the main verb.

You have already reviewed the sequence of tenses for the present and present perfect subjunctive:

Main clause (indicative)	Dependent clause (subjunctive)
present	present
future	or
present perfect	present perfect
command	

Antonio quiere que **yo vaya.**	*Antonio wants me to go.*
Será importante que **todos asistan.**	*It will be very important for everyone to attend.*
Los dueños han pedido que **nosotros traigamos** comestibles.	*The owners have asked us to bring food (that we bring food).*
Julián, dile a Paco que **llame** mañana.	*Julián, tell Paco to call tomorrow.*
Yo espero que **ellos hayan dicho** la verdad.	*I hope they have told the truth.*

As you can see in the examples above:

1. The present subjunctive is used to express what is happening or will happen.

2. The present perfect subjunctive is used to express what has happened or will have happened.

Sequence of tenses: imperfect and pluperfect subjunctive

Main clause (indicative)	**Dependent clause** (subjunctive)
imperfect	imperfect
preterite	or
pluperfect	pluperfect
conditional	

Antonio quería que **yo fuera (fuese).**	*Antonio wanted me to go.*
Fue importante que **todos asistieran (asistiesen).**	*It was important that everyone attend.*
Los dueños habían pedido que **nosotros trajéramos (trajésemos)** comestibles.	*The owners had asked us to bring food (that we bring food).*
Julián le **diría** a Paco que **llamara (llamase)** mañana.	*Julián would tell Paco to call tomorrow.*
Yo esperaba que **ellos hubieran (hubiesen) dicho** la verdad.	*I hoped that they would have told the truth.*

As you can see in the examples above:

1. The imperfect subjunctive is used to express what was happening or would happen.

2. The pluperfect subjunctive is used to express what had happened or would have happened. Keep in mind that when the action of the dependent clause took place in the past, the imperfect subjunctive may follow a main verb which is in the present tense.

Dudo que él te **diera (diese)** el dinero el año pasado.	*I doubt that he gave you the money last year.*
Es posible que ellos lo **encontraran (encontrasen)** anoche.	*It is possible that they found it last night.*

Ejercicios

A. Pasajes. Lee las siguientes narraciones y complétalas con la forma correcta de los verbos entre paréntesis. Recuerda que tienes que escoger entre **el imperfecto de indicativo** y **el imperfecto de subjuntivo**.

1. Graciela escribió en su diario sobre lo que le pasó el invierno pasado. Un día iba a encontrarse con su mejor amigo Gerardo, pero los planes cambiaron inesperadamente.

   Yo no le quería decir la verdad. Había estado enferma y aquel sábado era el primer día que yo _____ (sentirse) con ganas de limpiar mi apartamento. Para Gerardo era importante que yo lo _____ (ir) a ver porque hacía varias semanas que él no me _____ (ver) y me _____ (echar) mucho de menos. Quise salir de la casa temprano, pero varias llamadas por teléfono no permitieron que yo _____ (llegar) a la estación de autobuses a tiempo. Cuando llegué a la estación, le pedí a la señora que _____ (vender) los billetes que me _____ (dar) una copia del horario. Ella insistió en que yo _____ (cambiar) mis planes y que _____ (tomar) el tren. Era difícil a esa hora llamar a Gerardo por teléfono y pedirle que _____ (encontrarse) conmigo en la estación de trenes. Le supliqué que me _____ (vender) un billete para el próximo autobús pero ella no creía que _____ (salir) otro autobús hasta el próximo día. Habían cancelado todas las salidas en caso de que el tiempo _____ (ponerse) peor. Esperaba que Gerardo no _____ (enojarse) conmigo. Muy triste, salí de la estación y cuando llegué a la esquina lo llamé en caso de que _____ (estar) en su casa todavía. Le dejé un mensaje. Mientras que él _____ (saber) que yo había tratado de llegar a su pueblo, no se enojaría ni tampoco se preocuparía.

2. Luisa estaba muy enojada con Ricardo porque no la invitó a ir al teatro. Ricardo no quiso que yo _____ (ser) con él. Él creía que a mí no me _____ (ir) a gustar la obra de teatro que él fue a ver. Era cierto que antes a mí no me _____ (gustar) esas obras modernas donde nadie entiende lo que está pasando. Pero, ¿cómo pudo él decidir sin que yo _____ (saber) de qué se trataba? A menos que él _____ (querer) ir solo porque allí iba a encontrarse con sus amigos. Yo dudaba que él me _____ (estar) diciendo la verdad. ¡Ojalá que yo _____ (haber) podido ir! Me habían dicho que la obra _____ (ser) fantástica.

B. Muchas cosas han cambiado en tu escuela.

Ahora el edificio está más limpio, los estudiantes asisten a sus clases regularmente y el ambiente general ha mejorado mucho. Completa las frases a continuación expresando algunas de las ideas que tendrían (*probably had*) los estudiantes. Usa **el imperfecto de subjuntivo** en tus respuestas.

Modelo: Los estudiantes pidieron que el director...
Los estudiantes pidieron que el director hablara con ellos antes de hacer los cambios.

1. Mis amigos y yo no creíamos que los otros estudiantes...

   _____

2. Los profesores dudaban que los padres...

   _____

3. El director nos aconsejó que...

   _____

4. Al principio, prohibieron que los estudiantes...

   _____

5. Yo les pedí a mis amigos que ellos...

   _____

6. Había sido necesario que todos...

   _____

7. Nos alegró mucho que los estudiantes más jóvenes...

   _____

8. Fue preciso que la comida en la cafetería...

   _____

C. Problemas durante una ausencia.

Los padres de Bernardo tuvieron que ir a visitar a su abuela. Antes de salir ellos hicieron varias cosas para que él no tuviera problemas durante su ausencia. ¿Qué piensas tú que hicieron? Completa las frases de una manera original. Usa **el imperfecto de subjuntivo** en tus respuestas.

1. Le pidieron que no saliera hasta que él no...

   _____

2. Le dijeron que llamara a los vecinos en cuanto él...

   _____

3. Antes de salir, ellos fueron de compras al supermercado a fin de que él...

   _____

4. Dejaron todos los números de teléfono en caso de que él...

   _____

5. Les dieron la llave de la casa a unos vecinos con tal de que ellos...

   _____

6. Le rogaron que cerrara la puerta cada vez que él y sus amigos...

   _____

D. ¡Qué pena! Ahora los padres de Bernardo han regresado de su viaje y están muy enojados. ¿Por qué piensas tú que ellos están enojados con Bernardo? Piensa en lo que pasaría (*probably happened*) y completa las frases de una manera original. Usa **el pluscuamperfecto de subjuntivo** en tus respuestas.

1. Los padres de Bernardo no esperaban que él…

   _____

2. Ellos no creían que Bernardo y sus amigos…

   _____

3. Fue una lástima que los vecinos no…

   _____

4. Parecía mentira que sus amigos…

   _____

5. No le permitieron ir al cine hasta que él…

   _____

6. Dijeron que no lo dejarían solo otra vez a no ser que él…

   _____

E. Un aventurero de cuatro años. Las frases a continuación ofrecen un resumen del artículo que leíste en la página 217. Completa las frases a continuación con **el presente de indicativo**, **el pretérito de indicativo**, **el imperfecto de subjuntivo** o **el infinitivo** según el contexto.

1. Es seguro que Juan Antonio hijo no _____ (estar) nervioso durante su excursión.

2. El niño subió al avión sin que nadie _____ (darse) cuenta de que viajaba solo.

3. Cuando el padre _____ (saber) que su hijo no estaba en casa, llamó a las autoridades.

4. En el futuro Juan Antonio hijo querrá _____ (quedarse) cerca de sus padres.

5. No había nadie que _____ (saber) dónde estaba el niño.

6. Todo el mundo esperaba que el niño _____ (volver) sano y salvo.

7. Para que tal suceso no _____ (pasar) otra vez, el aeropuerto implementó nuevas reglas.

8. El niño no había querido _____ (asustar) a nadie.

9. No hay duda de que el niño _____ (ser) aventurero.

10. El niño esperaba que sus padres no _____ (enojarse) mucho con él.

Conditions ("If" clauses)

You have already reviewed conditions in which the present indicative tense is used in the "if" clause and the present or future indicative is used in the main clause.

Si Marcos **está** en su cuarto, está escuchando música.

If Marcos is in his room, he is listening to music.

Si **tengo** bastante dinero, compraré una moto.

If I have enough money, I will buy a motorcycle.

Contrary-to-fact conditions

1. The imperfect subjunctive or the pluperfect subjunctive is used in an "if" clause to express a hypothetical, contrary-to-fact statement.

Si **quisiera** la cámara, la compraría. (No la quiero.)

If I wanted the camera, I would buy it. (I don't want it.)

Si **hubiera querido** la cámara, la habría comprado. (No la quería.)

If I had wanted the camera, I would have bought it. (I didn't want it.)

2. The imperfect subjunctive or the pluperfect subjunctive is also used after *como si*, meaning *as if*.

Le preguntaron a José **como si él supiera** todas las respuestas. (No las sabe todas.)

They asked José as if he knew all the answers. (He doesn't know all of them.)

Me habló **como si** yo **hubiera hecho** algo inapropiado. (No lo hice.)

He spoke to me as if I had done something inappropriate. (I didn't.)

3. Note the following pattern of tenses and moods in "if" clauses and in result clauses:

"If" clause		Result clause
present (indicative)	→	**present** (indicative)
Si el libro **es** caro,		yo no lo **compro**.
If the book is expensive,		*I don't buy it.*
present (indicative)	→	**future** (indicative)
Si el libro **es** caro,		yo no lo **compraré**.
If the book is expensive,		*I won't buy it.*
imperfect (subjunctive)	→	**conditional** (indicative)
Si el libro **fuera** caro,		yo no lo **compraría**.
If the book were expensive,		*I wouldn't buy it.*
pluperfect (subjunctive)	→	**conditional perfect** (indicative)
Si el libro **hubiera sido** caro,		yo no lo **habría comprado**.
If the book had been expensive,		*I wouldn't have bought it.*

Now go back to the selection on pp. 217–218 and, for each verb in the subjunctive mood, try to answer the following questions: Why is the subjunctive used? Why is a particular tense of the subjunctive used?

If you have trouble with this exercise, refer to pp. 218 and 220–221 for a review of the subjunctive.

Ejercicios

A. Yo actuaría de una manera diferente... Tú oyes lo que varias personas hacen en ciertas situaciones, pero en tu opinión tú o las personas que tú conoces actuarían de una manera diferente si estuvieran en esas situaciones. Lee lo que ellos hacen y luego, expresa lo que tú o las personas que tú conoces harían.

Modelo: Si Juan llega temprano a su casa él _se baña_ (bañarse).
Si yo _llegara_ temprano a mi casa, _yo jugaría con mis perros_.

1. Si mi padre va de compras solo, él _____ (gastar) mucho dinero.

   Si yo _____ de compras solo(a), yo...

   _____

2. Si los amigos de Susana necesitan ayuda, ella _____ (hacer) todo lo que puede por ellos.

   Si mis amigos _____ mi ayuda, yo...

   _____

3. Si hace mal tiempo, nosotros _____ (jugar) al ajedrez.

   Si _____ mal tiempo, tú...

   _____

4. Si sus hermanas tienen dinero, ellas _____ (comprar) regalos para todos.

   Si mis hermanas _____ dinero, ellas...

   _____

5. Si hay gangas en las tiendas, mi madre _____ (aprovecharse) de ellas.

   Si _____ gangas en las tiendas, mis amigos y yo...

   _____

B. En un mundo perfecto... Imagina que el mundo es perfecto y que todos tus deseos se podrían convertir en realidad. Completa las frases de una manera original expresando lo que ocurriría.

Modelo: yo / cantar bien
Si yo cantara bien, grabaría varios discos.

1. yo / ser presidente de los Estados Unidos

   _____

2. mis amigos / tener mucho dinero

   _____

3. mis padres / ser más comprensivos

   _____

4. tú / bailar bien

_____

5. mis profesores / ganar más dinero

_____

6. mis amigos y yo / estar de vacaciones

_____

7. mi profesor(a) de español / no dar tantos exámenes

_____

8. haber más generosidad en el mundo

_____

9. nosotros / no tener que asistir a la escuela

_____

10. yo / poder vivir en una isla desierta

_____

C. Errores de la vida.

Todos cometemos errores (*make mistakes*) en la vida. Piensa en algunos errores que tú, tus padres, tus profesores o tus amigos han cometido. Primero escribe una frase describiendo la situación. Luego, escribe otra frase expresando lo que habría pasado si no hubieran cometido esos errores. Escribe por lo menos seis situaciones.

Modelo: *Yo perdí a mi mejor amigo. Si yo no hubiera sido tan exigente, mi mejor amigo no se habría enfadado conmigo.*

1. _____

_____

2. _____

_____

3. _____

_____

4. _____

_____

5. _____

_____

6. _____

_____

D. Personas que viven todavía. Expresa lo que les preguntarías o les dirías si conocieras bien a las siguientes personas que viven todavía. Si la persona ha muerto, expresa lo que les habrías preguntado o les habrías dicho si las hubieras conocido bien. Escoge a seis personas y añade dos que no estén en la lista.

Abraham Lincoln   Hamlet
el alcalde de mi ciudad   Don Quijote
Martin Luther King, Jr.   La princesa Diana
Adolf Hitler   Fidel Castro
el presidente actual de   Bill Gates
  los Estados Unidos   Michael Jackson
Cristóbal Colón

Modelo: *Si conociera bien al alcalde de mi ciudad, le daría las gracias por todo lo que ha hecho.*

o

Si hubiera conocido a Cristóbal Colón le habría hecho preguntas sobre sus viajes.

1. _____
2. _____
3. _____
4. _____
5. _____
6. _____
7. _____
8. _____

E. Lo que habrías hecho. Muchas veces las cosas no salen como queremos, pero vale la pena soñar con lo que habríamos hecho. Expresa lo que habrías hecho en las siguientes situaciones.

Modelo: ir al último concierto de los Rolling Stones

No fui al último concierto de los Rolling Stones. Si hubiera ido al último concierto de los Rolling Stones, habría tratado de conocer a Mick Jagger.

1. ir a la luna

_____

_____

2. sacarse el premio gordo de la lotería

_____

_____

3. conseguir un buen trabajo el verano pasado

_____

_____

4. tener una cita con (un actor famoso o una actriz famosa)

_____

_____

5. jugar bien en el último partido

_____

_____

6. tener mucha suerte en el último examen de español

_____

_____

7. ser muy generoso con mis amigos

_____

_____

8. acordarse del cumpleaños de mi amigo

_____

_____

F. La gente es muy extraña.

A veces la gente actúa de una manera inesperada y muy extraña. Imagina que las siguientes personas te han sorprendido por la manera en que actuaron. Escribe frases completas expresando cómo actuaron. Usa la expresión *como si* en tus respuestas.

Modelo: *Un día mi tío Jorge salió corriendo de mi casa como si estuviera loco.*

1. mi profesor(a) de español

_____

2. mis padres

_____

3. mi mejor amigo(a)

_____

4. mis vecinos

_____

5. el/la profesor(a) de educación física

_____

¿Y tú? ¿Has actuado de una manera extraña alguna vez? Escribe dos frases expresando cómo actuaste.

_____

_____

El condicional

Read the following excerpt from *Nosotros, no* by José Bernardo Adolph. It tells the story of the discovery of an injection that would allow human beings to live forever. At first, it was thought of as good news. Soon, however, it was announced that only young people could receive the injection. The entire reading can be found in *Abriendo paso–Lectura*.

> Todos serían inmortales.
>
> Menos nosotros, los mayores, los adultos, los formados, en cuyo organismo la semilla (*seed*) de la muerte estaba ya definitivamente implantada.
>
> Todos los muchachos sobrevivirían para siempre. Serían inmortales y de hecho animales de otra especie. Ya no seres humanos; su sicología, su visión, su perspectiva, eran radicalmente diferentes a las nuestras. Todos serían inmortales. Dueños del universo para siempre. Libres. Fecundos. Dioses.
>
> Nosotros sólo esperábamos. Los veríamos crecer, hacerse hermosos, continuar jóvenes y prepararse para la segunda inyección, una ceremonia—que nosotros ya no veíamos—cuyo carácter religioso se haría evidente. Ellos no se encontrarían jamás con Dios.

Now read the selection again and underline all the verbs in the conditional tense.

If you would like to review and/or practice the formation of the conditional tense, go to p. 245.

Uses of the conditional

The conditional tense is used to express:

1. what would happen if certain conditions were met

¿Qué **harías** tú en una situación parecida?	*What would you do in a similar situation?*
No **iría**.	*I would not go.*

2. wonder, supposition, or probability about the past

¿Cuántas personas **habría** en la fiesta?	*I wonder how many people there were at the party?*
Serían las tres de la tarde.	*It was probably (It must have been) three o'clock in the afternoon.*

3. polite requests with verbs like *deber, gustar,* and *poder*

Deberías ayudar a tu hermana.	*You should help your sister.*
¿**Podrían** Uds. bajar la voz, por favor?	*Could (Would) you lower your voices, please?*

The conditional is often used in a past context to talk about an event that, at the time, was anticipated for the future:

Les dije que yo **volvería** la semana siguiente.	*I told them that I would return the following week.*
Ana María había prometido que **llamaría** más tarde.	*Ana María had promised that she would call later.*

Remember that the conditional is also used in the result clause of hypothetical (contrary-to-fact) sentences.

Si yo tuviera el dinero, te lo **daría**.	*If I had the money, I would give it to you.*

Note that:

1. When *would* is used in the sense of *used to,* the imperfect indicative tense is used in Spanish.

Cuando yo la **veía**, la saludaba con cortesía.

When I would see her, I would greet her with courtesy.

2. *Would not,* in the sense of refusal, is expressed with the preterite of the verb *querer.*

El profesor **no quiso** cambiar la nota del estudiante.

The professor would not (refused to) change the student's grade.

Use of the conditional perfect

The conditional perfect is used to express what would have happened if certain conditions had been met.

Si yo los hubiera conocido mejor, no los **habría invitado**.

If I had known them better, I would not have invited them.

Note that the conditional perfect is used when the verb in the "if" clause is in the pluperfect subjunctive.

Ejercicios

A. Nosotros, no. Este cuento trata del descubrimiento de una inyección que les permitiría a los seres humanos vivir para siempre. Completa las frases a continuación acerca del cuento. Usa **el condicional**.

1. Anunciaron que una inyección _____ (poder) detener el envejecimiento.

2. Si de verdad existiera tal inyección, mucha gente _____ (querer) conseguirla.

3. Estas inyecciones no _____ (impedir) las muertes causadas por los accidentes.

4. Este descubrimiento no _____ (ayudar) a los mayores de veinte años.

5. La gente que vivía en colonias terrestres del espacio _____ (recibir) esta medicina en ampolletas transportadas en cohetes.

6. Después de recibir esta medicina, nadie _____ (enfermarse).

7. El narrador _____ (morir) porque tenía más de veinte años.

8. El carácter de los inmortales _____ (cambiar) mucho.

9. A los inmortales les _____ (hacer) falta otra inyección en cien años.

10. El narrador cree que este descubrimiento _____ (crear) nuevos problemas.

B. Reflexiones. Cada persona es diferente y reacciona de manera distinta según la situación. ¿Qué harían las personas indicadas en las siguientes situaciones? Usa **el condicional**.

1. Se oyen truenos a lo lejos y se acerca una tempestad.

    Yo _____

    Los niños _____

    Tú _____

2. Los estudiantes meriendan en el parque. No hay suficientes refrescos para todos.

    Yo _____

    Mis amigos _____

    Uds._____

3. Ya es tarde y todavía queda un capítulo por leer en la novela.

    Mi profesor(a) _____

    Ellos _____

    Nosotros_____

4. No se pueden encontrar entradas para el campeonato de fútbol.

    Mi padre_____

    Yo _____

    Tú _____

5. Nos enteramos de que un vecino sufre de una enfermedad grave.

    Mis padres _____

    El doctor_____

    Yo _____

C. Con más tiempo... Muchas veces pensamos que habríamos reaccionado de una manera diferente si hubiéramos tenido tiempo de pensar en la situación. Imagina las siguientes situaciones, ¿cómo habrías reaccionado? Usa **el condicional perfecto** en tus respuestas.

Modelo: Al llegar a tu casa viste a un ladrón salir de la casa corriendo.
Si hubiera visto a un ladrón salir de la casa corriendo, yo habría ido a la casa de un vecino para llamar a la policía.

1. Tu mejor amigo te dijo que se mudaba a otra ciudad.

    _____

2. Te suspendieron en una prueba de literatura.

    _____

3. Te enteraste de que un amigo estaba bebiendo demasiado alcohol.

    _____

4. Perdiste tu pasaporte el día que salías de viaje a Sudamérica.

    _____

5. Enfrente de la escuela un chico salió corriendo cuando venía un coche.

_____

6. Llamaste a una estación de radio y te preguntaron el año en que tu cantante favorito había ganado un premio.

_____

D. Reacciones.   Mira los dibujos y di por lo menos tres cosas que habrías hecho si te hubieras encontrado en estas situaciones.

1

2

3

4

5

Modelo: *Si yo hubiera estado dentro de esa casa, yo habría saltado por la ventana.*

1. _____

   _____

   _____

2. _____

   _____

   _____

3. _____

   _____

   _____

4. _____

   _____

   _____

5. _____

   _____

   _____

Ejercicio de resumen

Escenas. Lee las siguientes selecciones y complétalas con la forma correcta del verbo entre paréntesis. Ten mucho cuidado porque vas a necesitar varios tiempos del **indicativo** y varios tiempos del
subjuntivo.

1. Ricardo está quejándose de su amigo Jorge.

   —Jorge nos ruega que nosotros _____ (tener) más paciencia con él. Pero, es

   imposible ser amable con una persona que _____ (molestar) tanto.

   —Por lo menos, trata de hacerlo.

   —Sí, le pediré que no _____ (hacer) tantos chistes pesados.

2. Cecilia y Diego hablan sobre el viaje de su amigo Pablo.

   —Era verdad que Pablo _____ (estar) en el Perú.

   —¿Cómo lo supiste?

   —Me habían dicho que él _____ (tener) una reunión allí. Me envió una tarjeta

   en cuanto _____ (llegar) a Lima.

   —Me alegro. Aunque me sorprendió que tú no _____ (ir) con él.

3. Ignacio habla con su amiga Rosaura sobre su nueva computadora.

   —No sabía que tú _____ (tener) una computadora, Rosaura.

   —Todavía no. Acabo de comprarla pero no _____ (llegar) hasta el lunes.
   Alejandro me prestó su computadora hasta que _____ (llegar) la mía.

   —Fantástico. Me voy a tener que portar bien contigo de modo que me _____
   (permitir) usarla cuando yo la _____ (necesitar).

4. La madre de Tomás se queja porque él no hizo lo que ella le pidió.

   —Ya es demasiado tarde. Ayer te pedí que me _____ (traer) leche del supermercado y se te _____ (olvidar).

   —Lo siento. Te suplico que me _____ (dar) otra oportunidad.

   —De acuerdo.

5. Carlos casi tuvo un accidente mientras paseaba en su nueva bicicleta.

   —¿Qué te pasa? Actúas como si _____ (ver) un fantasma.

   —No, un fantasma no, pero por poco tengo un accidente.

   —¿Qué pasó?

   —Un coche casi chocó con mi bicicleta en la esquina.

   —Es necesario que _____ (fijarse) bien en el tráfico.

   —Siempre lo _____ (hacer), pero quería que mis amigos me
   _____ (ver) en mi nueva bicicleta y no miré adonde _____ (ir).

   —La próxima vez tienes que tener más cuidado. Si no _____ (ser) por el casco
   que llevas, te _____ (hacer) mucho daño.

6. Soledad habla con su amigo Hugo. Ella acaba de comprar billetes para un concierto fabuloso.

   —¿Es cierto que Uds. _____ (conseguir) billetes ayer para el concierto?

   —Sí, al principio mis padres no permitían que yo _____ (ir) a hacer cola (*stand
   in line*) la noche anterior, pero por fin _____ (dejar) que yo
   _____ (levantarse) temprano. Allí me reuní con Alberto y Graciela.

   —Y, ¿con quién vas a ir?

   —Ojalá que Ricardo _____ (poder) ir conmigo.

   —Te aconsejo que se lo _____ (decir) inmediatamente. Ya sabes que siempre
   _____ (estar) ocupadísimo.

   —Así lo haré. Aunque es una lástima que tú no _____ (estar) aquí ese fin de
   semana porque me gustaría que _____ (ir) también.

   —¿Cuántos billetes tienes?

—_____ (Tener-yo) cuatro. ¿Por qué no les ruegas a tus padres para que te

_____ (dejar) quedarte en mi casa.

—Voy a hablar con ellos. Aunque insisten en que yo _____ (visitar) a mis

abuelos… pero veremos…

—Bueno, tan pronto como _____ (decidir-tú), llámame.

—Hasta más tarde.

En conclusión...

[Some of these exercises can be done orally after students have had time to prepare and write notes for presentation to the rest of the class.]

Los siguientes ejercicios han sido diseñados para que pongas en práctica los conceptos que has aprendido en esta unidad. Cuando no hay información específica sobre cuánto debes escribir o hablar, se espera que escribas ensayos de unas 200 palabras como mínimo. Si es una presentación oral, debes prepararte para hablar por unos dos o tres minutos.

A. Una defensa legal.
Escribe un párrafo describiendo lo que harías si fueras abogado(a) y tuvieras que defender a una persona acusada de haberse robado cien dólares de una cartera que encontró en la calle. Esta persona dice que su familia es pobre y que tomó el dinero para poder dar de comer a sus cuatro niños. Usa el imperfecto y el pluscuamperfecto de subjuntivo para expresar tus ideas.

B. ¡Qué comportamiento!
Imagina que has estado ayudando a un(a) profesor(a) en la escuela primaria de tu vecindario. Aunque los estudiantes por lo general son muy enérgicos, es evidente que hoy están mucho más animados que de costumbre. Identifica a cuatro o cinco niños de la clase y explícale a un(a) compañero(a) que está visitando tu clase por qué se comportan así. Explica este comportamiento usando la expresión *"como si"*.

C. Esperanzas, temores y deseos.
Piensa en cuando eras más joven. Escribe dos párrafos describiendo algunas de las ideas que tenías entonces. Usa los verbos y expresiones a continuación para expresar tus ideas.

dudar que	temer que	esperar que
con tal de que	desear que	cada vez que
era imprescindible que	era importante que	

D. Un paso gigantesco.
¿Qué habrías hecho o dicho si hubieras sido la primera persona que pisó la luna? ¿Qué no habrías hecho ni dicho? Crea cuatro o cinco respuestas y preséntaselas a tus compañeros de clase. La clase debe escoger las mejores respuestas y luego votar por la mejor de todas.

E. Pero, ¿por qué haría tal cosa? Imagínate que un amigo o una amiga (A) acaba de hacer una tontería. Después de pensarlo bien, todavía no puedes creer lo que ha hecho. Escribe dos preguntas que le harías a otro amigo o amiga (B) mostrando tu incredulidad o frustración sobre la tontería que ese(a) amigo(a) hizo. Usa **el condicional** o **el condicional perfecto**.

Modelo: Tu amigo acaba de romper la ventana de una casa.
¿Estaría enfadado?
¿Habría roto algo dentro de la casa?

1. Tu amigo le faltó el respeto a un anciano en la calle.

_____

_____

2. Dos de tus amigas se pasaron el día en el parque en lugar de asistir a clases.

_____

_____

3. Un amigo no estudió para un examen importante.

_____

_____

4. Otro amigo le mintió al/a la profesor(a) de español.

_____

_____

5. La directora de la escuela encontró a uno de tus amigos comiendo en el pasillo de la escuela.

_____

_____

Ahora, léele las situaciones a un compañero de clase y hazle las preguntas para saber cuál es su opinión.

F. Era importante que lo termináramos... Imagínate que tú y un(a) amigo(a) trabajaron toda la noche para acabar un proyecto. Explícales a otros amigos por qué tuvieron que terminarlo para ese día. Usa las siguientes expresiones: era importante, era necesario, era posible y era probable.

Sin rodeos...

You will now listen to a series of questions in which you are asked to discuss different topics. You will hear each question twice. You will have 20 seconds to respond as fully as possible. Listen to the first question . . .

En escena

Los dibujos en la próxima página representan un cuento. En tus propias palabras, describe en detalle lo que sucedió. Usa el vocabulario y las preguntas a continuación como guía pero recuerda que debes usar tu imaginación y añadir cualquier información que creas necesaria. Usa el imperfecto y el pretérito en la descripción.

Vocabulario y guía

Estudia la siguiente lista de vocabulario antes de comenzar la descripción. Puedes añadir otras palabras o expresiones que te parezcan necesarias.

Sustantivos

el desempleo (*the unemployment*)   la mujer piloto (*the woman pilot*)
la entrevista (*the inverview*)   el periódico (*the newspaper*)
la esperanza (*the hope*)   los planes (*the plans*)

Verbos y expresiones

al llegar (*upon arriving*)   echar de menos (*to miss*)
alrededor del mundo (*around the world*)   entrevistarse (*to have an interview*)
conseguir un puesto (*to get a position [job]*)   llenar un formulario (*to fill out a form*)
desanimarse (*to feel discouraged*)   sentirse afortunado(a) (*to feel fortunate*)

Las siguientes preguntas e instrucciones te van a ayudar a narrar el cuento. Estas preguntas son sólo una guía. Puedes usar cualquier otra idea que quieras.

1. ¿Qué estaba haciendo la mujer? ¿Qué buscaba? ¿Qué tenía en la mano? ¿Cómo se sentiría ella?

2. ¿Qué hizo? ¿Con quién hablaría?

3. Al día siguiente… ¿Dónde estaba ella? ¿Con quién hablaba? ¿Sobre qué hablaban? ¿Qué pensaba ella? ¿Qué sucedería?

4. Unos meses más tarde… ¿Dónde estaba ella? ¿Qué hacía? ¿Cómo se sentía?

5. ¿Dónde llegó la mujer? ¿Cómo se sentía? ¿Qué dudaba? ¿De qué tenía miedo? ¿Qué esperaba?

6. ¿Por qué estaba triste la mujer? ¿En qué pensaba? ¿Cómo actuó? Si pudieras hablar con ella, ¿qué le dirías? ¿qué consejos le darías? Trata de incorporar las siguientes expresiones en la narración.

   sería importante que…   ojalá que…
   fue una lástima que…   era necesario que…

1

2

3

4

5

6

La narración y la descripción en el pasado (II)

El pasado

El imperfecto de subjuntivo

1. The imperfect subjunctive forms are very easy to remember if you know the preterite forms. Drop the *–ron* from the third person plural (*ellos*) of the preterite, and add the following endings: *–ra, –ras, –ra, – ́ramos, –rais, –ran* or *–se, –ses, –se, – ́semos, –seis ,–sen*.

   Note that:

   - In the *nosotros* form, there is a written accent on the last vowel of the stem (i.e., *comiéramos, comiésemos*).

   - In most cases, the *–ra* or *–se* endings are interchangeable.

   - The *–se* ending is not used as frequently as the *–ra* ending but you should familiarize yourself with it, as you will probably encounter it in literary texts.

Infinitive	Preterite	Imperfect Subjunctive
caminar	caminaron	camin**ara**, camin**aras**, camin**ara**, camin**áramos**, camin**arais**, camin**aran** or camin**ase**, camin**ases**, camin**ase**, camin**ásemos**, camin**aseis**, camin**asen**
beber	bebieron	bebi**era**, bebi**eras**, bebi**era**, bebi**éramos**, bebi**erais**, bebi**eran** or bebi**ese**, bebi**eses**, bebi**ese**, bebi**ésemos**, bebi**eseis**, bebi**esen**
asistir	asistieron	asisti**era**, asisti**eras**, asisti**era**, asisti**éramos**, asisti**erais**, asisti**eran** or asisti**ese**, asisti**eses**, asisti**ese**, asisti**ésemos**, asisti**eseis**, asisti**esen**

Era importante que los estudiantes **asistieran (asistiesen)** a todas las clases.

It was important for the students to attend all the classes.

Note that this pattern applies to all verbs, regular and irregular.

Infinitive	Preterite	Imperfect Subjunctive
ir	fueron	fue**ra**, fue**ras**, fue**ra**, fué**ramos**, fue**rais**, fue**ran** or fue**se**, fue**ses**, fue**se**, fué**semos**, fue**seis**, fue**sen**
dormir	durmieron	durmi**era**, durmi**eras**, durmi**era**, durmi**éramos**, durmi**erais**, durmi**eran** or durmi**ese**, durmi**eses**, durmi**ese**, durmi**ésemos**, durmi**eseis**, durmi**esen**

Mis padres preferían que **durmiéramos (durmiésemos)** en casa.

My parents preferred that we sleep at home.

2. The following are some common irregular preterites and their third person plural:

andar: anduvieron	poder: pudieron
caber: cupieron	poner: pusieron
creer: creyeron	querer: quisieron
dar: dieron	saber: supieron
decir: dijeron	ser: fueron
estar: estuvieron	tener: tuvieron
hacer: hicieron	traer: trajeron
ir: fueron	venir: vinieron

3. The preterite of *hay* is *hubo*; the imperfect subjunctive is *hubiera* (*hubiese*).

Juan esperaba que **hubiera (hubiese)** bastante comida para la fiesta.

Juan hoped that there was enough food for the party.

If you would like to review other irregular verbs in the preterite, go to Etapa 1 pp. 32–44.

Ejercicios

A. Cambios. El año pasado el director de la escuela cambió muchas de las reglas y expectativas. Completa la frase original con la forma correcta del verbo en **el imperfecto de subjuntivo**. Luego, sustituye el sujeto en itálica por los sujetos entre paréntesis y haz cualquier otro cambio que sea necesario.

1. Era preciso que *los estudiantes del noveno grado* _____ (entrar) al edificio por aquella puerta. (nosotros/Ud./tú)

2. Él no quería que *nosotros* _____ (salir) a almorzar fuera de la escuela. (ellas/yo/Uds.)

3. Fue importante que *los estudiantes* no _____ (comer) en los pasillos. (yo/nosotros/tú)

4. Mis profesores no permitían que *yo* _____ (traer) un radio portátil a la clase. (ellos/Ud./nosotros)

5. El director prohibió que *los equipos* _____ (ir) a jugar en contra de varias escuelas. (nosotros/tú/ellas)

6. La profesora de educación física insistió en que *nosotros* _____ (ponerse) los zapatos antes de entrar al gimnasio. (tú/Uds./yo)

7. Todo el mundo esperaba que *los padres* _____ (asistir) a los partidos regularmente. (Ud./nosotros/tú)

8. Había sido necesario que *nosotros* _____ (tener) más disciplina en las clases. (ella/Uds./yo)

B. Expectativas... Cuando Mario se mudó para Barcelona, él, su familia y sus amigos tenían ciertas expectativas y opiniones sobre su viaje y su nueva vida. Completa las frases con la forma correcta del verbo entre paréntesis en **el imperfecto de subjuntivo**.

1. Mario esperaba que sus amigos españoles lo _____ (estar) esperando en el aeropuerto.

2. Sus amigos no creían que él _____ (tener) la disposición para mudarse tan lejos.

3. Fue curioso que él no _____ (despedirse) de su novia.

4. Me sorprendió que sus padres no _____ (querer) ir al aeropuerto el día de su partida.

5. Podría ser que sus padres _____ (sentirse) muy tristes.

6. Mario no se llevó su piano en caso de que no _____ (caber) en su nuevo apartamento.

7. En cuanto él llegó, me llamó para que yo _____ (saber) su número de teléfono.

8. Él nos dijo que nosotros podríamos ir a visitarlo cuandoquiera que nosotros _____ (hacer) un viaje a España.

9. En Barcelona, buscó un maestro que le _____ (dar) clases de español.

10. Mi hermana le regaló un bolígrafo a fin de que él _____ (acordarse) de ella.

11. Él decidió mudarse de modo que él y sus colegas _____ (poder) hacer investigaciones sobre la literatura española.

12. Todos le pedimos que no _____ (olvidarse) de nosotros cuando él

    _____ (ser) famoso.

C. Frases incompletas.
Gerónimo habla con sus colegas sobre la compañía donde trabaja. Recuerda que en estas frases él expresa una hipótesis o suposición y debes usar **el imperfecto de subjuntivo**.

1. Si yo _____ (ser) presidente de la compañía, no tendríamos tantos problemas.

2. Si no _____ (haber) tantas huelgas (*strikes*), las ganancias (*earnings*) serían más altas.

3. Si nosotros _____ (decir) eso, los jefes nos despedirían.

4. Si tú _____ (trabajar) en otro departamento, gozarías de más beneficios.

5. Si Uds. _____ (asistir) a las reuniones, sabrían lo que está sucediendo en la compañía.

D. Como si... (As if . . .)
A Arturo le sorprende la manera en que actúan algunas personas. Recuerda que después de la expresión *"como si"* tienes que usar **el imperfecto de subjuntivo**.

1. Me trataban como si yo no _____ (comprender) nada de lo que decían.

2. Esos chicos hablaban como si nosotros los _____ (conocer).

3. Los niños siguieron gritando como si eso _____ (ayudar) a mejorar la situación.

4. El pordiosero (*beggar*) te miraba como si tú _____ (poder) darle dinero.

5. La turista le hacía preguntas a Oscar como si él _____ (saber) la respuesta.

E. En el pasado...
Algunas veces ciertas situaciones se repiten. Ignacio hace algunas declaraciones y su amigo Jorge recuerda que lo mismo sucedió en el pasado. Lee las frases que dice Ignacio (ahora), luego completa las frases que dice Jorge con la forma del verbo en **el imperfecto de subjuntivo**.

1. Es importante que no hable nadie con los periodistas.

   Fue importante que no _____ nadie con los periodistas.

2. Esperan que todos asistan.

   Esperaban que todos _____.

3. No hay nada que nos interese.

   No había nada que nos _____.

4. No creemos que ellos lleguen a tiempo.

   No creíamos que ellos _____ a tiempo.

5. Mi tía busca un apartamento que esté cerca de su oficina.

   Mi tía buscaba un apartamento que _____ cerca de su oficina.

6. Temo que no haya suficiente tiempo para acabar el trabajo.

   Temía que no _____ suficiente tiempo para acabar el trabajo.

7. Los obreros les piden a los dueños que aumenten su sueldo.

   Los obreros les pidieron a los dueños que _____ su sueldo.

8. Leo el informe en voz alta para que todo el mundo me comprenda bien.

   Leí el informe en voz alta para que todo el mundo me _____ bien.

El pluscuamperfecto de subjuntivo

The pluperfect subjunctive is formed with the imperfect subjunctive of the verb *haber* plus the past participle.

hubiera			hubiéramos	
hubieras	+ past participle		hubiérais	+ past participle
hubiera			hubieran	

Se alegraron de que **hubiéramos comido** antes de llegar.

They were glad that we had eaten before arriving.

If you would like to review the fomation of past participles, go to p. 48.

Ejercicios

A. Cambios. Violeta tuvo un accidente automovilístico cuando conducía por el centro. Uno de los testigos (*witnesses*) hace algunos comentarios sobre lo que pasó. Completa la frase original con la forma correcta del verbo en **el pluscuamperfecto de subjuntivo**. Luego, sustituye el sujeto en itálica por los sujetos entre paréntesis y haz cualquier otro cambio que sea necesario.

1. Fue absurdo que *ella* no _____ (ver) el otro coche. (yo/ellas/nosotros)

2. Era dudoso que *el otro chofer* _____ (describir) el accidente a la policía. (Ud./tú/Uds.)

3. Parecía mentira que *esas personas* no _____ (decir) lo que vieron. (él/yo/nosotros)

B. ¡Cuánto lo siento! El novio de Zoila está en la universidad y ella siente mucho que hayan terminado su relación. Completa lo que una amiga dice con la forma correcta del verbo en **el pluscuamperfecto de subjuntivo**.

1. Sentía mucho que ellos no _____ (ir) de viaje más a menudo.

2. No estaba segura de que él la _____ (esperar) hasta que ella _____ (graduarse) de la escuela secundaria.

3. No creía que su relación _____ (durar) por mucho más tiempo.

4. Ella no quiso decirle que se quedara antes de que él _____ (irse).

5. La situación no habría cambiado aunque ella le _____ (decir) lo triste que se sentía.

6. Sería mejor que ellos nunca _____ (hacerse) novios.

C. ¡Qué desastre! Hugo llega a su apartamento y todo está en desorden. Sus sobrinos de cinco y seis años se quedaron solos mientras su madre hablaba con un vecino. Completa las frases con la forma correcta del **pluscuamperfecto de subjuntivo**.

1. El cuarto de baño estaba lleno de agua como si _____ (caer) un aguacero.

2. Había papeles por todas partes como si _____ (pasar) un ciclón.

3. Las gavetas estaban abiertas como si _____ (estar) un ladrón en la casa.

4. En la cocina había comida por todas partes como si veinte personas _____ (tener) una fiesta.

5. Los niños me miraron como si ellos no _____ (tener) la culpa.

El condicional

The conditional

The conditional of regular verbs is formed by adding the following endings to the entire infinitive: –ía, –ías, –ía, –íamos –íais, –ían

cruzar		aprender		escribir	
cruzaría	cruzaríamos	aprendería	aprenderíamos	escribiría	escribiríamos
cruzarías	cruzaríais	aprenderías	aprenderíais	escribirías	escribiríais
cruzaría	cruzarían	aprendería	aprenderían	escribiría	escribirían

Sería un placer ver a Estela.   *It would be a pleasure to see Estela.*

Irregular verbs

The irregular stems used to form the conditional are the same as those used to form the future tense. To form the conditional, add the endings listed above (–ía, –ías, –ía, –íamos –íais, –ían) to these irregular stems.

caber:	**cabr–**	saber:	**sabr–**
decir:	**dir–**	salir:	**saldr–**
hacer:	**har–**	tener:	**tendr–**
poder:	**podr–**	valer:	**valdr–**
poner:	**pondr–**	venir:	**vendr–**
querer:	**querr-**		

Jacinto dijo que **pondría** la mesa.   *Jacinto said that he would set the table.*

The conditional of *hay* is *habría,* meaning *there would be.*

Si yo tuviera más dinero, **habría** más muebles en mi casa.   *If I had more money, there would be more furniture in my house.*

Ejercicios

A. Cambios. En la escuela de Ricardo los estudiantes tienen muchos secretos. También les gustan los chismes y las revistas de chismes. Completa la frase original con la forma correcta del verbo en **el condicional**. Luego, sustituye el sujeto en itálica por los sujetos entre paréntesis y haz cualquier otro cambio que sea necesario.

1. *Yo* nunca les _____ (decir) los chismes a ellos. (Uds./ nosotros/tú/Eduardo)

2. *Tú* no _____ (querer) decirles todo lo que sabes. (nosotros/él/ellas/yo)

3. *Ellos* no _____ (poder) comprenderlo. (tú/Uds./ella/Ud.)

4. ¿Cuánto _____ (valer) *esas revistas de chismes*? (ese libro/el periódico/los videos)

5. No había ninguna duda de que *él* les _____ (decir) la verdad. (yo/nosotros/ Uds./Teresa y Clara)

6. *Nosotros* no le _____ (hablar) así a su novio. (ella/yo/ tú/ellos)

7. Por lo general, ¿cuándo _____ (saber) *Uds.* lo que verdaderamente pasó? (tú/yo/nosotros/ella)

8. *Yo* no _____ (salir) con ese chico nunca. (él/yo/ nosotros/ellas)

9. *Su padre* nunca _____ (dejar) entrar a esa mujer en la casa. (yo/nosotros/tú/ ellos)

10. Con todos los chismes y secretos, *Ud.* no _____ (tener) mucho tiempo para las clases. (tú/ellos/nosotros/yo)

B. Para completar... Mientras hablas con algunos amigos, ellos te dicen algunas de las cosas que ocurrieron ayer. Tú les respondes con una pregunta. Completa las siguientes preguntas que expresan conjetura o suposición utilizando **el condicional**.

1. —Ayer sonó el teléfono muy tarde.
   —¿Quién _____ (llamar) a esa hora de la noche?

2. —Raúl no jugó ayer.
   —¿_____ (Estar) enfermo?

3. —No contamos a los invitados anoche.
   —¿Cuántos _____ (venir) a la reunión?

4. —Las elecciones del consejo estudiantil fueron muy importantes.
   —¿_____ (Haber) muchos candidatos para el puesto?

5. —Acabaron el mural anoche.
   —¿Qué hora _____ (ser) cuando por fin acabaron el mural?

C. Opciones. Cuando nos encontramos en diferentes situaciones, siempre tenemos varias opciones. Completa cada situación a continuación con lo que podrían hacer las siguientes personas en las situaciones en que se encuentran. Usa **el condicional**.

1. Teresa quiere comprar una nueva videocasetera. Si costara mucho,…

   …yo no la _____ (comprar).

   …sus padres _____ (usar) la tarjeta de crédito.

   …ella _____ (buscar) otro modelo.

   …su hermano _____ (componer) su modelo viejo.

2. El pronóstico del tiempo dice que va a hacer mal tiempo. Si lloviera, …

   …nosotros no _____ (jugar).

   …yo _____ (ir) al cine.

   …tú _____ (quedarse) en casa.

   …los niños _____ (hacer) la tarea

3. Diego y Roberta regresan de sus vacaciones en dos días. Si hubiera tiempo,…

   …ellos _____ (ir) a las ruinas.

   …Roberta _____ (poder) ir de compras.

   …Diego _____ (hacer) un viaje por el sur del país.

   …él _____ (tener) la oportunidad de visitar a sus primos.

4. Elena trabaja para un centro que ayuda a los destituidos en su comunidad. Si ellos no pudieran ayudarlos,…

   …nosotros _____ (llamar) a otra agencia.

   …Ud. _____ (tener) que encontrar otra solución a los problemas que tienen.

   …no _____ (valer) la pena mantener el centro abierto.

   … _____ (ser) mucho más difícil recibir fondos del gobierno.

El condicional perfecto

The conditional perfect is formed with the conditional of *haber* + past participle.

habría		habríamos	
habrías	+ past participle	habríais	+ past participle
habría		habrían	

Si hubiera sabido que ibas a llamar, no **habría salido**.

If I had known that you would call, I would not have gone out.

If you would like to review the formation of the past participles, go to p. 48.

Ejercicios

A. Cambios. ¿Qué habrían hecho estas personas en las siguientes situaciones? Lee las situaciones a continuación y di lo que las personas habrían hecho. Completa la frase original con la forma correcta del verbo en **el condicional perfecto**. Luego, sustituye el sujeto en itálica por los sujetos entre paréntesis y haz cualquier otro cambio que sea necesario.

1. Si Juan no hubiera tenido problemas con los clientes, *él* _____ (volver) a trabajar en ese restaurante. (nosotros/Uds./yo/tú)

2. Si nosotros no hubiéramos ganado tanto, *nuestros padres* no _____ (estar) tan contentos. (yo/nosotros/ella/Ud.)

3. Si yo hubiera ganado más dinero, *yo* _____ (poner) más dinero en el banco. (Uds./nosotros/tú/ellas)

B. En el futuro...   El abuelo de Roberto habla sobre el futuro del planeta y sobre los increíbles avances. Completa la frase original con la forma correcta del verbo en **el condicional perfecto**. Luego, sustituye el sujeto en itálica por los sujetos entre paréntesis y haz cualquier otro cambio que sea necesario.

1. *Mis abuelos* nunca _____ (pensar) que veríamos tantos avances técnicos. (yo/nosotros/tú/ellos)

2. Sin el dinero *los estadounidenses* nunca _____ (visitar) la luna. (nosotros/yo/los rusos/tú)

3. *Mis padres* _____ (decir) que la gente nunca viviría en una estación en el espacio. (Ud./yo/tú/Uds.)

4. ¿Qué _____ (hacer) *Uds.* si hubieran podido viajar en el espacio? (tú/yo/tus bisabuelos/ellas)

5. ¿Cómo _____ (poder) vivir *ellos* sin la fuerza de gravedad? (nosotros/Ud./tú/ella)

C. A la fiesta de Victoria.   Sergio está enfermo pero decide al último momento ir a una fiesta en casa de su amiga Victoria. Ahora siente mucho haber ido porque no se divirtió mucho. Completa las frases con la forma correcta del verbo en **el condicional perfecto**.

1. Si hubiera llegado a tiempo, _____ (conocer) al primo de Victoria.

2. Si hubiera traído un regalo, no _____ (sentirse) tan mal.

3. Si hubiera llevado a mi novia, _____ (divertirse) más.

4. Si hubiera conocido a más gente, _____ (bailar) toda la noche.

5. Si no hubiera estado tan enfermo, _____ (hacer) una mejor impresión en la familia de Victoria.

6. Si no hubiera ido a la fiesta, _____ (quedarse) en casa.

Nouns and articles

Los sustantivos

In Spanish, all nouns are classified as masculine or feminine. Generally, nouns that end in *-o* are masculine and nouns that end in *-a* are feminine, but there are exceptions and some rules which will help you determine their gender.

Los sustantivos masculinos

Masculine nouns

1. Generally, nouns that end in *-o* are masculine.

   el queso   el pelo   el teléfono   el año

2. The following nouns are *always* masculine:

   - Lakes, mountains, oceans, rivers, and seas

el Titicaca	el Everest	el Atlántico
el Erie	los Andes	el Pacífico
el Amazonas	el Mediterráneo	el Orinoco

   - Months and days of the week

el próximo junio	el lunes	el jueves

   - Numbers

el diez	el cuarenta	el tres por ciento

   - Colors

el amarillo	el negro	el azul

   - Trees

el almendro (*almond tree*)	el ciruelo (*plum tree*)
el avellano (*hazel tree*)	el manzano (*apple tree*)
el castaño (*chestnut tree*)	el naranjo (*orange tree*)
el cerezo (*cherry tree*)	el peral (*pear tree*)

   Note that the feminine forms of these nouns indicate the fruit that comes from the tree. For example, *la ciruela* is the fruit of *el ciruelo*, and *la pera* is the fruit of *el peral*.

---

3. Nouns with the following endings are masculine:

–aje

el equipaje (*the luggage*)
el pasaje (*the passage*)
el personaje (*the character*)

–or

el amor (*the love*)
el valor (*the value; courage*)
el calor (*the heat*)

Exceptions: *la flor* and *la labor* are feminine.

–án

el refrán (*the proverb*)
el alacrán (*the scorpion*)
el tucán (*the toucan*)

–ambre

el alambre (*the wire*)
el enjambre (*the swarm*)

4. Compound nouns are masculine:

el abrelatas (*the can opener*)
el lavamanos (*the washbasin*)
el parabrisas (*the windshield*)
el paraguas (*the umbrella*)
el portamonedas (*the pocketbook, purse*)
el portaaviones (*the airplane carrier*)

el quitamanchas (*the stain remover*)
el rascacielos (*the skyscraper*)
el rompecabezas (*the puzzle*)
el sacacorchos (*the corkscrew*)
el tocadiscos (*the record player*)

5. The following nouns that end in *–ma* are masculine:

el aroma	el drama	el holograma	el programa
el clima	el emblema	el idioma	el síntoma
el crucigrama	el enigma	el lema	el sistema
el diagrama	el esquema	el panorama	el telegrama
el dilema	el estigma	el poema	el tema
el diploma	el fantasma	el problema	el teorema

Los sustantivos femeninos

Feminine nouns

1. Generally, nouns that end in *-a* are feminine.

   la cabeza   la avenida   la hora   la lectura

2. The following nouns are *always* feminine:
   - Letters of the alphabet
     la hache (h)   la eme (m)   la pe (p)
   - Islands
     las Canarias   las Galápagos   las Antillas

3. Nouns with the following endings are feminine:

   –ción

   la canción (*the song*)
   la revolución (*the revolution*)
   la conversación (*the conversation*)
   la recepción (*the reception*)

   –tad

   la libertad (*the freedom*)
   la dificultad (*the difficulty*)
   la voluntad (*the will, volition*)

–dad

la ciudad (*the city*)
la realidad (*the reality*)
la hermandad (*the brotherhood*)

–sión

la explosión (*the explosion*)
la discusión (*the discussion*)
la ilusión (*the illusion*)
la excursión (*the excursion*)

–umbre

la cumbre (*the top, summit, peak*)
la muchedumbre (*the multitude, crowd*)
la costumbre (*the custom*)

–sis

la crisis (*the crisis*)
la tesis (*the thesis*)
la dosis (*the dose*)

–tud

la virtud (*the virtue*)
la actitud (*the attitude*)
la latitud (*the latitude*)
la juventud (*the youth*)
la quietud (*the quietness*)

–ie

la serie (*the series*)
la superficie (*the surface, area*)
la carie (*the cavity*)

–itis

la sinusitis (*the sinusitis*)
la poliomielitis (*the poliomyelitis*)

Ejercicios

A. ¿Qué artículo debemos usar con cada uno de los siguientes sustantivos?

¿Qué adjetivo asocias con ellos? En el primer espacio escribe el artículo definido correspondiente y en el segundo espacio escribe un adjetivo que asocias con esa palabra. Recuerda que el adjetivo tiene que concordar con el sustantivo.

Modelo: *las* camas *cómodas*

1. _____ telegrama _____
2. _____ equipajes _____
3. _____ computadora _____
4. _____ Caribe _____
5. _____ soledad _____
6. _____ garajes _____
7. _____ crisis _____
8. _____ caries _____
9. _____ diploma _____
10. _____ libertad _____
11. _____ calor _____

12. _____ canción _____
13. _____ explosión _____
14. _____ amor _____
15. _____ Filipinas _____
16. _____ fantasma _____
17. _____ manzanas _____
18. _____ flor _____
19. _____ clima _____
20. _____ labor _____
21. _____ crucigrama _____
22. _____ juventud _____

B. Sustantivos compuestos. Escribe la palabra con **el artículo definido** que corresponda a las siguientes definiciones.

Modelo: para quitar las manchas
        el quitamanchas

1. para abrir latas   _____

2. para llevar monedas   _____

3. para tocar discos   _____

4. para sacarle el corcho a las botellas   _____

5. para cubrirnos de la lluvia   _____

6. para lavarnos las manos   _____

7. para transportar aviones   _____

8. para protegernos del viento en un coche   _____

C. ¿Cómo se llama el árbol que da las siguientes frutas? Traduce el nombre de la fruta y luego di el nombre del árbol. Usa el artículo correspondiente.

(the cherry)

1. _____

   _____

(the apple)

5. _____

   _____

(the orange)

2. _____

   _____

(the plum)

6. _____

   _____

(the almond)

3. _____

   _____

(the pear)

7. _____

   _____

(the chestnut)

4. _____

   _____

(the hazelnut)

8. _____

   _____

More about nouns

1. The masculine article is used with singular feminine nouns that begin with a stressed *a* or *ha*. But, in the plural the article remains feminine. If an adjective qualifies the noun, the adjective is in the feminine form.

el agua (*the water*)

el ama (*the woman owner*)

el alba (*the dawn of day*)

el arpa (*the harp*)

el hada (*the fairy*)

el arma (*the weapon*)

el ancla (*the anchor*)

el alma (*the soul*)

el aula (*the classroom*)

el hacha (*the axe, hatchet*)

el hambre (*the hunger*)

el águila (*the eagle*)

el ave (*the bird, fowl*)

Esa es **un** arma peligro**sa**.

Por favor, no juegues con **las** armas peligro**sas**.

En las montañas vimos **el** águila negra.

Sacamos varias fotos de **unas** águilas negra**s**.

That is a dangerous weapon.

Please, don't play with the dangerous weapons.

In the mountains we saw the black eagle.

We took several photos of some black eagles.

2. If the noun ends in *–or, –ón, –ín,* or *–és,* the feminine is formed by adding an *–a.*

el doctor	la doctora
el campeón	la campeona
el bailarín	la bailarina
el inglés	la inglesa

Note that no accent is needed when the noun is feminine.

3. Some nouns that end in *–a, –nte,* and *–ista* are invariable; in other words the ending does not change. In this case the article is used to identify the feminine and masculine forms.

el/la espía	el/la agente	el/la artista
el/la camarada	el/la adolescente	el/la periodista
el/la atleta	el/la representante	el/la turista
	el/la estudiante	el/la dentista
	el/la cantante	

The following words are also invariable:

el/la testigo	el/la joven	el/la modelo

4. The following nouns are invariable and are applied to both sexes. Note that the article *does not* change with these nouns.

el ángel (*the angel*)

la estrella (*the star [celebrity]*)

la persona (*the person, human being*)

el personaje (*the character*)

la víctima (*the victim*)

el ser (*the being*)

La novia es el personaje principal en *Bodas de sangre.*

Juan Carlos es una buena persona.

The bride is the main character in Blood Wedding.

Juan Carlos is a good person.

5. The following nouns should be learned separately because they have a different form for the masculine and the feminine:

el actor	la actriz	(*the actor/the actress*)
el barón	la baronesa	(*the baron/the baroness*)
el caballo	la yegua	(*the horse/the mare*)
el carnero	la oveja	(*the ram/the ewe*)
el conde	la condesa	(*the count/the countess*)
el duque	la duquesa	(*the duke/the duchess*)
el emperador	la emperatriz	(*the emperor/the empress*)
el gallo	la gallina	(*the rooster/the hen*)
el héroe	la heroína	(*the hero/the heroine*)
el hombre	la mujer	(*the man/the woman*)
el marido	la esposa	(*the husband/the wife*)
el marqués	la marquesa	(*the marquis/the marchioness*)
el padre	la madre	(*the father/the mother*)
el poeta	la poetisa	(*the poet/the poetess*)
el príncipe	la princesa	(*the prince/the princess*)
el rey	la reina	(*the king/the queen*)
el toro	la vaca	(*the bull/the cow*)
el varón	la hembra	(*the male/the female*)
el yerno	la nuera	(*the son-in-law/the daughter-in-law*)

6. The meaning of the following nouns changes depending on the article used with them:

Masculine article

el cometa (*the comet*)
el corte (*the cut*)
el capital (*the capital* [*money*])
el cura (*the priest*)
el editorial (*the editorial*)
el frente (*the front* [*military, weather*])
el guía (*the guide*)
el mañana (*tomorrow*)
el orden (*the order* [*sequence*])
el papa (*the pope*)
el pendiente (*the earring*)
el policía (*the policeman*)

Feminine article

la cometa (*the kite*)
la corte (*the court*)
la capital (*the capital* [*city*])
la cura (*the cure*)
la editorial (*the publishing house*)
la frente (*the forehead*)
la guía (*the telephone guide or female guide*)
la mañana (*the morning*)
la orden (*the order, command, or religious order*)
la papa (*the potato*)
la pendiente (*the slope*)
la policía (*the police force*)

7. The following nouns do not conform to any of the rules discussed so far, and they must be learned separately. It is always a good idea to learn nouns with their article, thus avoiding any confusion later.

la mano (*the hand*)
el tranvía (*the streetcar*)
el día (*the day*)
el mediodía (*noon*)
la foto (*the photo*
  [*a shortened form of* la fotografía])

la moto (*the motorcycle* [*a shortened form of*
  la motocicleta])
el mapa (*the map*)
la imagen (*the image*)
el planeta (*the planet*)

8. For some names of animals, the gender is arbitrarily assigned.

el elefante (*the elephant*)	la serpiente (*the serpent*)	el mosquito (*the mosquito*)
la rana (*the frog*)	la cotorra (*the small parrot*)	el sapo (*the toad*)
la mosca (*the fly*)	la ballena (*the whale*)	el murciélago (*the bat*)

If you need to specify the gender, you add *macho* for male and *hembra* for female. Note that *macho* and *hembra* do not agree with the noun in gender and number, and that any adjective used to describe the animal agrees with the noun, not with the gender modifier.

El elefante hembra está demasiado gordo.	*The female elephant is too fat.*
La ballena macho parece estar deprimida.	*The male whale seems to be depressed.*

Ejercicios

A. En español, por favor.
Traduce las palabras entre paréntesis al español para completar las frases.

1. _____ (*Many birds*) vuelan al sur durante el invierno.

2. Gustavo vio _____ (*a poisonous scorpion*) en la selva.

3. ¿Por qué no pones el dinero en _____ (*the pocketbook*)?

4. Nos vamos a reunir en _____ (*the small classroom*).

5. A Jacinto le encantan _____ (*the romantic poems*).

6. _____ (*The generous fairy*) trató de ayudar a la Cenicienta.

7. Ese señor fue _____ (*the last victim*) del gobierno militar.

8. Ayer vino _____ (*many people*) al concierto.

B. Definiciones.
Escoge la palabra que corresponde a las descripciones a continuación. Usa **el artículo definido**. Ten cuidado porque hay palabras que no tienen nada que ver (*anything to do*) con estas definiciones.

aula / rana / pies / juventud / llave / mapa / tranvía / cumbre / mano / vacas / pizarra / día / espía / sobre / peces

Modelo: persona que vende secretos militares de un país a otro: *el espía*

1. lo que miramos cuando queremos ver dónde un país está situado _____

2. la parte del cuerpo que usamos para escribir _____

3. el período de tiempo cuando podemos ver el sol _____

4. el lugar donde un profesor escribe con la tiza _____

5. el período de tiempo antes de la vejez _____

6. lo que necesitamos para abrir una puerta _____

7. algunos de los animales que hay en el mar _____

8. el lugar en la escuela donde una profesora enseña _____

9. un medio de transporte que usan en San Francisco _____

C. Compara a las siguientes personas o animales.

Modelo: drama / novela (interesante)
El drama es menos (más) interesante que la novela.

1. reina / príncipe (importante)

   _____

2. gallo / caballo (fuerte)

   _____

3. tucán / gato (bonito)

   _____

4. vaca / carnero (grande)

   _____

5. poeta / bailarín (intelectual)

   _____

6. actriz / cantante (popular)

   _____

D. Cambios. En la siguiente lista, escribe la forma masculina de las palabras en la lista de la izquierda y la forma femenina de las palabras en la lista de la derecha.

1. la nuera _____
2. la reina _____
3. la hembra _____
4. la princesa _____
5. la yegua _____
6. la gallina _____
7. la mujer _____
8. la actriz _____

9. el poeta _____
10. el duque _____
11. el carnero _____
12. el emperador _____
13. el padre _____
14. el marido _____
15. el toro _____
16. el héroe _____

E. Cambios. Haz los cambios necesarios para usar las siguientes palabras cuando te refieres a un hombre o a una mujer, dependiendo de la forma que aparece en la lista. Recuerda que algunas palabras se usan para las dos formas sin cambiar la terminación, todo depende del artículo.

1. la campeona _____
2. la atleta _____
3. la adolescente _____
4. la representante _____
5. la víctima _____
6. la persona _____
7. la camarada _____
8. la joven _____

9. el doctor _____
10. el cantante _____
11. el agente _____
12. el yerno _____
13. el ser _____
14. el varón _____
15. el personaje _____
16. el ángel _____

F. Una obra de teatro. Imagina que van a presentar una obra de teatro en tu escuela y que tienes que escoger a los actores para la obra. Indica cuál de tus compañeros de clase va a hacer cada papel (*play each role*) y da dos adjetivos describiéndolo(la).

Modelo: maestro
      Juan va a hacer el papel del maestro. El maestro es alto y moreno.
      o
      El maestro es inteligente y comprensivo.

Los personajes:

bailarín	atleta	ángel	víctima	campeón de fútbol
dentista	turista	espía	testigo	estrella de cine

_____

_____

_____

_____

_____

_____

_____

_____

_____

_____

G. En compañía de... Lee la lista al final del ejercicio y escoge a dos personas, o dos animales, o dos objetos que incluirías o no en las situaciones a continuación.

1. ¿Qué pondrías o no pondrías en El Arca de Noé? En el Arca de Noé yo (no) pondría

   _____

2. ¿A quién invitarías a una cena elegante? Yo (no) invitaría a

   _____

3. ¿Qué llevarías o no llevarías contigo a una isla desierta? Yo (no) llevaría

   _____

4. ¿Qué o a quién llevarías o no llevarías de vacaciones? Yo (no) llevaría

   _____

5. ¿Qué llevarías o no llevarías a un concierto de rock? Yo (no) llevaría

   _____

rey de España	bailarina	ancla	manzano	hacha	abrelatas	mapa
vaca	cantante	ángel	equipaje	gato	guía	moto
caballo	foto	estrella de cine	diploma	sacacorchos	actriz	arma

H. En forma de pregunta, por favor. Lee las siguientes definiciones y escribe la pregunta que corresponde a ellas. Las siguientes palabras te ayudarán con la pregunta. Pero, cuidado, algunas palabras no tienen nada que ver (*anything to do*) con estas definiciones.

periodista / Caribe / editorial / agosto / tío / yegua / yerno / corte / Mediterráneo / oveja / espía / representante / genio / nuera / noche / amor / desastre / campeón / vaca / heroína

Modelo: el hermano de la madre
¿Qué es un tío?

1. lugar donde tienen lugar los juicios
   _____

2. parte del periódico donde se expresan las ideas más importantes
   _____

3. incidente que causa grandes problemas que son lamentables
   _____

4. periodo de tiempo cuando hay muchas estrellas y cuando se puede ver la luna
   _____

5. persona con una inteligencia increíble
   _____

6. mar donde se encuentran Puerto Rico, Cuba y la República Dominicana
   _____

7. mes en que empiezan las clases
   _____

8. profesión peligrosa del agente 007
   _____

9. persona que los ciudadanos eligen para que los represente en el gobierno
   _____

10. animal que da leche
    _____

11. el marido de mi hija
    _____

12. mujer ilustre y famosa que es muy valiente
    _____

13. una persona que escribe para un periódico
    _____

14. la persona que gana un campeonato
    _____

15. lo que una persona siente por otra cuando está enamorada
    _____

I. Identificaciones. Escoge el artículo correcto para identificar los dibujos a continuación.

1. el / la cometa
2. el / la corte
3. el / la capital
4. el / la frente
5. el / la pendiente
6. el / la papa

7. el / la frente
8. el / la papa
9. el / la guía
10. el / la pendiente
11. el / la policía
12. el / la guía

J. Más definiciones. Escribe una definición para cada una de las siguientes palabras. Puedes escribir una definición o describir una situación que ayude a comprender el significado.

1. el cometa

_____

2. el editorial

_____

3. la cura

_____

4. la papa

_____

5. la orden

_____

6. el orden

_____

7. el capital

_____

8. la mañana

_____

9. el cura

_____

El plural de los sustantivos

The plural of nouns

In Spanish, the plural of nouns is formed in the following ways:

1. By adding –s to nouns ending in a vowel

   la carta-las cartas   el zapato-los zapatos

   However, the plural of nouns that end in a stressed vowel other than –e is formed by adding –es.
   el rubí-los rubíes   el tabú-los tabúes

2. By adding –es to the nouns ending in a consonant (including y)

   el árbol-los árboles   la canción-las canciones
   el país-los países   el rey-los reyes
   el mes-los meses   la ley-las leyes

   However, note that:

   • if the noun ends in –s in an unstressed final syllable, the noun remains the same, and the plural is formed by using the plural article.
   el lunes-los lunes   la crisis-las crisis   el abrelatas-los abrelatas

- if a word ends in a stressed *–án, –és, –ón*, when in the plural, no written accent is needed.
  el refrán-los refranes   el camión-los camiones   la acción-las acciones

- if the word ends in a *–z*, the *–z* becomes *–c* before *–es* is added.
  el pez-los peces   la nariz-las narices   la cruz-las cruces
  la vez-las veces   el lápiz-los lápices   la raíz-las raíces

Also remember that collective nouns are always singular in Spanish.

La gente está muy contenta.   *The people are very happy.*
El público es muy exigente en   *The audience is very demanding in big cities.*
las ciudades grandes.

Ejercicios

A. Escribe el plural de los siguientes sustantivos y luego di lo que significan en inglés.

	Plural	**Significado**			**Plural**	**Significado**
1. la voz	_____	_____	9. la raíz	_____	_____
2. el avión	_____	_____	10. el caballo	_____	_____
3. el martes	_____	_____	11. el sofá	_____	_____
4. el verano	_____	_____	12. la papa	_____	_____
5. la mano	_____	_____	13. el campeón	_____	_____
6. el paraguas	_____	_____	14. la joven	_____	_____
7. el almendro	_____	_____	15. el cantante	_____	_____
8. la flor	_____	_____			

B. Escribe el plural de los siguientes sustantivos. Incluye **el artículo definido**.

Modelo: llave   *las llaves*

1. nación	_____	11. nariz	_____
2. pasaje	_____	12. pared	_____
3. almacén	_____	13. fuente	_____
4. papel	_____	14. jardín	_____
5. director	_____	15. mujer	_____
6. cruz	_____	16. ley	_____
7. inglés	_____	17. frijol	_____
8. rey	_____	18. luz	_____
9. cine	_____	19. dólar	_____
10. salón	_____	20. disfraz	_____

Los artículos

Los artículos definidos

Definite articles

Masculine	**Feminine**
el *the* (singular)	la *the* (singular)
los *the* (plural)	las *the* (plural)

Uses of the definite article

The definite article is used

1. with generic nouns (nouns that refer to all members of a particular category or to a concept in general) and with abstract nouns

Las enfermedades son investigadas en ese laboratorio.	*Illnesses are studied in that laboratory.*
Los colombianos están orgullosos de su historia.	*Colombians are proud of their history.*
La literatura hispanoamericana ha florecido mucho.	*Spanish-American literature has greatly flourished.*
El amor es lo más maravilloso que se puede sentir.	*Love is the most wonderful thing one can feel.*

2. with days of the week, meaning *on*

El lunes vamos a empezar los estudios.	*On Monday we are going to begin the studies.*
Los sábados visitamos a nuestros parientes.	*On Saturdays we visit our relatives.*

   But,
Hoy es **domingo**.	*Today is Sunday.*

3. with names and titles

El profesor Ramírez no ha llegado todavía.	*Professor Ramírez has not arrived yet.*
El presidente pidió una audencia con el papa.	*The president asked for an audience with the pope.*

   Note that the article is not used before *don, doña, san,* or *santa* or when the person is directly being addressed.

Ese libro fue escrito por **Santa Teresa**.	*That book was written by Saint Teresa.*
Sr. Ramírez, ¿a qué hora llegará Ud. mañana?	*Mr. Ramírez, at what time will you arrive tomorow?*

4. with names of languages, except after *hablar, de,* and *en*

Dimitri siempre está mezclando **el ruso** con **el alemán**.	*Dimitri is always mixing Russian with German.*

   But,
En mi casa **hablamos español** siempre.	*In my house, we always speak Spanish.*
Quiero que cantes **en italiano**.	*I want you to sing in Italian.*
La clase **de griego** es difícil.	*The Greek class is difficult.*

With the verb *traducir* the article is used with languages after *de* or *a*.

Ella tradujo el libro **del** francés **al** español.   *She translated the book from French to Spanish.*

5. when a part of the body or article of clothing is the direct object (*not* the possesive adjective, as is used in English)

¿Por qué no te pones **la camisa**?   *Why don't you put your shirt on?*
Voy a lavarme **las manos**.   *I am going to wash my hands.*

6. with an infinitive being used as a noun

El fumar es peligroso.   *Smoking is dangerous.*

7. when telling time

Son **las dos**.   *It is two o'clock.*
El tren llega a **las tres**.   *The train arrives at three o'clock.*

8. when the last name is used to refer to people in the plural

Los Villar son amigos de mi familia.   *The Villars are friends of my family.*
Los Sánchez están en la Florida.   *The Sánchez (family) is in Florida.*

9. with the names of oceans, seas, mountains, lakes, and other geographical names

Dicen que el barco desapareció   *They say that the ship disappeared in*
    en **el Atlántico**.   *the Atlantic.*

10. when relating prices to weights and measures

tres dólares **la docena**   *three dollars a dozen*
cien pesos **la libra**   *a hundred pesos a pound*
mil pesos **la tonelada**   *a thousand pesos a ton*

11. with certain countries, or cities, although in print media the article with names of countries is omitted

la Argentina   **el** Brasil   **el** Canadá   **la** India
los Estados Unidos   **el** Perú   **el** Ecuador   **el** Paraguay

When the article is part of the name, it cannot be omitted.

La Habana   **El** Salvador

12. if two or more nouns are listed (each noun should have its own article)

La camisa y **la** corbata están en el armario.   *The shirt and tie are in the closet.*

Remember that when the definite masculine singular article appears after the prepositions *a* or *de*, they become *al* and *del*.

Hoy vamos **al** cine.   *Today we are going to the movies.*
Esa manzana se cayó **del** árbol.   *That apple fell from the tree.*

But this does not happen when *a* or *de* is followed by the personal pronoun *él* or by an article that is part of a proper name or a title

A él no le gustó lo que yo dije.   *He didn't like what I said.*
Estos cuadernos son **de él**.   *These notebooks are his.*
El profesor nos estaba hablando   *The professor was talking to us about The Quijote.*
    de El Quijote.

Omitting the definite article

The definite article is omitted

1. with names of languages, usually after *saber*, *aprender*, *enseñar*, and *hablar* and after the prepositions *de* and *en*

   Tú **sabes inglés** como un nativo.   *You know English as a native.*
   Eso no se dice **en español**.   *That is not said in Spanish.*

   After *entender*, *escribir*, and *estudiar*, the use of the article is optional.

2. with nouns in apposition

   Esmeralda Santiago, **escritora puertorriqueña**, ha tenido mucho éxito en los Estados Unidos.   *Esmeralda Santiago, a Puerto Rican writer, has been very successful in the United States.*

3. with ordinal numbers in conversation when referring to kings, popes, and other rulers

Carlos I	Carlos Primero	*Charles the First*
Juan Pablo II	Juan Pablo Segundo	*John Paul the Second*

4. with some adverbial phrases. These phrases do not follow a particular rule, so they must be learned separately.

   en nombre de (*in the name of*)   en camino a (*on the way to*)
   a corto/largo plazo (*in the short/long run*)   en alta mar (*on the high sea*)
       cuesta abajo/arriba (*down/up the hill*)

The neuter article *lo*

The construction *lo* + adjective is used to refer to the quality expressed by the adjective, without referring to any specific person or object that possesses the quality. It is understood to refer to a situation rather than to any specific participant in the situation.

Lo difícil es cocinar sin sal.   *The difficult thing (The difficult part/What is difficult) is to cook without salt.*

Lo importante es poder llegar antes del mediodía.   *The important thing (The important part/What is important) is to be able to arrive before noon.*

Ejercicios

A. El País en México. Completa el siguiente artículo del periódico español *El País* sobre el inicio de la publicación de *El País en México*. Usa **los artículos definidos**.

El país inicia la publicación de una edición diaria en México

El país
Madrid

El diario *El país* se convirtió _____ jueves 16 en _____ primer diario español que se publica simultáneamente en España y en México. _____ edición americana, que se sumó a _____ ediciones que se realizan en España (Madrid, Barcelona, Galicia y Canarias) y a _____ europea de Roubaix, se distribuye en otros países de América Central y en _____ sur de Estados Unidos. Todos _____ días, desde Madrid, se envían vía satélite _____ páginas a _____ capital mexicana, lo que permite imprimir en México _____ mismo diario que se elabora en Madrid. _____ edición

mexicana lleva también unas páginas especiales con información de aquel país. Para hacer posible esta operación se ha organizado una conexión, vía satélite, con _____ diario mexicano *La Prensa*, en cuyas instalaciones se imprime *El país*.

A _____ páginas habituales de este periódico, que ya leen _____ lectores en España y en otros países de Europa, se añaden para México una información potenciada sobre _____ política y _____ economía de América, así como un cuadernillo central dedicado específicamente a informar sobre México Distrito Federal, con especial atención a _____ temas culturales, sociales, deportivos y de espectáculos.

B. Situaciones incompletas.

Escribe **el artículo definido** (*el, la, los, las*), **el artículo neutro** (*lo*) o **la contracción** (*al* o *del*) para completar las frases. Si no hace falta nada, escribe una X.

1. _____ lunes pasado salimos temprano de _____ casa. Era _____ primer día de mis vacaciones y quería jugar _____ baloncesto. Mi amigo Jorge no pudo acompañarme pues le dolían _____ piernas de tanto caminar durante _____ fin de semana. Cuando llegué a _____ calle Carlos _____ Quinto, doblé a _____ derecha y me encontré con _____ señor Perales. Lo saludé y seguí en _____ camino _____ estadio.

2. —¿Qué llevas ahí?

   —Es _____ arpa que me regalaron mis padres.

   —Mis padres querían que yo aprendiera a tocarla pero nunca encontré _____ tiempo para ir _____ conservatorio.

   —A mí me encanta. _____ difícil es que pesa una tonelada. Si voy _____ cuesta abajo no tengo problema, pero si voy _____ cuesta arriba necesito descansar varias veces.

3. —¿Sabes lo que significa _____ libertad?

   —Verdaderamente no. Nunca he estado en _____ cárcel.

   —Pues, piénsalo bien. No es justo que tengas _____ perro en _____ jaula (*cage*) todo _____ día. Esa jaula es como una cárcel.

—Es que cuando está suelto, destruye _____ jardín de _____

señora Camacho.

—Bueno, por lo menos amárralo _____ árbol para que pueda caminar un poco.

4. —_____ Sr. Palomo, ¿habla Ud. _____ japonés?

—No, lo siento. ¿Por qué me lo pregunta?

—Necesito que alguien traduzca _____ documento que llegó ayer

_____ japonés _____ español.

—¿Ya le preguntó _____ señor Morimoto?

—Sí, pero él no ha estudiado _____ español formalmente y todavía tiene

_____ problemas que generalmente tienen _____ extranjeros.

—Llame _____ director de _____ agencia El Mundo. Ellos

hacen buen trabajo.

—Buena idea. Ay, ya son _____ diez. Lo haré cuando regrese _____

hospital. Voy a visitar a mi tío. Hasta luego.

—Hasta pronto.

5. —¿A cómo están _____ uvas?

—A veinte pesos _____ libra.

—¡Qué baratas! Deme dos libras.

—¿Quiere llevar _____ melón que tiene en _____ mano?

—Sí, por favor. Ponga todo en _____ bolsa y regreso en cinco minutos.

—De acuerdo. _____ malo es que no voy a estar aquí, pero se la dejo con

_____ dependiente.

6. —… y entonces cuando estaban en _____ alta mar, _____ hada

(*fairy*) se les apareció a los chicos.

—Yo no creo en _____ hadas. No existen.

—Bueno, Sergio, éste es _____ cuento que querías que te leyera.

—No me gusta. ¿Por qué no me llevas _____ cine?

—Bien, ponte _____ zapatos y lávate _____ manos. Yo recojo

_____ libros.

C. Más situaciones. Completa las siguientes frases con **el artículo definido**. Si no hace falta uno, escribe una X. Cuidado porque tienes que usar dos contracciones.

1. Eran _____ tres y todavía no habían llegado.

2. —Hola, _____ profesora Delgado, ¿quién tradujo el libro _____

inglés _____ español?

3. ¿Por qué no vamos a jugar a _____ pelota?

4. Siempre me levanto tarde _____ domingos.

5. _____ esperanza es algo que el ser humano no puede perder.

D. ¡No estoy de acuerdo!   Algunos de tus amigos te sugieren ciertas actividades. Tú pareces no estar de acuerdo con nada de lo que proponen. Responde a las sugerencias usando el modelo como guía.

Modelo: Entremos en ese café. (bueno / ir al restaurante)
Lo bueno sería (would be) *ir al restaurante.*

1. Quiero leer ese libro. (interesante / ver la película)

   _____

2. Vamos al museo. (divertido / ir de compras)

   _____

3. ¿Por qué no vamos a la piscina? (emocionante / subir al observatorio)

   _____

4. ¿Quieres acompañarme a la tienda? (mejor / ordenar las raquetas por teléfono)

   _____

5. Cómprale esos discos a Juan. (bonito / comprarle cintas)

   _____

E. ¿Qué significa para ti...?   Usando los adjetivos a continuación expresa lo que significan las siguientes cosas para ti. Usa el modelo como guía.

Modelo: interesante
Lo interesante para mí es aprender cosas nuevas.

1. aburrido

   _____

2. triste

   _____

3. romántico

   _____

4. curioso

   _____

5. cómico

   _____

6. malo

   _____

7. fácil

   _____

8. desagradable

   _____

9. peor

   _____

10. agradable

   _____

Los artículos indefinidos

Indefinite articles

Masculine

un (*a, an* [*singular*])
unos (*some, a few* [*plural*])

Feminine

una (*a, an* [*singular*])
unas (*some, a few* [*plural*])

Uses of the indefinite article

The indefinite article is used

1. when a noun denoting personal characteristics is used to describe a person

   Eres **un sinvergüenza**.   *You are shameless.*
   Son **unos ladrones**.   *They are thieves.*

2. to express approximation with numbers

   Hay **unos cien** estudiantes en el patio.   *There are about one hundred students on the patio.*

Omitting the indefinite article

The indefinite article is omitted

1. after the verb *ser* before nationality, professions, occupations, religions, or political affiliations

   Rafael **es uruguayo**. Él es piloto.   *Rafael is Uruguyan. He is a pilot.*
   La señorita Carrasco **es espía**.   *Miss Carrasco is a spy.*
   Ester **es judía**. Ella **es demócrata**.   *Ester is a Jew. She is a democrat.*

   If the noun is qualified, however, the indefinite article is used.

   Rafael es **un uruguayo patriótico**.   *Rafael is a patriotic Uruguayan. He*
     Él es **un piloto de mucha experiencia**.   *is a pilot with a lot of experience.*
   La señorita Carrasco es **una espía**   *Miss Carrasco is a very admired spy.*
     muy admirada.
   Ester es **una judía de la Argentina**.   *Ester is a Jew from Argentina. She is*
     Ella es **una verdadera demócrata**.   *a true democrat.*

2. before *cierto, otro, cien, mil, medio(a),* and *tal*

   Cierta persona vino a buscarte.   *A certain person came looking for you.*
   Dame **otro** libro.   *Give me another book.*
   Aquí tienes **cien** pesos.   *Here you have a hundred pesos.*

   Había más de **mil** personas allí.   *There were more than a thousand people there.*
   Compré dos libras y **media** de café.   *I bought two and a half pounds of coffee.*
   No te dije **tal** cosa.   *I didn't tell you any such thing.*

3. after ¡*qué…*!

   ¡Qué **inteligencia**!   *What an intelligence!*

Ejercicio

El artículo indefinido.   Completa la siguiente selección con **el artículo indefinido** (*un, una, unos, unas*). Si no hace falta uno, escribe una *X*.

—Cuando llegué sólo quedaban _____ veinte estudiantes. _____ señora vestida de manera extraña, les gritaba.

—¡Son _____ mal educados! _____ persona como yo no puede perdonar _____ tal comportamiento.

—Señora, usted no es _____ demócrata. Si fuera _____ otra persona, permitiría que expresáramos nuestras ideas libremente.

—¡Qué insolente! El año pasado me ocurrió lo mismo. Yo soy _____ profesora y como profesora estoy aquí para enseñarles, no para que ustedes me enseñen.

—El señor Lozano, _____ profesor de filosofía, siempre nos decía que cuando se permite _____ cierto diálogo con los estudiantes, ambos se benefician.

—¿Quiere decir que no soy _____ profesora buena?

—No, no es eso. Sólo le pedimos que tenga _____ cierta flexibilidad y que nos escuche de vez en cuando.

—Bien. Ya hemos perdido demasiado tiempo, comencemos. Y, por favor, sin más interrupciones.

PASO 2

Subject pronouns and prepositional pronouns

Subject pronouns

Singular	Plural
yo (*I*)	nosotros, –as (*we*)
tú (*you*)	vosotros, –as (*you*)
él (*he*)	ellos (*they*)
ella (*she*)	ellas (*they*)
usted/Ud. (*you*)	ustedes/Uds. (*you*)

1. *Tú* is an informal pronoun, used when one is talking to one's friends. It is also used when one would use a person's first name in addressing him or her or when one is speaking to family members.

2. *Usted* (*Ud.*) is used as a form of respect when one is talking to someone who would be addressed with a specific title such as Mr., Mrs., Dr., or Professor, or with a general title such as sir or ma'am.

3. *Vosotros* (*–as*) is the plural form of *tú*. It is used primarily in parts of Spain.

4. In Latin America *ustedes* (*Uds.*) is used as the plural of *tú* as well as the plural of *Ud.*

Uses of subject pronouns

1. Pronouns are used to replace nouns. In Spanish, subject pronouns are used primarily for emphasis or clarification.

La profesora Castro enseña en el Departamento de Física.	*Professor Castro teaches in the Department of Physics.*
Ella enseña en el Departamento de Física.	*She teaches in the Department of Physics.*

2. Subject pronouns are used after the verb *ser*.

—¿Quién es el más inteligente? —*Who is the most intelligent?*
—Soy **yo**. —*It is I.*
—Ah, eres **tú**. —*Ah, it is you.*
—¿Quiénes son los ganadores? —*Who are the winners?*
—Son **ellos**. —*It is they.*

3. *It* as a subject of an impersonal verb or expression is not expressed in Spanish.

Llueve. *It is raining.*
¿Te gusta? Sí, me gusta. *Do you like it? Yes, I like it.*
Es importante. *It's important.*
¿Qué es? *What is it?*

Ejercicios

A. ¿Qué pasaba?
En el espacio a la derecha, escribe **el pronombre** que podemos usar para sustituir los sujetos en itálica.

1. *Pedro* leía el periódico. _____

2. *Su hermana Bárbara* escribía su tarea. _____

3. *Los tíos de Juana* daban un paseo por el barrio. _____

4. *Los gemelos* (identical twins) dibujaban. _____

5. *El Sr. Pardo* ayudaba a preparar la cena. _____

6. *La Sra. Pardo* ponía la mesa. _____

7. *Los gatos* jugaban. _____

8. *Mis abuelos y yo* mirábamos la televisión. _____

B. En clase.
Completa las siguientes frases con **el sujeto** que corresponde al verbo conjugado. Recuerda que generalmente esto se hace para poner énfasis en el sujeto.

1. Él presta mucha atención pero _____ no prestas atención alguna.

2. Nosotros hacemos mucho trabajo en esa clase pero Julia y Tomás no, _____ hacen muy poco.

3. Tú siempre sales bien, pero _____ no estoy muy fuerte en esta asignatura.

4. El profesor enseña, pero _____ no explica muy bien.

5. Ese estudiante siempre levanta la mano; _____ me vuelve loco.

6. Los estudiantes extranjeros participan mucho en las discusiones. _____ se dan cuenta de la importancia de contribuir a la clase.

7. Marta y yo estudiamos juntas. _____ necesitamos ese apoyo.

Subject pronouns and prepositional pronouns

C. ¿Qué forma debes usar? Escribe **el pronombre** correspondiente (*tú, Ud.* o *Uds.*) según la persona a quien te diriges.

1. el Sr. Rodríguez _____

2. tu hermano _____

3. el recepcionista de un hotel _____

4. la operadora telefónica _____

5. tus tíos _____

6. un estudiante nuevo _____

7. un taxista _____

8. la Dra. Sánchez _____

9. tus amigos mexicanos _____

10. tu primo _____

Prepositional pronouns

Prepositional pronouns are used after prepositions. They are the same as the subject pronouns, with the exception of the first and second person sigular: *mí* and *ti*.

Singular	**Plural**
mí (*me*)	nosotros, –as (*us*)
ti (*you*)	vosotros, –as (*you*)
él (*him*), ella (*her*)	ellos/ellas (*them*)
usted/Ud. (*you*)	ustedes/Uds. (*you*)

1. Exceptions: *conmigo* and *contigo*

   ¿Vas **conmigo**?   *Are you going with me?*
   Claro. Voy **contigo**.   *Of course. I'm going with you.*

2. There are no contractions with prepositional phrases (*a + él, de + él*)

   El libro es **de él**.   *The book is his.*

3. *Sí* is used after prepositions to express *yourself, himself, herself,* and *themselves* (exception: *consigo*).

   Compró las camisas **para sí** y   *He bought the shirts for himself and*
   las trajo **consigo**.   *he brought them with him.*

4. After the prepositions *entre, menos,* and *según,* the subject pronouns are used. Note that in this case *yo* and *tú* must also be used.

   Entre tú y yo, él no comprendió nada   *Between you and me, he did not understand*
   de lo que decíamos.   *anything that we said.*
   Todos lo sabían **menos tú y ella**.   *Everyone knew it except you and her.*
   Según él, no pudieron hacer nada.   *According to him, they could not do anything.*

Common prepositions and prepositional phrases used with pronouns (note that many include *de*):

a (*to, at*)	delante de (*in front of*)	hacia (*toward*)
acerca de (*about*)	dentro de (*within*)	hasta (*until*)
además de (*beside*)	desde (*from*)	lejos de (*far from*)
alrededor de (*around*)	después de (*after*)	menos (*less*)
ante (*before*)	detrás de (*behind*)	para (*for*)
antes de (*before*)	en (*in*)	por (*for, by*)
cerca de (*near*)	encima de (*on top of*)	según (*according to*)
con (*with*)	enfrente de (*in front of*)	sin (*without*)
contra (*against*)	entre (*between*)	sobre (*about*)
de (*of, from*)	frente a (*in front*)	tras (*behind*)
debajo de (*under*)	fuera de (*outside of*)	

A more complete list of prepositions appears in Appendix C on pp. 356–357.

Ejercicios

A. Cambios. Completa las siguientes frases con **el pronombre tónico** (*prepositional pronoun*) correspondiente a las palabras entre paréntesis.

1. Ese regalo es para _____ (José). Aquél es para _____ (mi amigo y yo). Y éste es para _____ (tú).

2. Nosotros vamos con _____ (Francisco y Elena). Antonio va con _____ (Teresa). Uds. van con _____ (Juana y Carlota).

3. Los turistas les hablan a _____ (las mujeres). El maestro le habla a _____ (el niño). Los policías nos hablan a _____ (mi hermana y yo).

4. Esas maletas son de _____ (el hombre). Éstas aquí son de _____ (las señoras). Ésas son de _____ (Felipe y tú).

5. Uds. no van sin _____ (Ana y María). Tú vas sin _____ (Paco y su padre). Ella va sin _____ (yo).

B. Una fiesta de cumpleaños. Responde a las siguientes preguntas usando **un pronombre tónico** (*prepositional pronoun*) en tus respuestas.

1. —¿Vas conmigo? —Sí, _____.

2. —¿Es el regalo para Josefina? —Sí, _____.

3. —¿Hablaban mucho sus amigos acerca de los invitados? —Sí, _____.

4. —¿Quieres sentarte al lado de Juan? —Sí, _____.

5. —¿Dan la fiesta sin Luis e Ignacio? —Sí, _____.

6. —Todos hablan inglés menos yo, ¿verdad? —Sí, _____.

7. —¿Esa tarjeta es de Carola? —Sí, _____.

C. En el partido.   Responde a las siguientes preguntas usando **un pronombre tónico** en tus respuestas. La información entre paréntesis te va a ayudar. Usa el modelo como guía.

Modelo: ¿Con quién vas? (Ricardo)
Voy con él.

1. ¿Para quién es? (tú)

   _____

2. ¿De quiénes hablan Uds.? (Juan y Tomás)

   _____

3. ¿Contra quiénes juegan? (Carlos y yo)

   _____

4. ¿Enfrente de quién está? (yo)

   _____

5. ¿Según quiénes van a cancelar el partido? (ellas)

   _____

6. ¿A quiénes les gritan? (yo)

   _____

Object pronouns

Direct and indirect object pronouns are used to replace and thus avoid the repetition of nouns.

Direct object pronouns

me (*me*)   nos (*us*)
te (*you*)   os (*you*)
lo (*him, it, you–formal*)   los (*them, you–formal*)
la (*her, it, you–formal*)   las (*them, you–formal*)

Direct object nouns and pronouns receive the direct action of the verb. They answer the questions *whom?* or *what?* about the verb.

—¿A quiénes viste?   *Whom did you see?*
—Vi **a los niños**.   *I saw the children. (Direct object noun)*
—**Los** vi.   *I saw them. (Direct object pronoun)*
—¿Qué escribiste?   *What did you write?*
—Escribí **la carta**.   *I wrote the letter. (Direct object noun)*
—**La** escribí.   *I wrote it. (Direct object pronoun)*

Note that in some parts of Spain *le* (*you–formal masc., him*) is used in place of *lo* when referring to people.

Indirect object pronouns

me (*to/for me*)   nos (*to/for us*)
te (*to/for you*)   os (*to/for you*)
le (*to/for him, her, you*)   les (*to/for them, you*)

1. Indirect object pronouns are the persons or things to or for whom something is said or done. They answer the questions *to whom?* or *for whom?* about the verb.

	He read me the letter.
Me leyó la carta.	or
	He read the letter to me.
Le devolví la bicicleta.	*I returned the bicycle to him/to her/to you.*

2. To clarify *le* and *les*, you may add the prepositional phrases *a él, a ella, a Ud., a Uds., a ellos,* or *a ellas.*

Le devolví la bicicleta **a él (a ella, a Ud.).**   *I returned the bicycle to him (to her, to you).*

3. Prepositional phrases (*a mí, a ti, a nosotros/as, a vosotros/as*) can also be added to emphasize *me, te, nos,* and *os.*

Alberto **me** dio el dinero **a mí.**   *Alberto gave the money to me.*
Te escribí la carta **a ti.**   *I wrote the letter to you.*

Position of object pronouns

1. Object pronouns generally precede a conjugated verb.

Los traje.   *I brought them.*
Me leyó la carta.   *He read the letter to me.*

2. When a verb has two object pronouns, the indirect object pronoun precedes the direct object pronoun.

Diego *nos* dijo *la verdad.*   *Diego told us the truth.*
Diego **nos la** dijo.   *Diego told it to us.*

3. *Le* and *les* change to *se* before *lo, la, los, las.*

Susana le dijo la verdad al niño.   *Susana told the boy the truth.*
Susana **se la** dijo.   *Susana told it to him.*

Se can be clarified by the addition of *a él, a ella, a Ud., a Uds., a ellos,* or *a ellas.*

Susana **se la** dijo **a él.**   *Susana told it to him.*

4. In affirmative commands, the object pronouns must follow the verb and be attached to it.

Traiga Ud. **los bocadillos,** por favor.   *Bring the sandwiches, please.*
Tráiga**los,** por favor.   *Bring them, please.*

But if the command is negative, the object pronouns must be placed before the verb.

No **los** traiga, por favor.   *Do not bring them, please.*

Note:

• If before adding the pronouns, the stress is on the next to the last syllable, a written accent is needed to keep the stress.

Explíca**la.**   *Explain it.*
Dá**selos.**   *Give them to her.*

• The *nosotros* commands of reflexive verbs drop the final –*s* before the pronoun is attached to it.

¡Acostémonos temprano esta noche!   *Let's go to bed early tonight!*

5. If a conjugated verb is followed by an infinitive or a gerund (present participle), the object pronoun(s) can be attached directly to the infinitive or to the gerund or they can precede the conjugated verb.

Voy a leer **el libro.**   *I am going to read the book.*
Voy a leer**lo.** *or* **Lo** voy a leer.   *I am going to read it.*

Estoy leyendo **el libro**.	*I am reading the book.*
Estoy leyéndo**lo**. *or* **Lo** estoy leyendo.	*I am reading it.*

Note:

- If one or more object pronouns are attached to the gerund, a written accent is placed over the vowel (*a* or *e*) before *–ndo*.

Nosotros estamos limpiando la cocina.	*We are cleaning the kitchen.*
Nosotros estamos limpiándo**la**.	*We are cleaning it.*
Raúl les sigue leyendo el cuento a los niños.	*Raúl continues reading the story to the children.*
Raúl sigue leyéndo**selo**.	*Raúl continues reading it to them.*

- If two object pronouns are attached to an infinitive, a written accent is placed over the vowel of the infinitive ending.

El juez les va a dar el trofeo a los campeones.	*The judge is going to give the trophy to the champions.*
El juez va a dár**selo**.	*The judge is going to give it to them.*
Quiere leer**nos** su plan.	*He/She wants to read the plan to us.*
Quiere leér**noslo**.	*He/She wants to read it to us.*

Ejercicios

A. En el restaurante. Responde a las siguientes preguntas sustituyendo **los complementos directos** por el pronombre correspondiente.

1. ¿Vas a pedir la ensalada de tomates?

   _____

2. ¿Quieres probar los entremeses?

   _____

3. ¿Vas a pedir el plato del día?

   _____

4. ¿Probamos la sopa?

   _____

5. ¿Ya están preparando los camarones?

   _____

6. ¿Vas a terminar las fresas con crema?

   _____

7. ¿Llamamos al camarero ahora?

   _____

8. ¿Quién deja la propina?

   _____

B. ¿Listo para salir de viaje? Responde a las siguientes preguntas sustituyendo **los complementos directos** por el pronombre correspondiente.

Modelo: ¿Has visto mi pasaporte?
No, no lo he visto.
o
Sí, lo vi en la mesa.

1. ¿Te ha llamado el agente de viajes?

_____

2. ¿Has visto a tus compañeros de viaje?

_____

3. ¿Has comprado los cheques de viajero?

_____

4. ¿Has puesto tu pasaporte en la maleta?

_____

5. ¿Has hecho las maletas?

_____

6. ¿Has leído el itinerario?

_____

7. ¿Has cambiado tu dinero?

_____

C. Los regalos. Completa las frases siguientes con el pronombre correspondiente al **complemento indirecto**.

1. Mi hermano y yo _____ enviamos regalos a los niños. Ellos

_____ dieron las gracias a nosotros.

2. Mi tío _____ envió regalos a mi prima. Ella _____ dio las gracias a él.

3. Mis abuelos _____ enviaron regalos a Alberto. Él _____ dio las gracias a ellos.

4. Yo _____ compré un juguete a mi hermanito. A él _____ va a gustar mucho.

5. Gisela _____ trajo una camisa muy bonita a ti. A ti _____ va a gustar mucho.

6. Tú _____ regalaste un viaje a los recién casados. A ellos _____ va a gustar mucho.

7. ¿Qué _____ vas a regalar a mí? A mí _____ tienes que comprar algo muy especial.

8. A Uds. _____ quiero comprar algo muy especial. No _____ tienen que comprar nada a nosotros.

D. Planes para una visita al museo. Responde a las siguientes preguntas usando pronombres cuando sea posible.

1. ¿Te interesa la exposición?

   _____

2. ¿Quieres esta entrada?

   _____

3. ¿Van a acompañarte tus hermanos?

   _____

4. ¿Me puedes dar la dirección del museo?

   _____

5. ¿A qué hora los espero a Uds.?

   _____

6. ¿Vas a llamarme antes de salir?

   _____

7. ¿Puedo invitar a Ricardo?

   _____

8. ¿Le doy esta entrada a Ricardo?

   _____

E. En la consulta. Lee las preguntas a continuación. Luego, escribe el pronombre correspondiente para completar las respuestas.

1. —¿Te examinó el médico?

   —Sí, él _____ examinó.

2. —¿Le mencionaste al médico tus alergias?

   —Sí, _____ dije todo lo que me pasaba.

3. —¿Te dio una receta?

   —Sí, el médico _____ dio estas dos recetas.

4. —¿Vas a llevar las recetas al farmacéutico?

   —Sí, _____ voy a llevar las recetas esta tarde.

5. —¿Les ha hablado el médico a tus padres?

   —Sí, él _____ acaba de llamar.

6. —¿Les prometió el médico a tus padres que te sentirías mejor?

   —Sí, él _____ prometió que me sentiría mejor.

F. En el estadio. Escribe una frase preposicional que ponga énfasis en las siguientes oraciones. La información entre paréntesis va a ayudarte a aclarar.

1. _____ le dieron una medalla de oro. (a Silvia)

2. Nos repitieron el nombre de los equipos _____ dos veces.

3. ¿No te explicaron las reglas _____?

4. Les anunciaron los resultados _____. (a los espectadores)

5. Me dieron un programa _____.

6. _____ nos ofrecieron refrescos.

7. Les habían sugerido _____ que jugaran otro partido. (a los campeones)

8. _____ les permitieron entrevistar a los jugadores. (a Pedro y a Rosa)

G. Una receta. Responde a las siguientes preguntas sustituyendo **los complementos directos** por un pronombre. Da la forma afirmativa y la negativa del **mandato *tú***. Recuerda que en algunos casos vas a necesitar añadir un acento.

Modelo: ¿Añado los huevos?
Sí, añádelos.
o
No, no los añadas.

1. ¿Corto las cebollas?

_____

2. ¿Mezclo los ingredientes?

_____

3. ¿Hiervo el agua?

_____

4. ¿Enciendo el horno?

_____

5. ¿Pongo el pollo en el horno?

_____

6. ¿Pongo la mantequilla ahora?

_____

7. ¿Añado el limón?

_____

8. ¿Caliento el aceite?

_____

H. De excursión. Responde a las siguientes preguntas sustituyendo **el complemento directo** por un pronombre. Da una respuesta afirmativa y una negativa. Usa **el mandato Uds.**

Modelo: ¿Hacemos las reservaciones aquí?
Sí, háganlas aquí.
No, no las hagan aquí.

1. ¿Compramos un rollo de película aquí?

   _____

   _____

2. ¿Esperamos el autobús aquí?

   _____

   _____

3. ¿Dejamos las maletas aquí?

   _____

   _____

4. ¿Traemos estos folletos?

   _____

   _____

5. ¿Devolvemos los planes?

   _____

   _____

6. ¿Llevamos el almuerzo?

   _____

   _____

7. ¿Ponemos las cámaras con el equipaje?

   _____

   _____

8. ¿Conducimos las motos?

   _____

   _____

9. ¿Escribimos las tarjetas postales ahora?

   _____

   _____

10. ¿Pagamos la cuenta ahora?

   _____

   _____

I. Más mandatos. Responde a las siguientes preguntas con **el mandato Uds**. Usa la información entre paréntesis y sustituye todos los complementos del verbo por un pronombre.

Modelo: ¿Qué hacemos con estos informes? (dar / al profesor)
Dénselos al profesor.

1. Ésta es mi nueva amiga. (presentar / a mí)

_____

2. ¿Qué vamos a hacer con la computadora? (vender / a algún estudiante)

_____

3. Carlitos y Fefa están comiendo chiles picantes. (quitar / a ellos)

_____

4. Necesitamos ver el video que Uds. compraron. (traer / a nosotros)

_____

5. Acabamos de leer un libro maravilloso. (prestar / a mí)

_____

6. Tengo problemas con mi profesora de matemáticas. (hablar / a ella)

_____

7. Esta noche queremos ir al cine. (pedir permiso / a sus padres)

_____

J. Más mandatos. Escribe mandatos usando todos los pronombres posibles. Usa **el mandato tú** y una **frase preposicional** para poner énfasis o aclarar.

Modelo: traer los apuntes / a mí
Tráemelos a mí.

1. comprar un regalo / a tus padres

_____

2. decir la verdad / a nosotros

_____

3. contar el cuento / a mí

_____

4. vender el coche / a tus tíos

_____

5. enviar la carta / a tu novio

_____

6. pedir los apuntes / a un amigo

_____

7. comprar los zapatos / a tu abuela

_____

8. devolver las revistas / a ellas

_____

9. prestar el disco compacto / a nosotros

_____

10. preguntar lo que pasó / al policía

_____

K. Los quehaceres de casa.

Responde de dos maneras diferentes a las siguientes preguntas sustituyendo **los complementos directos** por el pronombre correspondiente. Usa el modelo como guía.

Modelo: ¿Estás limpiando tu cuarto? Sí,…
   Sí, estoy limpiándolo.
   o
   Sí, lo estoy limpiando.

1. ¿Sigues quitando el polvo?

Sí, _____

Sí, _____

2. ¿Estás pasando la aspiradora?

No, _____

No, _____

3. ¿Estás haciendo la cama?

No, _____

No, _____

4. ¿Sigues recogiendo la ropa sucia?

Sí, _____

Sí, _____

5. ¿Estás lavando la ropa?

Sí, _____

Sí, _____

6. ¿Continúas planchando las camisas?

No, _____

No, _____

7. ¿Estás cambiando las sábanas?

Sí, _____

Sí, _____

8. ¿Sigues lavando los platos?

No, _____

No, _____

L. En el barrio. Responde a las siguientes preguntas sustituyendo **el complemento directo** por el pronombre correspondiente. Usa el modelo como guía y escribe la respuesta de dos maneras diferentes.

Modelo: ¿Vas a cortar el césped?
Sí, voy a cortarlo.   o   *Sí, lo voy a cortar.*

1. ¿Piensas devolver el cortacésped (*lawnmower*)?

   Sí, _____

   Sí, _____

2. ¿Quieres ayudar a los vecinos?

   No, _____

   No, _____

3. ¿Vas a pintar su casa?

   Sí, _____

   Sí, _____

4. ¿Tienes que cuidar a sus niños?

   Sí, _____

   Sí, _____

5. ¿Esperas conocer a todos los vecinos?

   No, _____

   No, _____

6. ¿Deseas visitar al anciano?

   Sí, _____

   Sí, _____

7. ¿Vas a cortar el árbol?

   No, _____

   No, _____

M. De compras. Escribe las siguientes frases de nuevo usando todos los pronombres posibles.

Modelo: El dependiente nos pidió la tarjeta de crédito.
El dependiente nos la pidió.

1. Julia me mostró el vestido.

   _____

2. Les compré los zapatos a los niños.

   _____

3. La vendedora nos explicó el descuento.

   _____

4. Le dijimos las tallas a la dependiente.

   _____

5. El supervisor quería ofrecernos las medias gratis.

_____

6. Un cliente le estaba repitiendo sus quejas a la dueña.

_____

7. El gerente nos bajó el precio.

_____

8. Yo le estaba mostrando otro diseño a Dorotea.

_____

9. Julio no quiso decirme el precio de la chaqueta.

_____

10. Los niños le dieron las camisas a su hermano.

_____

N. Escenas. Completa las siguientes situaciones con los pronombres apropiados según el contexto. En algunos casos los pronombres tienen que aparecer unidos a la palabra anterior. No te olvides de añadir un acento cuando sea necesario.

1. Ricardo habla con Juan sobre un regalo que acaba de comprar.

—Hola Juan, ¿qué llevas ahí?

—Una cámara que compré ayer.

—¿Dónde _____ compraste?

— _____ compré en una tienda nueva que tiene unos precios fabulosos.

—¿Puedo ver _____?

—Sí, pero ten cuidado, es un regalo. Es para Ángel. ¿_____ conoces?

—Oh sí, yo _____ vi hablando con él ayer.

—Bueno, voy a buscar _____ ahora. Quiero dar _____ antes de que se vaya.

—Estoy segura de que _____ va a gustar mucho.

—Así espero.

2. Ana va a mudarse. Ella y su mejor amiga están preparando todo para que el día de la mudanza (_move_) todo esté listo.

—¿_____ vas a dar las sillas a los Rodríguez?

—Sí, _____ voy a dar porque ellos _____ necesitan más que yo.

—Y a mí, ¿qué _____ vas a regalar?

—A ti voy a dar _____ ese armario. Pon _____ en tu cuarto pero no _____ pongas muy cerca de la ventana porque no debe estar al sol.

—Gracias, a Juan y a mí _____ hace falta un armario para poner la ropa.

—¿Vienes a ayudar _____ el día de la mudanza?

—Claro. _____ voy a ayudar todo el día si _____ necesitas.

Relative pronouns

When you studied the subjunctive, you learned that two clauses can be connected to form a sentence by using the relative pronoun *que*.

Tienen un coche **que** costó mucho dinero.　*They have a car that cost a lot of money.*
Busco a alguien **que** sepa bailar el tango.　*I am looking for someone who can dance the tango.*

In English, the relative pronouns are *that, what, which, who, whom,* and *whose.*

Now you will review how to use these relative pronouns in Spanish.

General considerations

Relative pronouns usually introduce a dependent clause that describes something or someone in the main clause. By using these relative clauses, you can avoid repetition and produce smooth, connected sentences. For example:

Ésta es la chica **que se va a casar**　*This is the girl who is going to marry*
　con mi hermano.　*my brother.*

There are two types of relative clauses:

1. those which are needed to give meaning to the sentence

   La casa **que yo pinté** es de María.　*The house (that) I painted is María's.*

2. those that have been added to clarify, but are not needed to give meaning to the sentence

   La independencia, **que se logró**　*Independence, which was achieved in*
　en 1776, se celebra cada año.　*1776, is celebrated each year.*

   Note that :

   • In English, the relative pronoun can sometimes be omitted, but in Spanish it must be stated.

   • Both in English and in Spanish, when a relative clause is not needed to give meaning to the sentence it appears between commas.

"Que"

Que is the most frequently used relative pronoun. It can be

1. the subject of the verb in a relative clause (referring to persons or things)

   La mujer **que escribió la carta** es amiga mía.   *The woman who wrote the letter is a friend of mine.*

   El coche **que chocó** es de mi primo.   *The car that crashed is my cousin's.*

2. the object of the verb in a relative clause (referring to persons or things)

   El niño **que yo retraté** es el hijo de mi hermana.   *The child (that) I photographed is my sister's son.*

   El libro **que Elena compró** es muy caro.   *The book (that) Elena bought is very expensive.*

3. the object of a preposition in a relative clause (referring only to things)

   Ése es el avión **en que Pedro vino de Viena**.   *That is the plane in which Pedro came from Vienna.*

   However, note that *que* can be used to refer to persons after the preposition *de*.

   El joven **de que hablaban** es muy guapo.   *The young man about whom they were speaking is very handsome.*

Ejercicios

A. En mi niñez.   Mariela habla de cosas que sucedían durante su niñez pero repite muchas cosas. Escribe una frase usando **el pronombre relativo** que, evitando así la repetición.

1. Me subía al árbol. El árbol era muy alto.

   _____

2. Mi mamá me hacía cuentos. Los cuentos eran muy interesantes.

   _____

3. Yo iba a patinar en el parque. El parque estaba a tres cuadras de la escuela.

   _____

4. Mi mamá me llevaba a la escuela. La escuela estaba en la esquina de mi casa.

   _____

5. Yo jugaba a muchos juegos. Los juegos eran divertidos.

   _____

6. Por las tardes regresaba a mi casa con mi tía. Mi tía era profesora en la misma escuela.

   _____

B. Ideas sobre una novela. Pablo acaba de leer una novela que le gustó mucho. Usa las palabras a continuación para escribir frases completas sobre lo que dice acerca de la novela. Usa el modelo como guía.

Modelo: la novela / leer anoche / ser excelente
La novela que leí anoche es excelente.

1. los personajes / aparecer en la novela / ser interesantes

_____

2. el final / escribir el autor / ser sorprendente

_____

3. el título / escoger el autor / ser demasiado largo

_____

4. el ambiente / describir el autor / ser realista

_____

5. la película / hacer sobre la novela / salir el año pasado

_____

C. Las fotos. Georgina les enseña a sus amigos la cámara y las fotos de sus vacaciones. Combina la información de las dos frases para escribir una frase.

Modelo: Éste es el coche. Viajamos en él.
Éste es el coche en que viajamos.

1. Aquélla es la cámara. Hicimos el video con ella.

_____

2. Ése es el avión. Nosotros fuimos a Madrid en él.

_____

3. Aquí están los boletos. Entramos con ellos a la corrida de toros.

_____

4. Ésa es la tienda. Encontré el abanico en ella.

_____

5. Éstos son los panfletos de las excursiones. Te hablé de ellos.

_____

6. Ésta es la playa. Conocimos a Jorge en ella.

_____

7. Ésta es la carretera. Por poco tuvimos un accidente en ella.

_____

"Quien, quienes"

Quien and *quienes* (meaning *who* and *whom*) refer only to persons. They are used primarily as the objects of prepositions (especially *a, con, de,* and *en*).

Ésas son las chicas **en quienes** confié.   *Those are the girls in whom I confided.*

They are also used instead of *que* in relative clauses which are separated from the rest of the sentence by commas. In this case, they can be

1. the subject of the verb in the relative clause

   El autor, **quien había escrito varios libros**, habló en la conferencia.
   The author, who had written several books, spoke at the conference.

   Las mujeres, **quienes habían protestado**, recibieron una disculpa del jefe.
   The women, who had protested, received an apology from the boss.

2. the object of the verb in the relative clause

   El estudiante **a quien le dio malas notas** estudió más.
   The student to whom she gave bad grades studied more.

   Las señoras **a quienes saludé (que saludé)** son amigas de mis padres.
   The ladies whom I greeted are my parents' friends.

   Note that when *quien* and *quienes* are the direct objects of the verb in the clause:

   • The personal *a* is required.

   • *Que* can be used in place of *a quien* or *a quienes.*

Ejercicios

A. Preparativos. Ramona habla de los preparativos para el estreno de una nueva obra de teatro. Completa las frases con **el pronombre relativo** correspondiente. En algunos casos hay más de una respuesta posible.

1. Ésta es la lista de los invitados _____ vamos a sentar en la primera fila.

2. En esta fila se sentará el hombre en _____ la obra está basada.

3. Las personas _____ hayan enviado los cheques recibirán los boletos en la taquilla.

4. Los nombres de _____ hayan vendido más boletos aparecerán en el programa.

5. Los padres, _____ han pasado tantas horas pintando el escenario, serán invitados a la recepción.

6. Ésta es la lista de los críticos a _____ invité.

7. El autor, _____ ha escrito ya varias obras de teatro, está muy orgulloso de trabajar con nosotros.

8. Los estudiantes, _____ van a ayudar a sentar al público, están listos ya.

B. La fiesta. Rosa va a dar una fiesta en su casa. Todo el mundo ha aportado algo. Combina la información de las frases a continuación para escribir una frase.

Modelo: Jorge compró el hielo. Él acaba de llegar.
Jorge, quien compró el hielo, acaba de llegar.

1. Juan preparó el flan. Él es un cocinero excelente.

_____

2. Tadeo e Isabel compraron todos los refrescos. Ellos recibieron un descuento.

_____

3. Mi madre sólo hizo dos pasteles de manzana. Ella está muy ocupada.

_____

4. Julio y Santiago invitaron a sus primas. Ellos van a dar una fiesta.

_____

5. Celia escogió la música. Ella conoce las canciones más populares.

_____

"El que, la que, los que, las que"

1. *El que, la que, los que,* and *las que* (meaning *that, which, who, whom*) refer to persons and things and can be used as the subject or the object of the verb in a relative clause.

   When there are two possible antecedents:

   - *el que, la que, los que,* and *las que* are used (instead of *que* and *quien*) to refer to the antecedent which is further away from the relative pronoun.

     Conocí a la novia de mi hermano, **la que vive en México ahora.**   *I met the girlfriend of my brother, who now lives in Mexico. (She lives in Mexico now.)*

   - *que, quien,* and *quienes* are used to refer to the antecedent which is closer to the relative pronoun.

     Conocí a la novia de mi hermano, **quien vive en México ahora.**   *I met the girlfriend of my brother, who now lives in Mexico. (He lives in Mexico now.)*

2. *El que, la que, los que,* and *las que* are also used after prepositions (especially those that have more than one syllable).

   Me gusta el parque cerca **del que comimos.**   *I like the park near which we ate.*
   El profesor **para el que escribí la composición** es muy exigente.   *The teacher for whom I wrote the composition is very demanding.*

3. *El que, la que, los que,* and *las que* are the equivalent of the English *he who, she who, those who, the one(s) who, that (those) which . . .*

   Mi amiga Celia, **la que juega al fútbol,** acaba de ganar la competencia.   *My friend Celia, the one who plays soccer, has just won the competition.*

4. Note that, at the beginning of a sentence, *el que, la que, los que,* and *las que* are often replaced by *quien* or *quienes,* used as an indefinite subject (meaning *he who, those who,* or *whoever*).

El que (Quien) ríe último, ríe mejor.   *He who laughs last, laughs best.*
Los que (Quienes) vengan temprano   *Those who come (Whoever comes) early will receive*
recibirán el premio.   *the prize.*

Ejercicios

A. En la escuela.
Olga y Diego regresan de las vacaciones de verano y hablan en el pasillo de la escuela. Aclara la información combinando las frases. Usa el modelo como guía.

Modelo: Esa chica lleva una falda muy corta. Está sentada a la mesa.
   Esa chica, la que está sentada a la mesa, lleva una falda muy corta.

1. No he visto al profesor de música. Él enseña en el segundo piso.

   _____

2. Los amigos de Jorge están sentados allí. Ellos llevan camisetas azules.

   _____

3. Allí viene la profesora. Ella enseña inglés.

   _____

4. Esas chicas son las estudiantes de intercambio. Ellas están hablando con la directora.

   _____

5. Ay, mira a Alberto. Él fue mi novio el año pasado.

   _____

B. En el campo deportivo.
Ignacio y Dora hablan sobre las personas que ven en el campo deportivo. Combina las dos frases para formar una.

Modelo: Ese chico es futbolista. Es mi amigo.
   Ese chico, el que es futbolista, es mi amigo.

1. Ese hombre allí tiene mucha energía. Es muy joven.

   _____

2. Esos jugadores siempre ganan. Son los campeones de tenis.

   _____

3. Esa entrenadora enseña vólibol. Es muy estricta.

   _____

4. Esas chicas ayudan al entrenador. Ellas no juegan con el equipo de béisbol.

   _____

5. Esos chicos corren en el campo de fútbol. Ellos son mis amigos.

   _____

C. Más información. ¿Qué información adicional puedes dar sobre las siguientes personas? Usa los pronombres relativos *el que, la que,* etc., para añadir más información a las siguientes frases.

Modelo: Mi profesor de español, _____, explica los ejercicios muy bien.
Mi profesor de español, el que va por allí, explica los ejercicios muy bien.

1. Mi tío, _____, viaja mucho durante el verano.

2. Las estudiantes de intercambio, _____, se van a quedar aquí por dos meses.

3. Los vecinos de Julia, _____, siempre hacen mucho ruido.

4. La hija del director, _____, recibió una beca para estudiar en la universidad.

5. El abogado de mis padres, _____, ganó un caso muy importante.

6. Mis amigos de la República Dominicana, _____, vienen a visitarnos el mes próximo.

D. En pocas palabras. Usa los pronombres relativos correspondientes en las siguientes frases.

Modelo: Los estudiantes que van al gimnasio tienen que ponerse los zapatos de tenis.
Los que van al gimnasio ahora tienen que ponerse los zapatos de tenis.

1. Las chicas que vi en el restaurante anoche van a una escuela privada.

_____

2. El hombre que está en la esquina anda perdido.

_____

3. La mujer que hace cola espera la venta de los boletos.

_____

4. Los policías que van en ese coche patrullan este vecindario.

_____

5. El chico que corre se parece a mi amigo Gilberto.

_____

6. Las mujeres que están en esa tienda llevan vestidos elegantes.

_____

"El cual, la cual, los cuales, las cuales"

1. *El cual, la cual, los cuales,* and *las cuales,* do not differ in meaning from *el que, la que, los que,* and *las que.* Like these, they may be used as the subject or the object of the verb in a relative clause and after prepositions (especially those that have more than one syllable).

¿Conoce Ud. al profesor de María, **el cual (el que) vive cerca de la escuela**?	*Do you know María's teacher, the one who lives near the school?*
¿Vio Ud. a las hermanas de Juan, **a las cuales (a las que) invitamos a la fiesta**?	*Did you see Juan's sisters whom we invited to the party?*
La plaza **cerca de la cual (de la que) caminamos** es famosa.	*The square near which we walked is famous.*

2. In order to avoid any confusion with the conjunctions *porque, sin que,* and *para que,* use *el cual, la cual, los cuales,* and *las cuales* (not *el que,* etc.) in place of *que, quien,* or *quienes* with the prepositions *por, sin,* and *para.*

El candidato **por el cual voté** ganó las elecciones.

The candidate for whom I voted won the election.

3. Note that (unlike *el que, la que, los que,* and *las que*) *el cual, la cual, los cuales,* and *las cuales* cannot replace *quien* and *quienes* when these mean *he who, she who, the one who, (that, which), those who,* or *the ones who (that, which).*

Quien (El que) busca, encuentra. (Do *not* use *el cual.*)

He (The one) who seeks, finds.

Quienes (Los que) trabajan, sacan buenas notas. (Do *not* use *el cual.*)

Those (The ones) who work, get good grades.

4. Likewise, do not use *el cual, la cual, los cuales,* and *las cuales* when the definite article (*el, la, los, las*) is used as the antecedent.

Esta moto y **la que** compró mi hermano son modernas. (Do *not* use *la cual.*)

This motorcycle and the one that (which) my brother bought are modern.

Los que hablan español ganan mejor sueldo. (Do *not* use *los cuales.*)

Those (The ones) who speak Spanish earn a better salary.

Ejercicio

El juicio. Enrique tuvo un pequeño accidente delante de un restaurante en su coche. Él expresa algunas de las cosas que sucedieron mientras se preparaba para el juicio. Escribe una frase combinando la información de las dos frases a continuación.

1. Nos sentamos delante del señor. Él era abogado.

   _____

2. Le hablamos al hijo de Marta. Él había estudiado derecho.

   _____

3. El juez quiso hablar con el testigo. Él vio todo lo que sucedió.

   _____

4. Visitamos el restaurante. Enfrente del restaurante había unas mesas.

   _____

5. Preguntamos por las camareras. Ellas trabajan en otro restaurante ahora.

   _____

6. Después del accidente hablé con la esposa de Alberto. Ella será testigo también.

   _____

"Lo que"

1. *Lo que* is used in Spanish to refer to an idea that has been previously stated. In other words, it sums up the preceding idea and is the equivalent of the English *which* (idea/fact).

   Tenemos tres exámenes hoy,
   lo que no me gusta nada.

   We have three tests today which does
   not please me at all.

2. It can also refer to an idea that is not stated but is understood and is the equivalent of the English *what* (*that which*).

   Lo que te conté es verídico.
   ¿Por qué no me dices **lo que estás pensando**?

   What I told you is true.
   Why don't you tell me what you are thinking?

Ejercicio

¡A esquiar! Varios estudiantes van a ir a esquiar este fin de semana. Completa las siguientes frases de una manera original. Usa tu imaginación y expresa lo que ellos dijeron.

1. Van a caer seis pulgadas de nieve, lo que…

   _____

2. Tendremos que salir a las seis de la mañana, lo que…

   _____

3. No llegaremos a las montañas hasta la diez, lo que…

   _____

4. Dolores quiere regresar temprano el domingo, lo que…

   _____

5. Yo tengo una reunión muy importante el lunes, lo que…

   _____

6. Dolores invitó a tres de sus primos, lo que…

   _____

"Lo cual"

1. Like *lo que*, *lo cual* is used to refer to an idea previously stated and means *which* (fact/idea).

   El presidente cambió de opinión varias
   veces, **lo cual (lo que) causó muchos**
   comentarios de la prensa.

   The president changed his mind several times,
   which caused many comments from the press.

2. When the idea has not been mentioned, use only *lo que*.

Lo que él te dijo no es verdad.   *What he told you is not true.*
(Do **not** use *lo cual*.)

Ejercicio

La ecología. Completa las siguientes frases usando *lo que* o *lo cual* para añadir más información.

1. Los ciudadanos deben separar los periódicos del resto de la basura,

   _____.

2. Muchas industrias están echando desperdicios al mar,

   _____.

3. Hay que separar las botellas según el material de que están hechas,

   _____.

4. Todos los periódicos tienen que estar atados,

   _____.

5. Antes de echar las botellas, es necesario quitarles las etiquetas,

   _____.

"Cuyo, cuya, cuyos, cuyas"

1. *Cuyo, cuya, cuyos,* and *cuyas* are adjectives that mean *whose*. They are placed in front of the noun that they modify and must agree with that noun in gender and number. Like the possessive adjectives, they agree with the possession, not the possessor. If they introduce more than one noun, they agree only with the first one.

   Ésa es la planta **cuyas** flores se usan para hacer té.   *That is the plant whose flowers are used to make tea.*

   Ésta es la autora **cuyos** cuentos y novelas han recibido muchos premios internacionales.   *This is the author whose stories and novels have received many international prizes.*

2. When *whose* is used as an interrogative word, *¿De quién?* and *¿De quiénes?* are used; *cuyo, cuya, cuyos, cuyas* can never be used in this context.

   ¿De quién es el coche azul?   *Whose car is the blue one?*

Ejercicios

A. Completando ideas. Completa las siguientes frases con *cuyo, cuya, cuyos* o *cuyas*.

1. La chica _____ mochila encontré en el pasillo, está en la cafetería.

2. Aquí está el libro _____ páginas no están en orden.

3. La película _____ final no me gustó, recibió un premio.

4. Éste es el programa _____ temas son controversiales.

5. Ésta es la señora _____ hijos asisten a mi colegio.

6. Los cantantes _____ canciones tienen mucho éxito, ganan mucho dinero.

7. El coche _____ motor tiene muchos problemas, es muy viejo.

8. Éste es el equipo _____ jugadores son todos nicaragüenses.

9. La actriz _____ hermana va a actuar con ella en una nueva película, se casó ayer.

10. El cuarto _____ ventanas no se pueden abrir, es muy oscuro.

B. Ideas sobre la televisión. Usa la información a continuación para escribir frases sobre la televisión que incluyan el adjetivo *cuyo.*

Modelo: los programas / personajes / usar violencia / atraer mucho al público
Los programas cuyos personajes usan violencia atraen mucho al público.

1. los padres / hijos / ver demasiada televisión / quejarse del contenido

_____

2. las estaciones de PBS / programas ser buenos / ayudar a los jóvenes

_____

3. este noticiero / reportaje ganar un premio / ser excelente

_____

4. los programas / audiencia ser muy joven / tener éxito

_____

5. la locutora / entrevistas ser en vivo / visitar varios países latinoamericanos

_____

Interrogatives and exclamations

Interrogatives

1. Interrogative words are used to ask questions and always have accents.

¿Cuándo vienes a visitarnos?	*When are you coming to visit us?*
¿Quién es esa persona?	*Who is that person?*
Me interesa saber **por qué** lo hicieron.	*I'm interested in knowing why they did it.*

2. In Spanish, the interrogatives are

¿qué? (*what?*)

¿Qué es eso?	*What is that?*

¿cómo? (*how?*)

¿Cómo te sientes?	*How do you feel?*

¿quién? (*who?*) ¿quiénes? (*who?*) (used when the answer is expected to be plural)

¿Quién vive allí?	*Who lives there?*
¿Quiénes son los ganadores?	*Who are the winners?*

¿a quién? (*whom?*) ¿a quiénes? (*whom?*) (used when the answer is expected to be plural)

¿A quién saludas?	*Whom are you greeting?*
¿A quiénes llamas?	*Whom are you calling?*

¿de quién? (*whose?*) ¿de quiénes? (*whose?*) (used when the answer is expected to be plural)

¿De quién es ese abrigo?	*Whose coat is this?*
¿De quiénes es ese coche?	*Whose car is that?*

¿cuándo? (*when?*)

¿Cuándo llegamos?	*When do we arrive?*

¿cuánto? ¿cuánta? (*how much?*)

¿Cuánto dinero traes?	*How much money do you bring?*
¿Cuánta tarea tienes?	*How much homework do you have?*

¿cuántos? ¿cuántas? (*how many?*)

¿Cuántos estudiantes hay?	*How many students are there?*
¿Cuántas sillas tenemos?	*How many chairs do we have?*

¿dónde? (*where*)
¿Dónde vives?   *Where do you live?*

¿adónde? ([*to*] *where?*)
¿Adónde vas?   *Where are you going (to)?*

¿cuál? (*which one?*) ¿cuáles? (*which ones?*) (used when the answer is expected to be plural)
¿Cuál es tu mochila?   *Which (one) is your backpack?*
¿Cuáles son tus libros?   *Which (ones) are your books?*

¿por qué? (*why?*)
¿Por qué no vienes?   *Why aren't you coming?*

Remember that to find out the color of something, *¿de qué color?* is used.

¿De qué color es la moto?   *What color is the motorcycle?*

3. Prepositions related to the interrogative must precede the interrogative.

¿Con quién vas?   *With whom are you going?*
¿Para quiénes son?   *For whom are they?*
¿Para qué estudias?   *For what (purpose) are you studying?*
¿En qué vas a la escuela?   *On what (means of transportation) do you go to*
                                                       school?
¿A qué hora almuerzas?   *At what time do you eat lunch?*

¿Qué? vs. ¿Cuál?

¿Qué? is used

- with the verb *ser* when asking for a definition.
  ¿Qué es el surrealismo?   *What is surrealism?*

- before a noun when asking for a selection or choice.
  ¿Qué día es?   *What day is (today)?*

¿Cuál? is used

- when asking for a selection or choice, but it cannot be followed by a noun. It is generally followed by a form of *ser* and a noun.

  ¿Cuál es el maestro de ciencias?   *Which (one) is the science teacher?*

- in the following construction: *¿cuál de* + noun? (*¿cuáles de* + noun? when the answer is expected to be plural)

  ¿Cuál de estos pantalones vas a comprar?   *Which (one) of these pants are you going to buy?*
  ¿Cuáles de las películas vas a alquilar?   *Which (ones) of the movies are you going to rent?*

Ejercicios

A. Preguntas básicas. Completa las siguientes frases con una **palabra interrogativa** teniendo en cuenta las palabras en itálica.

1. ¿_____ hora es? Son *las tres.*

2. ¿_____ vas? Voy *al mercado.*

3. ¿_____ eres? Soy *Pedro.*

4. ¿_____ es eso? Eso es *un teléfono celular.*

5. ¿_____ vives? Vivo *en Atlanta.*

6. ¿_____ es la fecha? *Es el catorce de diciembre.*

7. ¿_____ te llamas? Me llamo *Gerardo.*

8. ¿_____ viven allí? *Sebastián e Ignacio* viven allí.

9. ¿_____ son las respuestas? *Éstas* son las respuestas.

10. ¿_____ sales? Salgo *pasado mañana.*

B. ¿Y? Continúa la conversación con una pregunta lógica usando una **palabra interrogativa**.

Modelo: Estos zapatos son para ellos. ¿Y ésos?
         ¿Para quién son ésos?

1. Yo voy con ellos. ¿Y tú?

   _____

2. Nací en el año 1978. ¿Y tú?

   _____

3. Estas llaves son mías. ¿Y ésas?

   _____

4. Lo hago porque me interesa. ¿Y tú?

   _____

5. Es muy difícil. ¿Y tu clase?

   _____

6. No tengo nada. ¿Y tú?

   _____

7. Me marcho a las cinco. ¿Y tú?

   _____

8. El nombre del hotel es El Camino Real. ¿Y el otro hotel?

   _____

9. El tango es un baile. ¿Y la zarzuela?

   _____

10. Mi blusa es roja. ¿Y la de Mariana?

    _____

C. Unos turistas en la ciudad. Escribe las preguntas que produzcan las siguientes respuestas.

1. _____

   El policía que está allí puede ayudarle.

2. _____

   Ese edificio se llama *El Roble*.

3. _____

   La agencia de viajes se encuentra *en la calle Florida*.

4. _____

   Se pueden conseguir mapas *en las librerías o en cualquier quiosco*.

5. _____

   Vienen *más de trescientas personas* al partido.

6. _____

   El transporte público *es muy bueno*.

7. _____

   Hay tanta gente hoy *porque es un día de fiesta*.

8. _____

   Una excursión por la ciudad *vale aproximadamente 2.000 pesetas*.

9. _____

   Las tiendas se abren *a las nueve y media*.

10. _____

    Ese hombre *es un obrero municipal*.

D. Quieren saber. Escribe la pregunta que quizás haga la gente en las siguientes situaciones.

1. Una viajera quiere saber el precio de un taxi desde su hotel hasta el centro.

   _____

2. Un pediatra quiere saber la edad de un niño.

   _____

3. El pasajero quiere saber la hora de salida del avión.

   _____

4. Una estudiante quiere saber su nota en un examen.

   _____

5. Una gerente quiere saber el número de empleados que trabaja tiempo completo.

   _____

6. Un empleado quiere saber cómo funciona el nuevo sistema de computadoras.

   _____

7. Un aduanero quiere saber el número de un pasaporte.

   _____

8. Un niño quiere saber a qué hora puede ir afuera para jugar.

   _____

9. Un policía quiere saber los nombres de los delincuentes.

   _____

10. Una abogada quiere saber la acusación contra su cliente.

   _____

E. En un museo. Escoge entre *qué* y *cuál(es)*.

1. ¿_____ museo te gusta más?

2. ¿_____ son las mejores exposiciones?

3. ¿_____ representa esa escultura?

4. ¿A _____ escuela pertenecen estos artistas?

5. En tu opinión, ¿_____ es la obra más bella de la colección?

6. ¿_____ de estos tres cuadros te parece el más moderno?

7. ¿_____ es el salón más grande?

8. ¿En _____ piso tienen la pintura española?

9. ¿_____ es tu artista preferido?

10. ¿Con _____ otro artista se puede comparar éste?

Exclamations

Exclamations are used to express feelings or reactions of surprise or amazement. They always have written accents.

¡Qué…!	*How . . . !, What . . . !, What a . . . !*
¡**Qué** caro!	*How expensive!*
¡**Qué** tristeza!	*What sadness!*
¡**Qué** coche!	*What a car!*

Note: when a noun is modified, *más* or *tan* are placed before the adjective for emphasis.

¡**Qué** día más (tan) bonito!	*What a beautiful day!*
¡Cómo…!	*How . . . !*
¡**Cómo** corren esos atletas!	*How (fast) those athletes run!*
¡**Cómo** hablan!	*How (much) they talk!*
¡Cuánto…! ¡Cuánta…!	*How much . . . !*
¡**Cuánto** trabajo tenemos!	*How much work we have!*
¡**Cuánta** tarea nos dio el profesor!	*How much homework the teacher gave us!*

¡Cuántos…! ¡Cuántas…!	How many . . . !
¡Cuántos problemas hemos resuelto!	How many problems we have solved!
¡Cuántas cartas escribiste!	How many letters you have written!
¡Cuán…! (literary)	How . . . !
¡Cuán callado queda el cielo!	How silent the sky remains!

Ejercicio

Tu reacción. Lee las frases a continuación. Luego escribe una **exclamación** que creas apropiada. Trata de variar tus respuestas.

1. Esta grabadora cuesta 200 dólares.

   _____

2. Tu mejor amigo(a) no quiso ir al partido contigo.

   _____

3. La temperatura ha subido a 101º F.

   _____

4. En la cafetería un chico se ha comido tres hamburguesas.

   _____

5. Ya han caído seis pulgadas y sigue lloviendo.

   _____

6. Tu mejor amigo(a) te ayuda con las tareas.

   _____

7. El (La) profesor(a) le muestra a la clase las fotos de sus vacaciones.

   _____

8. Uno de tus amigos habla constantemente.

   _____

9. En una clase todos los estudiantes están durmiéndose.

   _____

10. El padre de tu mejor amigo corre diez millas cada día.

   _____

Numbers

Cardinal numbers

0	cero		30	treinta
1	uno		31	treinta y uno
2	dos		32	treinta y dos
3	tres		33	treinta y tres
4	cuatro		34	treinta y cuatro
5	cinco		35	treinta y cinco
6	seis		36	treinta y seis
7	siete		37	treinta y siete
8	ocho		38	treinta y ocho
9	nueve		39	treinta y nueve
10	diez		40	cuarenta
11	once		50	cincuenta
12	doce		60	sesenta
13	trece		70	setenta
14	catorce		80	ochenta
15	quince		90	noventa
16	dieciséis			
17	diecisiete		100	ciento (cien)
18	dieciocho		200	doscientos, –as
19	diecinueve		300	trescientos, –as
20	veinte		400	cuatrocientos, –as
21	veintiuno, –a		500	quinientos, –as
22	veintidós		600	seiscientos, –as
23	veintitrés		700	setecientos, –as
24	veinticuatro		800	ochocientos, –as
25	veinticinco		900	novecientos, –as
26	veintiséis		1.000	mil, 2.000 dos mil, etc.
27	veintisiete			
28	veintiocho		1.000.000	un millón, 2.000.000 dos millones, etc.
29	veintinueve		1.000.000.000	mil millones

1. The numbers 16 to 19 and 21 to 29 can also be written as three separate words, such as *diez y seis* or *veinte y uno*.

2. *Y* is used only to separate tens from units when they are written as separate words.

Este año febrero tiene **veintiocho** días.	*This year February has twenty-eight days.*
Todavía tengo que leer **ciento treinta y tres** páginas.	*I still have to read one hundred thirty-three pages.*
El nació en **mil novecientos cincuenta y cinco**.	*He was born in nineteen fifty-five.*

3. In any quantity that ends in *uno*:

- The *–o* is dropped before a masculine noun.
  Hay **treinta y un** alumnos en la clase.   *There are thirty-one students in the class.*

- *Veintiuno* drops the *–o* before masculine nouns and an accent is added.
  Ya han llegado **veintiún** invitados.   *Twenty-one guests have already arrived.*

- The *–o* changes to *–a* before a feminine noun.
  Conté **sesenta y una** respuestas equivocadas.   *I counted seventy-one wrong answers.*

4. Only *uno* and compounds of *ciento* change endings according to gender.

—¿Tienes **una** pluma?	—*Do you have a pen?*
—Sí, tengo **una**.	—*Yes, I have one.*
Se construyeron **quinientas** casas nuevas.	*Five hundred new houses were built.*

5. Periods, not commas, are used to separate units

   1.000   2.500

   in decimals, commas are used

   2,5   1,75

6. *Un* is not used before *ciento* or *mil*.

Tenemos **ciento cincuenta** pero esperamos tener **mil**.	*We have one hundred fifty, but we hope to have a thousand.*

7. *Cien* is the exact quantity 100 and *ciento* is used in 101–199.

Noventa más diez son **cien**.	*Ninety plus ten is one hundred.*
Hay **cien** sillas en la sala.	*There are a hundred chairs in the living room.*
En ese cuarto hay **ciento doce** personas.	*In that room there are one hundred twelve people.*

8. *Cientos* is used to express hundreds; *miles* is used to express thousands.

Había **cientos** de animales en el camino.	*There were hundreds of animals on the road.*

9. When *un millón* or *millones* is followed by a noun, *de* is placed between them.

Yo creo que hay **un millón de estrellas**.	*I think there are a million stars.*
Eso no ocurrirá en **doscientos millones de años**.	*That will not happen in two hundred million years.*

Ordinal numbers

primero, –a, –os, –as *first*
segundo, –a, –os, –as *second*
tercero, –a, –os, –as *third*
cuarto, –a, –os, –as *fourth*
quinto, –a, –os, –as *fifth*

sexto, –a, –os, –as *sixth*
séptimo, –a, –os, –as *seventh*
octavo, –a, –os, –as *eighth*
noveno, –a, –os, –as *ninth*
décimo, –a, –os, –as *tenth*

1. As adjectives or pronouns, ordinal numbers agree in number and gender with the noun they are modifying or referring to. As adjectives, they usually precede the noun.

   Fue la **segunda vez** que él nos llamó.
   Juan y Alberto fueron **los primeros** en llegar.

   It was the second time that he called us.
   Juan and Alberto were the first ones to arrive.

2. *Primero* is always used for the first of the month, and it is the only ordinal number used in dates.

   Mañana es el **primero** de julio.

   Tomorrow is July 1.

3. *Primero* and *tercero* drop the *–o* before masculine singular nouns.

   Hoy es el **primer** día de primavera.
   Marzo es el **tercer** mes del año.

   Today is the first day of spring.
   March is the third month of the year.

4. For ordinals beyond *tenth*, the cardinals are used and they generally follow the noun. They are always in the masculine singular form.

   El teléfono se inventó en el siglo **diecinueve**.
   En 1989 se celebró el aniversario **doscientos** de la constitución de los Estados Unidos.

   The telephone was invented in the nineteenth century.
   In 1989, the two hundredth anniversary of the U.S. constitution was celebrated.

5. Ordinal numbers often appear as follows:

1er	primer	1° primero	1ª primera
		2° segundo	2ª segunda
3er	tercer	3° tercero	3ª tercera
		4° cuarto	4ª cuarta, etc.

Ejercicios

A. Los números. Escribe los **números** en lugar de las cifras entre paréntesis.

1. _____ (1) milla

2. _____ (2) manos

3. _____ (4) patas

4. _____ (10) mandamientos

5. _____ (11) jugadores

6. _____ (12) huevos

7. _____ (13) colonias

8. _____ (18) años

9. _____ (21) años

10. _____ (30) días

11. _____ (40) días y _____ (40) noches

12. _____ (52) semanas

13. _____ (101) dálmatas (*Dalmatians*)

14. _____ (180) grados

15. _____ (365) días

16. _____ (500) metros

17. _____ (1.000) años

18. _____ (1.500) metros

19. _____ (5.280) yardas

20. _____ (1.000.000) años

21. _____ (1.000.000.000) estrellas

B. En la agencia de viajes. Completa la narración, escribiendo los números entre paréntesis **en letras.**

—Hola. Buenos días. Quisiera comprar unos billetes de tren para Sevilla.

—Muy bien. ¿Cuántos?

—Bueno, somos _____ (2) adultos y _____ (3) niños. Nos gustaría viajar el _____ (31) de marzo y pensamos volver el _____ (19) de abril. ¿Me puede decir cuánto valen para esas fechas?

—De ida y vuelta, entonces, ¿verdad?

—Sí, por favor.

—A ver. Primero, para los mayores, sería _____ (25.765) pesetas por persona, pero tenemos un descuento del _____ (10) por ciento, entonces Uds. se ahorrarían _____ (2.576), por los dos sería _____ (46.378) pesetas. Si pueden salir _____ (1) día más tarde, el _____ (1) de abril, puedo conseguirles billetes por _____ (19.950), por un total de _____ (39.900) pesetas. A ver, eso es _____ (6.478) menos.

—¿Y para los niños?

—Ellos pagan la mitad, entonces si Uds. salen el _____ (1), pagarían _____ (9.975) por cada uno, un total para los tres de _____ (29.925).

—Vale. Muy bien. Vamos a tomar los más baratos, los del _____ (1).

—Muy bien. Ahora, Uds. se dan cuenta de que van a viajar durante la Semana Santa y que habrá _____ (*hundreds*) de visitantes.

—Sí, ya lo sé. Por eso vamos.

C. Números. Escribe en letras el primer número (específico o no) en que piensas al ver las siguientes palabras.

1. huevos _____
2. edad _____
3. estrellas _____
4. mala suerte _____
5. buena suerte _____
6. naipes (*playing cards*) _____
7. semana _____
8. estados _____
9. equipo de vólibol _____
10. dedos _____
11. febrero _____
12. hora _____
13. año _____
14. milenio _____

D. Transcribir las cifras. Imagínate que eres periodista y acabas de regresar de una entrevista con una persona muy famosa. Escribe en letras las cifras de tus gastos durante el viaje. ¿Crees que se enfadará el director del periódico para el cual has hecho la entrevista? (todos los números aparecen en pesetas)

llamadas telefónicas	8.376
transporte	25.150
comidas	19.844
hotel	68.538
varios	13.775
total	135.683

_____

_____

_____

_____

_____

_____

_____

_____

_____

E. Las instrucciones. Unos amigos te van a visitar y les hacen falta las intrucciones para llegar a tu casa. Escribe en palabras los números que aparecen en las instrucciones.

Primero, toma la ruta (495) _____ Norte aproximadamente (100)

_____ kilómetros hasta la salida número (38) _____. Creo que es la

(3ª) _____ salida después del puente. Ésa será la carretera número (128)

_____. Sigue en la (128) _____ por (21) _____ kilómetros y

luego busca el letrero que dice San José. Vas a encontrar varias fábricas y al pasar la

(4ª) _____, busca la ruta 55.

Al entrar en la (55) _____, dobla a la derecha en el (1er) _____

semáforo. Esa calle se llama la calle Lagos. Vivimos en el (7º) _____ edificio a la

derecha, el número (1.845) _____, apartamento (1.239) _____, en el

piso (12) _____.

F. Índice de audiencias. Mira el cuadro a continuación sobre el número de gente que miró la televisión durante un período de cinco días. Lee la información bajo cada encabezamiento y contesta a las preguntas. Escribe todas las cifras en letras.

Índice audiencias máximas por horas (lunes a viernes)

PROGRAMA	CADENA	HORA	AUDIENCIA	%	TOTAL
Supergarcía en la hora cero	Antena 3	24.00 a 01.00h	1.026.000	36,8%	2.788.000
Hoy por hoy	SER Conv	10.00 a 11.00h	895.000	14,3%	6.248.000
La bisagra	RNE1 Conv	10.00 a 11.00h	729.000	11,7%	6.248.000
Protagonistas	COPE Conv	11.00 a 12.00h	711.000	11,1%	6.417.000
España a las 8	RNE1 Conv	08.00 a 09.00h	660.000	16,3%	4.038.000
El primero de la mañana	Antena 3	08.00 a 09.00h	626.000	15,5%	4.038.000
Escrito en el aire	RNE1 Conv	09.00 a 10.00h	626.000	11,9%	5.262.000
Matinal Ser	SER Conv	08.00 a 09.00h	554.000	13,7%	4.038.000
El primero de la mañana	Antena 3	09.00 a 10.00h	535.000	10,2%	5.262.000
De par en par	RNE1 Conv	12.00 a 13.00h	496.000	9,0%	5.494.000

1. ¿Cuántas personas miraron la televisión entre las diez y las once en cada estación? ¿Y en total?

_____

_____

2. ¿Cuál fue el programa más popular entre las nueve y las diez? ¿Cuántas personas lo miraron?

_____

_____

3. ¿Cuál fue el programa que tuvo menos éxito durante esos cinco días? ¿Cuántos televidentes miraron la televisión ese día?

_____

_____

4. ¿Cuál es el programa más popular de todos? ¿Cuántas personas lo miraron? ¿Qué porcentaje de la audiencia lo miró?

_____

_____

Indefinite and negative words

Indefinite and negative words

Indefinite

algo (*something, anything*)
alguien (*someone, somebody, anyone, anybody*)
algún, alguno, alguna, algunos, algunas (*some, any*)
siempre (*always*)
también (*also*)
o … o (*either . . . or*)

Negative

nada (*nothing, [not] anything*)
nadie (*no one, nobody, [not] anyone, [not] anybody*)
ningún, ninguno, ninguna (*none, [not] any*)
nunca, jamás (*never, not ever*)
tampoco (*[not] either, neither*)
ni … ni (*neither . . . nor*)

1. In Spanish, the negative is generally formed by placing *no* in front of a conjugated verb. If a negative word other than *no* is placed before the verb, *no* is not needed, but in order to express negation there must always be a negative word before the verb.

   Yo **no** como en la cafetería.   *I do not eat in the cafeteria.*
   Yo **nunca** como en la cafetería.   *I never eat in the cafeteria.*

2. If there is an object pronoun before the verb, the negative word precedes the pronoun.

   No lo veo **nunca**.
   Nunca lo veo.   *I never see him.*

   No lo vi **tampoco**.
   Tampoco lo vi.   *I didn't see him either.*

3. As many negative words as are appropriate may be used in the same sentence.

   No veo a **nadie nunca** en este lugar.   *I don't see anyone ever in this place.*

4. Note that a personal *a* is needed before *alguien* and *nadie*, and before *ningún, ninguno,* and *ninguna* when they refer to people.

¿Conoces **a alguien** allí?	*Do you know anyone there?*
No encontré **a nadie**.	*I did not find anyone.*
No invité **a ninguno** de mis amigos.	*I did not invite any of my friends.*

5. Although *jamás* is a synonym of *nunca*, it is not used as frequently. It can be used in questions to mean *ever*.

| ¿Has caminado **jamás** tanto? | *Have you ever walked so much?* |

6. When *alguno* is used after a noun, it has a negative meaning. This is done to emphasize the negative nature of the sentence.

| **No** hay posibilidad **alguna** de ir al campo. | *There is no posibility (at all) of going to the country.* |

Ejercicios

A. Cambios. Cambia las siguientes frases a **la forma negativa**.

Modelo: Algún chico sabía algo.
Ningún chico sabía nada.

1. Eso lo hizo algún estudiante de esa clase.

   _____

2. Yo los acompaño siempre.

   _____

3. Mis amigas están de acuerdo también.

   _____

4. Voy a invitar a Juan o a Horacio.

   _____

5. Algún día encontraré a alguien que me ayude.

   _____

6. Alguien dijo que yo sabía algo.

   _____

7. Siempre tiene algo que decir.

   _____

8. También sé que alguien llevó algo para la fiesta.

   _____

B. No, no... Responde en **la forma negativa**. Usa todas las palabras negativas que sean posibles.

1. Yo no he visto a Esteban, ¿y tú?

   _____

2. ¿Ya terminaste el poema?

   _____

3. ¿Hay alguien aquí que sepa ruso?

   _____

4. ¿Hay algún chico que sepa algo de lo que pasó?

   _____

5. ¿Has ganado algo alguna vez?

   _____

6. ¿Vamos a jugar o a estudiar?

   _____

7. ¿Conoces a algunas de las chicas?

   _____

8. ¿Tienes algún día libre esta semana?

   _____

9. ¿Encontraste a alguien allí alguna vez?

   _____

10. ¿Has estado en Barcelona alguna vez?

   _____

Pero, sino, sino que

1. *Pero* is the equivalent to *but* in English.

Quería visitar Machu Picchu **pero** no tuve tiempo.	*I wanted to visit Machu Picchu but I didn't have time.*
Llamé a Vicente **pero** ya había salido.	*I called Vicente but he had left already.*

2. *Sino* is equivalent to *but* also, but in the sense of *but rather* or *but instead*. It introduces an opposite or contrasting idea to the first part of the sentence. The first part must be negative.

No compres lechuga **sino** tomates.	*Do not buy lettuce, but rather (instead) tomatoes.*
Esa caja no es para mí **sino** para ti.	*That box is not for me but rather (instead) for you.*

3. *Sino que* is used after a negative clause if the second part of the sentence has a conjugated verb.

No quiero que vayas de vacaciones **sino que** te quedes aquí conmigo.	*I do not want you to go on vacation but rather (instead) that you stay here with me.*
No dijo que vendría **sino que** nos esperaría en la oficina.	*He didn't say that he would come but rather (instead) that he would wait for us in the office.*

Ejercicios

A. Completando ideas.
Completa las siguientes frases con *pero, sino* o *sino que*.

1. El tren no saldrá a las dos _____ a las tres.

2. No te pedí que le escribieras _____ lo llamaras por teléfono.

3. No quiero nadar _____ jugar al voliból.

4. No visitaremos el museo _____ la catedral.

5. Quise ir a las montañas _____ el coche no funcionaba.

6. Rafaela quiere sentarse con Andrés _____ ya todos los asientos están ocupados.

7. No te pongas una camiseta _____ un suéter.

8. No perdió el dinero _____ lo dejó en el hotel.

9. La mochila de Carlos es bonita _____ la de Josefa es mi favorita.

10. Le dije que le daría el libro _____ que tuviera un poco de paciencia.

B. Con originalidad.
Completa las siguientes frases de una manera original.

1. Tuve que ir a la biblioteca pero…

   _____

2. No le pidas que te acompañe sino que…

   _____

3. No le hables a Rosana sino…

   _____

4. Tráeme los discos pero…

   _____

5. No la llevó a la escuela sino que…

   _____

6. Fabio y Salvador querían compartir el cuarto pero…

   _____

7. No quería pintar la pared sino que…

   _____

8. No le pedí perdón sino que…

   _____

9. Nunca le compro flores sino…

   _____

10. ¿Le puedes decir a Felipe que no venga hoy sino…

   _____?

Gustar and verbs like gustar

"Gustar"

1. The verb *gustar* is the verb most commonly used in Spanish to express likes and dislikes. The ending of the verb agrees with the object or activity that the person likes or dislikes and not with the person. Objects must be accompanied by the definite article.

No me gusta **el** pollo. — *I do not like chicken.*
No le gustan **los** vegetales. — *He does not like vegetables.*

2. The indirect object pronouns (*me, te, le, nos, os,* and *les*) are used to refer to a person or persons.

Nos gusta la música clásica. — *We like classical music.*
Te gustan los videos. — *You like videos.*

To add emphasis, use a prepositional phrase (*a mí, a ti, a nosotros, a nosotras, a vosotros, a vosotras*).

A nosotros nos gusta la música clásica. — *We like classical music.*
A ti te gustan los videos. — *You like videos.*

To clarify *le* and *les,* use *a él, a ella, a Ud., a ellos, a ellas, a Uds.*

A él le gusta la espinaca. — *He likes spinach.*
A ellos les gusta la carne. — *They like meat.*
A Uds. les gustan las frutas. — *You like fruit.*

3. If the subject is an infinitive, the singular form of the verb *gustar* is used.

Me **gusta** salir los sábados. — *I like to go out on Saturdays.*
A Felipe le **gusta** nadar y jugar al tenis. — *Felipe likes to swim and to play tennis.*

Other verbs like *gustar*

aburrir (*to bore*)
agradar (*to please*)
apetecer (*to long for, appeal to*)
convenir (*to suit*)
doler (*to ache, hurt*)
encantar (*to like very much, love*)
faltar (*to lack*)

fascinar (*to fascinate*)
fastidiar (*to bother, annoy*)
hacer falta (*to need, be lacking*)
importar (*to be important, matter*)
interesar (*to interest*)
molestar (*to bother*)
parecer (*to seem*)

preocupar (*to worry*)
quedar (*to have left over*)
quejarse (*to complain*)
sobrar (*to have in excess*)
sorprender (*to surprise*)
tocar (*to be one's turn*)

Ejercicios

A. Cambios. Cambia las siguientes frases según la información entre paréntesis.

1. A mí me fastidia el ruido de ese aparato. (a él/a Ud./a nosotros/a ti)

2. A nosotros nos encanta ir de compras. (a ti/a Miguel/a Teresa y a mí/a Uds.)

3. ¿A ti no te interesan los libros de ciencia ficción? (la biografía de Miguel de Cervantes/pasear por el centro/las galerías de arte/cantar y bailar)

4. A él le hacen falta más estantes. (a mí/a Ud./a nosotros/a Fermín)

B. Frases incompletas. Escribe frases completas con las palabras a continuación.

1. a mí / doler / las muelas

   _____

2. a Salvador / convenir / ir a una universidad pequeña

   _____

3. a Uds. / parecer difícil / los ejercicios de álgebra

   _____

4. a ti / preocupar / los problemas del medio ambiente

   _____

5. a nosotros / interesar / la beca que ofrecen

   _____

6. a Juanita / faltar tres años / para terminar su carrera

   _____

7. a Lisa y a Eduardo / sorprender / la cantidad de personas que no tienen casa

   _____

8. a mí / sobrar / dinero al final de la semana

   _____

C. Gustos y necesidades. Para cada una de las personas que aparecen a la izquierda, escribe tres frases explicando tres cosas que le(s) importan, agradan, etc. a las personas a continuación.

importar / agradar / molestar / hacer falta / aburrir

Modelo: *A mí me aburren las películas de aventuras.*
A mí me hace falta salir los fines de semana.
A mí me encanta el queso manchego.

a mí

_____

_____

_____

a mis amigos

_____

_____

_____

a mis padres

_____

_____

_____

a mi mejor amigo(a)

_____

_____

_____

a nosotros, los estudiantes

_____

_____

_____

a los profesores

_____

_____

_____

D. En español, por favor. Expresa las siguientes ideas en español.

1. It is your (familiar) turn to take out the garbage.

   _____

2. People who complain bother me.

   _____

3. Gustavo's problems are not important to me.

   _____

4. It pleases us to take a walk.

   _____

5. How many shirts are left on the shelf?

   _____

PASO 9

Adverbs

Adverbs

1. Many adverbs are independent words (such as *hoy, temprano,* and *ya*).

Vamos al zoológico **hoy**.	*We are going to the zoo today.*
Mis hermanos llegaron **temprano**.	*My brothers arrived early.*
¿**Ya** enviaste el paquete?	*Did you send the package yet (already)?*

2. Adverbs that are based on adjectives are formed by adding the suffix *–mente* to the feminine singular form of the adjective. If the adjective has an accent, the corresponding adverb retains the accent.

artístico	artística**mente**
original	original**mente**

3. If more than one adverb is used to modify the same word, only the last adverb has the *–mente* ending. The preceding adverbs are used in the feminine singular form of the adjective.

Pablo trabajaba **cuidadosa y hábilmente**.   *Pablo works carefully and ably.*

4. Adverbial phrases can be formed with:

- *con* and the noun equivalent of the adjective

cariño	cariñosamente	**con cariño**
fácil	fácilmente	**con facilidad**

- *de manera* or *de modo* followed by the adjective

amable	amablemente	**de manera amable**
sincero	sinceramente	**de modo sincero**

5. Used as adverbs, the words *demasiado, mejor, mucho, poco,* and *peor* do not change form. But, remember that used as adjectives, they must agree with the noun they modify.

Uds. juegan **demasiado** en la clase.	*You play too much in the class.*

But,

Llevas **demasiados** libros en la bolsa.	*You carry too many books in the bag.*

6. The adverbial construction *the more (less) . . . the more (less) . . .* is expressed as follows:

Cuánto más ellos se quejan, **menos** les hacemos caso.	*The more they complain, the less we pay attention to them.*
Cuánto más él practica, **más** éxito tiene.	*The more he practices, the more success he has.*

7. The words *aquí, acá, ahí, allí,* and *allá* are used as follows:

   aquí (*here* [precise])
   acá (*here* [less precise])
   ahí (*there* [not far from the speaker and the person spoken to; a very general sense])
   allí (*there* [far from the speaker and the person spoken to])
   allá ([over] *there* [farther away than *allí*])

8. Some common adverbs are

   a menudo (*often*)   en seguida (*immediately*)
   acaso (*perhaps*)   mal (*badly*)
   apenas (*hardly*)   mejor (*better*)
   aún (*still*)   peor (*worse*)
   bastante (*enough, sufficiently*)   por desgracia (*unfortunately*)
   bien (*well*)   quizás, quizá (*perhaps*)
   con adelanto (*ahead*)   rara vez (*rarely*)
   con retraso (*with delay*)   tal vez/quizás (*perhaps*)
   de buena gana (*with pleasure*)   tarde (*late*)
   de mala gana (*unwillingly*)   temprano (*early*)
   de nuevo (*again*)   todavía (*still, yet*)
   de prisa (*in a hurry*)   todavía no (*not yet*)
   de pronto/de repente (*suddenly*) ya (*already*)
   demasiado (*too much, excessively*) ya no (*no longer*)
   despacio (*slowly*)

Ejercicios

A. Cambios. Cambia los siguientes adjetivos a **adverbios**.

1. rico _____

2. espontáneo _____

3. fácil _____

4. apresurado _____

5. cariñoso _____

6. atento _____

7. elegante _____

8. rápido _____

9. débil _____

10. lujoso _____

11. apasionado _____

12. original _____

13. respetuoso _____

14. artístico _____

15. sumo _____

16. verdadero _____

B. De otra manera. Reemplaza las siguientes frases adverbiales con adverbios de solamente una palabra.

1. con felicidad _____

2. con rapidez _____

3. con cuidado _____

4. de manera profunda _____

5. de manera violenta _____

6. con curiosidad _____

7. con cortesía _____

8. de manera silenciosa _____

9. de manera triste _____

10. de manera orgullosa _____

C. Varias maneras de hacer las actividades. ¿Qué actividades haces de las siguientes maneras? Escoge ocho de los siguientes adverbios para expresar cómo haces tus actividades favoritas.

alegremente / tranquilamente / de buena gana / con sumo cuidado / despacio / de modo nervioso / con dificultad / con gusto / pacientemente / cortésmente / a menudo / siempre / de vez en cuando / con orgullo / de manera instantánea

Modelo: *Yo canto alegremente.*

1. _____

2. _____

3. _____

4. _____

5. _____

6. _____

7. _____

8. _____

D. Un discurso interesante. Completa el párrafo, traduciendo los adverbios o frases adverbiales entre paréntesis.

_____ (*Fortunately*) la profesora habló _____ y _____ (*passionately/eloquently*). _____ (*Generally*) no sigo los discursos largos, pero ella presentó el tema tan _____ (*clearly*) que escuché _____ (*attentively*).

_____ (*Rarely*) me ha interesado tanto un discurso. _____ (*Frankly*) no esperaba que me gustara. De ahora en adelante voy a asistir _____ (*faithfully*) a sus presentaciones. Dudo que haya otra persona que pueda describir un tema tan _____ y _____ (*dramatically/with such detail*).

E. Es decir. Completa las siguientes frases con **un adverbio** o **una frase adverbial** que describa cómo cada persona hizo la actividad.

1. Él compuso el aparato descompuesto sin hacer ningún ruido; es decir, lo hizo

   _____.

2. Se fijaron en todos los detalles, incluso los más diminutos; es decir, lo hicieron

   _____.

3. Nos pusimos la chaqueta y salimos corriendo; es decir, respondimos a la alarma

   _____.

4. Contesté a todas sus preguntas sin variar la verdad en lo más mínimo; es decir, contesté

   _____.

5. Los estudiantes escucharon cada palabra y comprendieron todo lo que el profesor les explicaba;

   es decir, lo comprendieron _____.

6. Se alegró de haber podido ayudarnos; es decir, nos ayudó

   _____.

7. Resolvieron el problema así no más (*just like that*); es decir, lo resolvieron _____.

F. Cómo se comporta mi familia. Usa **un adverbio** para describir cómo se comportan o trabajan los diferentes miembros de la familia de un(a) buen(a) amigo(a).

1. Por lo general él/ella trabaja _____.
2. Su mamá cuida sus flores _____.
3. Un tío suyo canta _____.
4. Su hermano menor corre _____.
5. Su hermana menor sigue sus estudios _____.
6. Su hermano mayor conduce su motocicleta _____.
7. Una prima suya pinta _____.
8. Su abuela hace ejercicio _____.
9. Su abuelo hace el crucigrama _____.
10. Una tía suya habla por teléfono _____.

Por / para

"Por / Para"

Por and *para* can be translated as *for*, but they are not interchangeable. Review their different uses.

Por

1. Meaning *because of* or *for* (a certain reason or motive):

   Por no haber estudiado, no saliste bien.　　*Because of not studying, you did not do well.*

2. To express duration of time:

   Vi la televisión **por** dos horas.　　*I watched television for two hours.*

3. Meaning *on behalf of, for the sake of*:

   Me pidió que hiciera la tarea **por** él.　　*He asked me to do the homework for him.*

4. Meaning *in exchange for, instead of*:

   Le voy a ofrecer cinco dólares **por** ese disco compacto.　　*I am going to offer her five dollars for that compact disk.*

5. Meaning *through, along*:

   Caminamos **por** la orilla del río.　　*We walk along the riverbank.*

6. To indicate means:

   Me mandó el paquete **por** correo aéreo.　　*He sent me the package by air mail.*

7. To indicate the agent in the passive voice:

   El edificio fue construido **por** esa compañía.　　*The building was contructed by that company.*

8. With certain verbs (*ir, enviar, mandar, regresar, venir, volver*) meaning *for* (*in search of*):

   Vamos al supermercado **por** leche.　　*We are going to the supermarket for milk.*

9. In the expression *estar por* (*to be in favor of*):

   Yo siempre **estuve por** esa ley.　　*I was always in favor of that law.*

Para

1. To indicate purpose, intention, use:

   Esta bolsa es **para** los libros.　　　　*This bag is for the books.*

2. Meaning *in order to*:

   Fuimos a la tienda **para** comprar tortillas.　　*We went to the store to buy tortillas.*

3. To indicate destination:

   ¿Por qué no salimos **para** la escuela ahora?　*Why don't we leave for school now?*

4. To indicate point of time in the future:

   Tengo que terminar el informe　　　　*I have to finish the report by tomorrow.*
   　para mañana.

5. To express a comparison or contrast:

   Para una persona tan joven, se queja　　*For such a young person, he complains too*
   　demasiado.　　　　　　　　　　　　　*much.*

6. In the expression *estar para* (*to be about to do something*)

   Yo **estaba para** salir cuando sonó　　*I was about to leave when the phone rang.*
   　el teléfono.

Ejercicios

A. ¿Por o para?　Completa las siguientes frases con *por* o *para.*

1. Ésa es la caja que me diste _____ los juguetes.

2. ¿Qué vas a comprar con el dinero que te dieron _____ la grabadora?

3. ¿Cuándo salen _____ el campo Uds.?

4. _____ ser tan intranquilos, se tienen que sentar al frente de la clase.

5. Como no llegaban, salimos _____ ellos.

6. ¿Por qué tienes que terminar el informe _____ la semana próxima?

7. Envíame los formularios _____ correo aéreo.

8. ¿Sabes si hay una oficina de correos _____ aquí?

9. Ya te he dicho que camines _____ la acera.

10. Esa ropa es _____ las víctimas del huracán.

11. Nos reuniremos _____ celebrar su cumpleaños.

12. Ellos van a estar con nosotros _____ un mes.

13. _____ un candidato político, no da muchos discursos.

14. Las paredes fueron pintadas _____ el cuñado de Aurelio.

B. Un viaje. Completa las siguientes frases con *por* o *para*.

Salimos _____ la capital a las cinco. Queríamos estar allí _____ unas
horas y luego seguir _____ la carretera principal _____ poder llegar a
casa temprano. En un pueblo pequeño compramos unas tazas muy bonitas _____
Isabel. _____ no llevar mucho dinero, Carmen no pudo comprar ningún recuerdo del
viaje. Rafael conducía el coche a más de 100 km _____ hora y yo tuve que conducir
_____ evitar un accidente.

C. Un día muy difícil. Completa el siguiente párrafo con *por* o *para*.

Todavía tenía que hacer tres ejercicios. Tenía que terminar todo _____ el día siguiente.
Aunque había empezado _____ la mañana, encontré que esta lección era demasiado
difícil _____ una persona que no había estudiado álgebra antes. Llamé a Porfirio
_____ teléfono _____ que viniera a ayudarme pero no pudo venir
porque tenía que ir _____ su hermano que lo esperaba en el Café Gijón. Mi hermana
mayor andaba _____ el centro así que yo sola tuve que concentrarme y terminar todo
antes de que ella regresara. Hasta cierto punto, fue mejor que ella no estuviera en casa porque probablemente hubiera hecho los ejercicios _____ mí. Ahora me siento mejor. Estoy
_____ salir y encontrarme con mis amigos. Necesito pasar un rato con ellos
_____ relajarme un poco.

PRÁCTICA

I I I I I I I I I I I I I I

Un poco más de práctica

Part A

1

Lee la selección a continuación rápidamente para tener una idea del contexto. Luego léela con más cuidado y escoge la respuesta más apropiada para completar la selección según el contexto.

   Cuando él se fue de la oficina, ella aún continuó inmóvil _____(1)_____ la soledad. Luego sintió la necesidad de hacer _____(2)_____. La interina se había ido o no había venido _____(3)_____, no lo _____(4)_____ con seguridad. Le echó _____(5)_____ por primera vez en su vida pues tenía necesidad de hablar con alguien. A falta de un ser viviente, _____(6)_____ dedicó a dar _____(7)_____ por la casa vacía, fumando sin _____(8)_____. Qué descanso no oírle a él refunfuñar: «No _____(9)_____ tanto que me echas el humo y me _____(10)_____ fumar a la fuerza.»

1. a. saboreando
   b. saboreado
   c. saborear
   d. saboreada

2. a. alguno
   b. algún
   c. alguien
   d. algo

3. a. también
   b. todavía
   c. adelante
   d. siempre

4. a. recordaba
   b. recordara
   c. hubo recordado
   d. hubiera recordado

5. a. atrás
   b. la culpa
   c. de menos
   d. a perder

6. a. le
   b. la
   c. se
   d. te

7. a. gracias
   b. vueltas
   c. gusto
   d. cuerda

8. a. parando
   b. paró
   c. paraba
   d. parar

9. a. fumas
   b. fume
   c. fuma
   d. fumes

10. a. hacías
    b. hagas
    c. haces
    d. hicieras

2

Lee la selección a continuación rápidamente para tener una idea del contexto. Luego léela con más cuidado y escoge la respuesta más apropiada para completar la selección según el contexto.

Un día, el menos _____(1)_____ –si es que se piensan los días–, según iban avanzando mis _____(2)_____ por una de esas aceras _____(3)_____ castigadas de la ciudad, empecé _____(4)_____ oír la música lejana de un organillo que ___(5)___ familiar. Me detuve. Localicé el punto de donde provenía y justo _____(6)_____ de la esquina, el mismo abuelo de siempre _____(7)_____ el mismo organillo de siempre. ¡Qué _____(8)_____ monotonía! No sé por qué, sentí como si repentinamente me _____(9)_____ años de encima. En el fondo era _____(10)_____: una vuelta _____(11)_____. Él, como siempre; la cabeza un poco más inclinada.

1. a. pensaría
   b. pensaba
   c. pensando
   d. pensado

2. a. rodillas
   b. gestos
   c. pasos
   d. caminos

3. a. tanto
   b. tan
   d. tantas
   c. tanta

4. a. a
   b. con
   c. en
   d. de

5. a. me parecía
   b. me parecería
   c. me parezca
   d. me pareciera

6. a. alrededor
   b. a la vuelta
   c. debajo
   d. encima

7. a. tocó
   b. tocaría
   c. tocaba
   d. toque

8. a. alegría
   b. alegremente
   c. alegrando
   d. alegre

9. a. han quitado
   b. habían quitado
   c. habrían quitado
   d. hubieran quitado

10. a. esa
    b. ese
    c. eso
    d. ése

11. a. adentro
    b. arriba
    c. atrás
    d. anterior

3

Lee la selección a continuación rápidamente para tener una idea del contexto. Luego léela con más cuidado y escoge la respuesta más apropiada para completar la selección según el contexto.

Un buen día, ____(1)____ por el frondoso bosque, le pareció ver ____(2)____ una figura de mujer, ____(3)____ postura parecía indicar que estaba recogiendo algo del suelo. Se aproximó y, ____(4)____ tras un grueso árbol, fue observando cómo una bella joven, aproximadamente de su edad, recogía hierbas y hojas de la espesa alfombra vegetal. Su belleza deslumbró al leñador. Realmente era preciosa. Con sus largos cabellos rubios deslizándose hasta casi su cintura ____(5)____ un hada sacada de uno de esos cuentos infantiles.

—Es muy guapa. No sé si ir a saludarla. Pero las mujeres guapas se lo tienen muy creído. Lo mismo ni me dirige la palabra, pensó el leñador.

Cuál fue su sorpresa cuando una ____(6)____ juvenil y delicada ____(7)____ a él:

—¡Hola! ¿Por qué estás ahí? ¿Te ____(8)____ vergüenza?

—¡Qué tonto soy!, pensó para ____(9)____. Yo, escondiéndome y resulta que ya me ____(10)____.

1. a. andar
   b. andado
   c. andando
   d. anduvo

2. a. a lo alto
   b. a lo lejos
   c. al frente de
   d. al lado de

3. a. cuya
   b. quien
   c. que
   d. cual

4. a. ocultarse
   b. ocultar
   c. ocultándose
   d. ocultando

5. a. parecía
   b. pareciera
   c. pareció
   d. parecería

6. a. canción
   b. campana
   c. voz
   d. charla

7. a. se dirigirá
   b. se dirigió
   c. se hubiera dirigido
   d. se habrá dirigido

8. a. tiene
   b. hace
   c. es
   d. da

9. a. sí
   b. él
   c. lo
   d. ello

10. a. hubo visto
    b. haya visto
    c. hubiera visto
    d. había visto

4

Lee la selección a continuación rápidamente para tener una idea del contexto. Luego léela con más cuidado y escoge la respuesta más apropiada para completar la selección según el contexto.

En una calleja apartada volvió a tropezarse con el hombre flaco y desagradable. Le disgustó el ___(1)___ y la forma en que le miraba el forastero. Aquel hombre no era del pueblo; ___(2)___ claramente en su forma de vestir y en esas inexplicables características que nunca inducen a error. Intentó leer el periódico mientras ___(3)___, pero no conseguía fijar la atención. Aunque le contrariaba, retrocedió y fue a ___(4)___ a la barbería, cosa que no ___(5)___ hacer aquella mañana. Fue ___(6)___ la conversación al terreno propicio y acabó ___(7)___ por el forastero. No le ___(8)___ ni el barbero, ni el mancebo, ni dos clientes que esperaban turno ___(9)___ unas revistas ___(10)___.

1. a. partido
   b. acuerdo
   c. encuentro
   d. combate

2. a. se notará
   b. se notara
   c. se note
   d. se notaba

3. a. andaba
   b. andaría
   c. había andado
   d. ha andado

4. a. mojarse
   b. cortarse
   c. afeitarse
   d. ensuciarse

5. a. había pensado
   b. hubo pensado
   c. haya pensado
   d. ha pensado

6. a. llevara
   b. llevado
   c. llevaba
   d. llevando

7. a. saludando
   b. esperando
   c. pidiendo
   d. preguntando

8. a. conocieran
   b. conocían
   c. conozcan
   d. conocerán

9. a. leían
   b. leyeron
   c. leyendo
   d. leer

10. a. tempranas
    b. atrasadas
    c. anteriores
    d. acertadas

5

Lee la selección a continuación rápidamente para tener una idea del contexto. Luego léela con más cuidado y escoge la respuesta más apropiada para completar la selección según el contexto.

Era una tarde fría de invierno. Estaba lloviendo. Las gotas de agua golpeaban ___(1)___ sobre los cristales. Todo me recordaba un poema de Antonio Machado que ___(2)___ ese ___(3)___ año. Tal vez todos los recuerdos infantiles tengan en el fondo algo de parecido. Sólo que ___(4)___ día no se trataba de aprender ___(5)___ multiplicar. El profesor intentaba hacernos ___(6)___ lo que era un cuento. Decía que no tenía por qué ser algo fantástico ni algo pensado ___(7)___ para los niños. ___(8)___ rompía nuestros esquemas, acostumbrados siempre a que se nos hablara de los cuentos como de algo ajeno a la realidad y para un público exclusivamente ___(9)___. La novedad y la con-tradicción con ___(10)___ nos había dicho hasta entonces hizo que nuestro interés ___(11)___ a desper-tarse. Todos nos miramos con extrañeza, como con cara de decir: «A ver si ___(12)___ de acuerdo por una vez estos profesores. ¿En qué quedamos?»

1. a. insistente
   b. insistido
   c. insistentemente
   d. insistencia

2. a. había aprendido
   b. haya aprendido
   c. he aprendido
   d. aprendiera

3. a. cierto
   b. otro
   c. propio
   d. mismo

4. a. aquel
   b. aquél
   c. aquello
   d. aquella

5. a. a
   b. por
   c. en
   d. de

6. a. comprendido
   b. comprender
   c. comprendía
   d. comprendiera

7. a. extremadamente
   b. lentamente
   c. sumamente
   d. únicamente

8. a. Aquella
   b. Aquellos
   c. Aquel
   d. Aquello

9. a. profundo
   b. verdadero
   c. infantil
   d. orgulloso

10. a. la cual
    b. lo que
    c. cual
    d. que

11. a. empezó
    b. empezara
    c. empezaría
    d. empezaba

12. a. se ponen
    b. se dan
    c. se están
    d. se hacen

6

Lee la selección a continuación rápidamente para tener una idea del contexto. Luego léela con más cuidado y escoge la respuesta más apropiada para completar la selección según el contexto.

Por la mañana se trasladó al pueblo a comprar el periódico, pues había decidido no ___(1)___ la vieja costumbre de leer su ___(2)___ aunque tuviera que andar dos kilómetros para ___(3)___. Al mismo tiempo, este paseo matutino era un ___(4)___ ejercicio, y ___(5)___ joven y ágil como no recordaba haberlo estado nunca, y eso ___(6)___ porque los tiempos de su juventud quedaban lejos, más quizá por lo atareado de su vivir que por el número de años transcurridos. "Necesita usted una temporada de ___(7)___." ¡Hay que ver lo bien que le ___(8)___ su médico y cómo había acertado! No padecía ___(9)___ enfermedad; cansancio, simplemente cansancio. Y en veinte días ya era un hombre nuevo. Veinte días sin ___(10)___ una carta, sin una junta, sin una conferencia telefónica. Veinte días sin emplear el coche más que ___(11)___ dar algún paseo por la carretera o ir a tomar un refresco a la ciudad vecina. Veinte días sin ___(12)___ de sus negocios.

1. a. hacer
   b. romper
   c. pensar
   d. seguir

2. a. ensayo
   b. cuento
   c. diario
   d. revista

3. a. recordarlo
   b. perderlo
   c. mantenerlo
   d. conseguirlo

4. a. saludable
   b. equivocado
   c. obediente
   d. agotado

5. a. se sintiera
   b. se sentía
   c. se haya sentido
   d. se hubiera sentido

6. a. sería
   b. fuera
   c. sido
   d. siendo

7. a. actividad
   b. descanso
   c. tratamiento
   d. ejercicio

8. a. conocía
   b. conoció
   c. conocerá
   d. conociera

9. a. algún
   b. alguna
   c. ninguna
   d. ningún

10. a. llenar
    b. repasar
    c. firmar
    d. borrar

11. a. a
    b. con
    c. por
    d. para

12. a. ausentarse
    b. arreglarse
    c. acordarse
    d. moverse

7

Lee la selección a continuación rápidamente para tener una idea del contexto. Luego léela con más cuidado y escoge la respuesta más apropiada para completar la selección según el contexto.

Sintió que ella lo ___(1)___.

—¿En qué piensas? Recuerda que ___(2)___ que siempre nos íbamos a decir la verdad.

—No, si te lo iba a decir de todas maneras.

Se detuvo. ___(3)___ los labios primero y luego abrió desmesuradamente la boca, como si ___(4)___ a pronunciar palabras más grandes que su boca. Siempre hacía ese gesto. El ___(5)___ había advertido que no lo ___(6)___, que no era bueno para una actriz.

—Pensaba —la oyó y se preguntó si ella ___(7)___ a hablar ahora o hacía un rato —que no sé por qué te quiero. Eres ___(8)___ el tipo de hombre contrario ___(9)___ yo soñé, y sin embargo, te miro y siento que te quiero. Y me ___(10)___.

—Gracias —dijo él.

—¡Oh! —dijo ella, molesta. Volvió a mirar al mantel, a sus manos, a las ___(11)___ sin pintura. Ella era alta y esbelta y con el vestido que llevaba ahora, con su largo escote cuadrado, ___(12)___ hermosa.

1. a. miré
   b. miraba
   c. habría mirado
   d. habrá mirado

4. a. iba
   b. fue
   c. fuera
   d. iría

7. a. hubiera comenzado
   b. había comenzado
   c. haya comenzado
   d. habrá comenzado

10. a. guste
    b. gustas
    c. gustaron
    d. gustara

2. a. juramos
   b. juremos
   c. juráramos
   d. juraremos

5. a. le
   b. lo
   c. se
   d. la

8. a. pesadamente
   b. ligeramente
   c. únicamente
   d. exactamente

11. a. uñas
    b. pieles
    c. piernas
    d. cinturas

3. a. Se sacó
   b. Se gritó
   c. Se cepilló
   d. Se mordió

6. a. hace
   b. hará
   c. hacía
   d. hiciera

9. a. a que
   b. a lo cual
   c. al que
   d. a cuyo

12. a. ponía
    b. veía
    c. lucía
    d. vestía

8

Lee la selección a continuación rápidamente para tener una idea del contexto. Luego léela con más cuidado y escoge la respuesta más apropiada para completar la selección según el contexto.

Yo fui el primero en aprender alemán de mi familia, y cada vez que ___(1)___ el teléfono, mi papá me iba a buscar para que yo ___(2)___. A veces cuando yo no estaba en la casa, el papi y la mami dejaban que el teléfono ___(3)___ no más porque les daba ___(4)___ levantarlo. Y cuando yo llegaba a la casa me retaban porque no había ___(5)___ cuando sonó el teléfono. Ahora dejamos que ___(6)___ todo el tiempo que quiera, pero los primeros meses dependía del teléfono que comiéramos. Resulta que el papi y la mami ___(7)___ un trabajo ___(8)___ español, clases particulares. Como los dos son profesores, no les cuesta nada enseñar. Yo les ___(9)___ en la libreta la ___(10)___ de los alumnos, y escribía el día en que querían clases.

1. a. suena
   b. sonaba
   c. suene
   d. sonaría

4. a. felicidad
   b. cariño
   c. vergüenza
   d. cuidado

7. a. se habían conseguido
   b. se habrán conseguido
   c. se conseguían
   d. se conseguirán

10. a. dirección
    b. señal
    c. esquina
    d. letra

2. a. atendiera
   b. atienda
   c. atendía
   d. atendería

5. a. sido
   b. estado
   c. dicho
   d. visto

8. a. enseñaban
   b. enseñan
   c. enseñando
   d. enseñado

3. a. sonaría
   b. sonó
   c. sonaba
   d. sonara

6. a. suena
   b. sonó
   c sonará
   d. suene

9. a. firmaba
   b. anotaba
   c. repasaba
   d. borraba

Part B

1

Lee las oraciones a continuación. Escoge la palabra o frase subrayada que necesitas cambiar para que la oración esté gramaticalmente correcta.

1. Si <u>recuerdo</u> bien, el dependiente <u>me</u> prometió <u>tener</u> el traje listo <u>por</u> hoy.
       A   B   C   D

2. Al <u>entrar</u> en el apartamento <u>en llamas</u>, los bomberos encontraron <u>a</u> dos niños <u>escondido</u> debajo de una cama.
       A   B   C   D

3. De una manera <u>o</u> otra, los dueños de esa compañía <u>tendrán</u> que <u>buscar</u> otra solución para <u>satisfacer</u> a sus clientes.
                     A   B   C

D

4. La gente <u>admiraban</u> la escultura <u>diseñada</u> por <u>un</u> artista nicaragüense que vivió mucho tiempo en <u>la</u> selva.
            A   B   C

D

5. <u>Como</u> los chicos tenían que salir muy temprano yo <u>les</u> hice las maletas antes de <u>acostarnos</u> porque temía que ellos <u>olvidaban</u> algo.
       A   B   C

D

6. Si <u>hubiéramos sabido</u> que ellos no <u>vinieron</u> hasta el viernes que <u>viene</u>, no habríamos estado tan <u>preocupados</u> esta semana.
           A   B   C

D

7. <u>Estaba</u> de noche y no podían ver mucho en <u>el</u> bosque, pero ellos caminaron juntos hasta <u>encontrar</u> un camino que <u>conocían</u>.
       A   B

C   D

8. Originalmente el mural fue <u>pintado</u> en los años <u>cuarenta</u>, <u>sino</u> se han <u>contratado</u> a varios artistas para mantenerlo en buena condición.
                               A   B   C   D

9. Nosotros no <u>conocíamos</u> <u>lo que</u> pasó hasta que leímos el artículo que <u>apareció</u> en el diario <u>de</u> ayer.
                    A   B   C   D

10. Aquí hay una caja <u>llena</u> de pinceles; ven y <u>dime</u> si <u>son</u> míos o <u>de ti</u>.
                     A   B   C   D

2

Lee las oraciones a continuación. Escoge la palabra o frase subrayada que necesitas cambiar para que la oración esté gramaticalmente correcta.

1. Tal empresas tienen la responsabilidad de proteger a sus obreros y al mismo tiempo el medio

A   B   C   D
   ambiente.

2. Hace varias horas que el detective interroga a ese señor, porque le dijeron que habían dos
                           A   B
   testigos cerca del lugar donde se cometió el crimen.
              C   D

3. Levantémonos ahora mismo si esperemos llegar al partido antes de que comience.
                    A   B   C   D

4. Durante el verano mi familia iba a visitar a nuestros parientes; ellos compartían su casa de
                             A   B
   campo con nos porque no teníamos suficiente dinero para ir de vacaciones.
           C   D

5. El profesor les pidió a los estudiantes que recogieron los papeles antes de que sonara el timbre
             A   B   C
   porque otra clase iba a usar el aula.
                     D

6. Después de haber pasado la noche preparando el informe, el profesor me dijo que no tenía que
                  A   B
   entregarlo hasta que él terminó la presentación del tema.
                  C   D

7. Ese postre que Jorge está sirviendo es riquísimo; ¿quién lo hubiera hecho?
    A   B   C   D

8. ¿Las cartas? Se las entregué al cartero cuando pasó para casa porque no pude ir a la oficina de
               A   B   C   D
   correo.

9. Les habíamos dicho que hacía frío allí, pero no nos hicieron caso y se fueron sin llevando ni
         A   B   C
   suéteres ni chaquetas.
            D

10. ¿Averiguaste dónde se les habían perdido las medicinas a tu tía? Las necesita antes del fin de
                A   B   C   D
    semana.

3

Lee las oraciones a continuación. Escoge la palabra o frase subrayada que necesitas cambiar para que la oración esté gramaticalmente correcta.

1. A Rigoberto le <u>interesaba</u> mucho el programa de teatro que <u>ofrecían</u> cada verano pero no encontró a nadie que <u>podía</u> darle información acerca de <u>él</u>.

A   B   C   D

2. Aunque <u>había</u> <u>muchas</u> distracciones, los estudiantes siguieron <u>leído</u> como si nada <u>sucediera</u>.

A   B   C   D

3. Nosotros estábamos buscando un hotel cerca <u>del</u> centro que <u>tenía</u> una piscina <u>abierta</u> veinticuatro horas <u>al</u> día.

A   B   C   D

4. Duque, ven <u>acá</u>, aquí tienes tu hueso. No <u>ladre</u> más porque vas a <u>despertar</u> <u>a</u> los vecinos.

A   B   C   D

5. Si no asisten <u>a</u> la conferencia no <u>sabrán</u> qué repasar <u>para</u> el examen final que <u>tengamos</u> en dos semanas.

A   B   C   D

6. <u>Lo</u> interesante fue que <u>al</u> público <u>les</u> gustó la presentación aunque los críticos decían que era un fracaso <u>total</u>.

A   B   C   D

7. <u>El</u> economista leyó una descripción detallada sobre <u>la</u> productividad de varios países en vía de desarrollo, <u>sino que</u> no nos dijo nada sobre los productos que <u>habían sido</u> exportados.

A   B   C   D

8. <u>Estuvo</u> muy importante fijarse <u>en</u> todos <u>los</u> detalles para comprender <u>el</u> diagrama que habían diseñado los arquitectos.

A   B   C   D

9. <u>Me</u> sorprendí mucho porque <u>ésta</u> ha sido la <u>única</u> vez que Alfonso se llevó la ropa sucia sin que yo se la <u>lave</u>.

A   B   C   D

10. No conozco a nadie que <u>ha descubierto</u> un tesoro, <u>pero</u> si alguien <u>lo</u> hace, esa persona podrá vivir cómodamente <u>por</u> el resto de su vida.

A   B   C   D

4

Lee las oraciones a continuación. Escoge la palabra o frase subrayada que necesitas cambiar para que la oración esté gramaticalmente correcta.

1. El horóscopo dice: «Durante el mes de abril habrá <u>un</u> clima <u>favorable</u> para que te <u>expresas</u>

                                                   A   B   C
   artísticamente; <u>aprovéchalo</u> porque tu creatividad te traerá mucho éxito».

           D

2. Sé que el concierto <u>estará</u> en el parque <u>pero</u> no he podido averiguar <u>lo que</u> haremos si <u>cambia</u> el

                     A   B   C   D
   tiempo.

3. <u>Debido</u> al peligro que causaba el humo, <u>las</u> autoridades recomendaron que la gente de ciertos

   A   B
   barrios <u>salieron</u> de su casa <u>en seguida</u>.

          C   D

4. <u>Aunque</u> mi abuelo trabajaba <u>para</u> una compañía extranjera, no viajó mucho porque en ese <u>tiempo</u>

   A   B   C
   los hombres de negocios no viajaban <u>tan</u> como hoy.

                                    D

5. <u>El</u> parque de atracciones tendrá cinco mil metros cuadrados de <u>jardines</u> y más <u>que</u> cinco

 A   B   C
   restaurantes <u>al</u> aire libre.

                D

6. La médica <u>atiende</u> diariamente entre treinta y cuarenta trabajadores en <u>una</u> clínica que fue fundada

             A   B
   <u>por</u> una organización caritativa <u>hizo</u> tres años.

  C   D

7. A Fernando <u>le</u> encanta <u>pasarse</u> el fin de semana <u>haciendo</u> <u>las</u> crucigramas que aparecen en los

               A   B   C   D
   periódicos.

8. Cuando terminábamos <u>temprano</u> a menudo <u>disfrutamos</u> de un <u>largo</u> paseo <u>por</u> la orilla del lago.

                           A   B   C   D

9. A las seis en punto de la tarde del pasado martes, un coche <u>se detuvo</u> en la puerta del teatro y

                                                  A
   de <u>él</u> descendió con <u>cierto</u> aire de misterio, una mujer vestida <u>en</u> negro.

    B   C   D

10. Cuando mi madrina, que es alemana, se casó con un <u>irlandés</u>, ellos no quisieron que sus hijos

                                                       A
    <u>hablen</u> solamente alemán <u>e</u> inglés, así los enviaron <u>a</u> estudiar en Italia.

  B   C   D

5

Lee las oraciones a continuación. Escoge la palabra o frase subrayada que necesitas cambiar para que la oración esté gramaticalmente correcta.

1. Paula, hazme un favor y dile a tu primo que me llame esta noche si le interese ir al partido la
                         A   B   C

   semana que viene.
         D

2. El artista, cuya obras serán expuestas en ese museo, ha dicho que nadie podrá gozar de sus
             A   B   C

   esculturas si no se muestran al aire libre.
             D

3. Antes veíamos la televisión mientras preparamos la cena, pero ya no la miramos a menos que
                                 A   B   C

   haya un programa muy especial.
      D

4. Mis primos son menores que mí pero la diferencia de edad no me molesta porque ellos se
                 A   B   C   D

   portan muy bien.

5. Si en cualquiera ocasión deseas volver a visitarnos, sólo tienes que llamarnos y tendremos un
         A   B   C

   cuarto listo para ti.
          D

6. Millones de niños alrededor del mundo viven sin esperanza y sufren a causa de los efectos de la
           A   B   C

   pobreza en cual viven.
         D

7. Después de varios meses, era evidente que los detectives no iban a encontrar a ninguno testigo
            A   B   C

   que los pudiera ayudar.
         D

8. Yo estaba secando los platos y como tenía mis manos mojadas, se me cayó uno y se rompió en
                                 A   B   C

   mil pedazos.
    D

9. Con su última película recién distribuida, la actriz muestra claramente por qué ha llegado a
                     A   B

   estar una de las figuras más populares del cine actual.
    C   D

10. Ojalá que no hay tantos problemas esta vez porque si te acuerdas bien, el año pasado no
            A   B   C

    estábamos preparados para la reacción del público.
       D

6

Lee las oraciones a continuación. Escoge la palabra o frase subrayada que necesitas cambiar para que la oración esté gramaticalmente correcta.

1. Adondequiera que tú van, encontrarás a gente con opiniones completamente erróneas, pero
         A   B   C

   debes tratar de no imponer tus ideas.
               D

2. Mi hermana y yo poníamos la mesa cuando oímos que alguien llamaba a la puerta; fueron
               A   B   C

   nuestros abuelos que acababan de volver de Madrid.
                   D

3. Si tendrás otra oportunidad de participar en el concurso, ¿qué dirías esta vez para impresionar a
      A   B   C

   los jueces?
    D

4. El carpintero había dicho que esperó acabar el trabajo para el viernes, pero ahora parece que
                     A   B   C

   necesitará más tiempo de lo que había anticipado.
                D

5. Queríamos que nuestra versión del cuento fuera la mejor y para asegurarnos de ése, nos fijamos
                               A   B   C

   cuidadosamente en todos los detalles.
                 D

6. Por difícil que es tener una relación con una persona que vive lejos, ellos han reconocido el valor
            A   B

   de la amistad que los une.
      C   D

7. En cuanto el piloto se dio cuenta de que el avión tenía problemas mecánicos, él ordenaba a la
                                         A   B

   tripulación preparar a los pasajeros para un aterrizaje de emergencia.
         C   D

8. Desde hacía tres meses recibimos los informes todas las semanas pero el mes pasado la oficina
    A   B

   de correo dejó de entregar la correspondencia a tiempo.
           C   D

9. Hace unos días que un campesino llegó al pueblo preguntaba si alguien había visto los animales
       A   B   C

   que se habían escapado de su rancho.
      D

10. Decidimos estar de acuerdo con sus planes para el nuevo edificio porque nos habló
           A   B

    apasionadamente y firmemente de las necesidades de los desamparados.
         C   D

7

Lee las oraciones a continuación. Escoge la palabra o frase subrayada que necesitas cambiar para que la oración esté gramaticalmente correcta.

1. Cuando yo <u>tuve</u> dieciséis años viví con mis abuelos <u>por</u> un tiempo porque mis padres querían
   A   B
   que yo <u>asistiera</u> a una secundaria cerca de <u>ellos</u>.
   C   D

2. <u>Por</u> la mañana, generalmente me levanto a las seis <u>sino</u> cuando no oigo <u>el</u> despertador mi padre
   A   B   C
   <u>me</u> despierta.
   D

3. Si no hiciera <u>tanto</u> frío, <u>podremos</u> ir al patio <u>para</u> jugar hasta que <u>llegue</u> mamá.
                   A   B   C   D

4. Si hubieras hecho todo <u>lo que</u> te dije, <u>habías podido</u> terminar de <u>arreglar</u> tu cuarto antes de que
                           A   B   C
   <u>llegaran</u> tus padres.
   D

5. <u>Deme</u> lo que llevas en los bolsillos o <u>lo</u> vas a perder <u>todo</u> cuando <u>empieces</u> a saltar.
   A   B   C   D

6. Al <u>viendo</u> la cara de la bruja, la niña <u>se asustó</u> de <u>tal</u> manera que comenzó <u>a</u> llorar
       A   B   C   D
   desconsoladamente.

7. ¿<u>Qué</u> es tu color <u>preferido</u>? Así podré <u>comprarte</u> una camisa que te <u>guste</u>.
     A   B   C   D

8. Cuando no te veía a menudo, pensaba <u>de</u> ti constantemente; <u>eso</u> me ayudaba <u>a</u> no sentirme <u>tan</u>
                                         A   B   C   D
   solo.

9. ¿Cuántos cuadernos te <u>sobras</u>? Necesito dos <u>para</u> los estudiantes de intercambio que <u>llegan</u>
                                 A   B   C
   mañana <u>por</u> la tarde.
   D

10. <u>La</u> normal sería <u>escuchar</u> las quejas que ellos tienen y tratar <u>de</u> encontrar una solución justa para
    A   B   C
    <u>ambas</u> personas.
    D

8

Lee las oraciones a continuación. Escoge la palabra o frase subrayada que necesitas cambiar para que la oración esté gramaticalmente correcta.

1. Quítate el sombrero en cuanto <u>entras</u>; yo no permito que nadie <u>se</u> siente en <u>esta</u> clase con el
                                   A   B   C

   sombrero puesto.

2. <u>Habríamos devuelto</u> <u>los</u> billetes si hubiéramos sabido que no <u>pudiéramos</u> usarlos <u>para</u> este
           A   B   C   D

   viaje.

3. En la Avenida Simón Bolívar, <u>junto al</u> ayuntamiento, <u>puede</u> verse varios edificios que fueron
                                    A   B

   <u>construidos</u> en el siglo <u>quince</u>.
      C   D

4. <u>Ésta</u> es su <u>tercera</u> telenovela y ella ya <u>es</u> considerando propuestas de varios estudios cine-
     A   B   C

   matográficos <u>para</u> su próximo proyecto.
              D

5. Además de <u>contar</u> con el violinista más <u>célebre</u> del mundo, la orquesta también <u>posea</u> una <u>gran</u>
              A   B   C   D

   cantidad de músicos de mucho talento.

6. Los vegetales no deben <u>pelarse</u> antes de usarlos a fin de que <u>mantienen</u> todas sus vitaminas,
                           A   B

   pero hay que <u>tener cuidado</u> porque a veces están <u>cubiertos</u> de pesticidas.
                C   D

7. En su última carta <u>me</u> dice que me <u>reúne</u> con mis parientes para que discutamos <u>los</u> planes <u>para</u>
                   A   B   C   D

   la mudanza.

8. Mi hermana <u>se parece</u> mucho a <u>mí</u>, pero cuando la <u>veas</u> con mi hermano mayor, te darás cuenta
              A   B   C

   de que <u>sean</u> mellizos.
        D

9. Nos alegró mucho <u>pudiéramos</u> ver <u>el</u> águila negra que <u>se</u> refugiaba en las montañas de <u>esa</u>
                 A   B   C   D

   región.

10. Un estudio <u>reciente</u> indica que más <u>de</u> la tercera parte de la población <u>se siente</u> culpable si
             A   B   C

   <u>comería</u> sus alimentos favoritos.
      D

9

Lee las oraciones a continuación. Escoge la palabra o frase subrayada que necesitas cambiar para que la oración esté gramaticalmente correcta.

1. <u>Deben</u> de ser muy pocos <u>los que</u> no <u>han</u> escuchado las noticias acerca del ejecutivo que fue
   A   B   C

   secuestrado mientras <u>caminara</u> a su oficina.
                D

2. Tan pronto como <u>comienza</u> la nueva temporada, <u>los</u> futbolistas comenzarán <u>a</u> viajar <u>por</u> varios
               A   B   C   D

   países extranjeros.

3. Los bomberos <u>se sentían</u> agotados después de <u>haber</u> extinguido un fuego en <u>el cual</u> milagrosa-
             A   B   C

   mente no <u>murieron</u> nadie.
        D

4. No estoy seguro <u>de que</u> Uds. <u>conocen</u> a mi profesor de música, pero si <u>les</u> interesa puedo
             A   B   C

   <u>presentárselo</u> después del concierto.
      D

5. Al <u>llegar</u> a la esquina de mi casa sospechamos que algo había sucedido porque <u>vimos</u> que la
       A   B

   puerta <u>era</u> abierta y que <u>había</u> más de diez policías en el patio.
       C   D

6. <u>Cada</u> vez que el payaso aparecía con <u>los</u> zapatos gigantescos el público, los adultos <u>tan</u> como los
   A   B   C

   niños, <u>se reía</u> a carcajadas.
       D

7. Le pedí a mi hermano que me <u>despertará</u> pero no tuve <u>ninguna</u> dificultad en <u>levantarme</u>
                        A   B   C

   temprano porque estaba muy ilusionado con mi <u>primer</u> día en el nuevo trabajo.
                    D

8. ¿<u>Cuántas</u> veces te he dicho que <u>recoges</u> los libros que dejaste encima <u>de</u> la mesa <u>del</u> comedor?
    A   B   C   D

9. No <u>le</u> dije que se fuera <u>pero que</u> <u>discutiera</u> el asunto con la consejera pues ese curso es un requi-
       A   B   C

   sito <u>para</u> la graduación.
      D

10. Ya habían llegado más de <u>cientos</u> representantes <u>al</u> congreso que <u>se</u> celebraba en <u>la</u> capital.
                       A   B   C   D

10

Lee las oraciones a continuación. Escoge la palabra o frase subrayada que necesitas cambiar para que la oración esté gramaticalmente correcta.

1. Cuando <u>éramos</u> en Alaska caía <u>tanta</u> nieve que <u>había</u> días que no podíamos salir del hotel

A   B   C
   donde <u>nos</u> hospedábamos.

D

2. Como los contratos <u>fueron</u> negociados <u>para</u> un abogado que tenía mucha experiencia en este

A   B
   tipo de negocios, no tuvimos <u>ningún</u> problema cuando decidimos <u>abrir</u> una nueva oficina.

C   D

3. Era evidente que cuando Rodrigo <u>tratara</u> de devolver el pasaporte que había encontrado, la

A
   policía <u>creyó</u> que él <u>se lo</u> había robado <u>a</u> alguien.

B   C   D

4. Todos <u>nos</u> preguntábamos quién <u>será</u> aquel hombre que había aparecido <u>disfrazado</u> cuando el

A   B   C
   reloj <u>dio</u> la medianoche.

D

5. Quítate <u>los</u> calcetines en caso de que <u>decides</u> meterte en <u>el</u> agua cuando <u>lleguemos</u> a la playa.

A   B   C   D

6. Tráeme <u>los</u> sacacorchos que está en esa gaveta para <u>ver</u> si puedo abrir <u>estas</u> botellas antes de que

A   B   C
   <u>llegue</u> Antonio.

D

7. <u>Le</u> pareció absurdo a ellos que <u>la</u> gente llevara <u>tanto</u> equipaje para una excursión que <u>duraría</u>

A   B   C   D
   sólo unos días.

8. <u>Por</u> varias semanas traté <u>de</u> hablar con alguien que <u>sabía</u> lo que había sucedido <u>al</u> final de la

A   B   C   D
   obra de teatro.

9. Los artistas, <u>quien</u> se habían quejado <u>al</u> congresista, recibieron más fondos <u>para</u> exhibir su obra

A   B   C   D
   en varias ciudades extranjeras.

10. Más vale que <u>te quedas</u> aquí por <u>unos</u> meses, así podrás participar <u>por lo menos</u> en <u>las</u>

A   B   C   D
    celebraciones del Día de la Independencia.

Part C

Lee las selecciones a continuación. Escribe en cada espacio a la derecha de la selección la forma correcta de la palabra entre paréntesis que se necesita para completarla de manera lógica y correcta. Solamente puedes escribir UNA palabra. Si la palabra que se necesita no requiere ningún cambio, escríbela de nuevo en el espacio.

1

__(1)__ gente dice que yo __(2)__ el premio que ofrecen __(3)__ año, pero dudo que me lo __(4)__ [ellos]. Hay otra candidata que __(5)__ todas las cualidades que los jueces __(6)__. Entre tanto, no vale la pena __(7)__ nerviosa mientras yo __(8)__ la decisión, porque no hay nada que yo __(9)__ hacer ahora.

1. _____ (Mucho)
2. _____ (merecer)
3. _____ (este)
4. _____ (dar)
5. _____ (tener)
6. _____ (buscar)
7. _____ (ponerse)
8. _____ (esperar)
9. _____ (poder)

2

__(1)__ viernes y yo soñaba con __(2)__ el fin de semana en mi casa de campo, fuera de __(3)__ presiones que ya había estado __(4)__ por varios días en mi trabajo. Con la oficina __(5)__ por dos días, yo podría __(6)__ sin escuchar las quejas __(7)__ y los chismes que me habían __(8)__ loca durante la semana.

Mientras yo __(9)__ las luces de la oficina __(10)__ el teléfono. No __(11)__ contestarlo, pero por fin decidí hacerlo en caso de que __(12)__ mi esposo. ¡Qué idea más __(13)__! __(14)__ mi jefe y quería que yo __(15)__ el sábado.

1. _____ (Ser)
2. _____ (pasar)
3. _____ (tanto)
4. _____ (sentir)
5. _____ (cerrado)
6. _____ (escaparse)
7. _____ (constante)
8. _____ (volver)
9. _____ (apagar)
10. _____ (sonar)
11. _____ (querer)
12. _____ (ser)
13. _____ (tonto)
14. _____ (Ser)
15. _____ (trabajar)

3

El año pasado yo __(1)__ muchas fotos durante mi viaje, pero de todas ellas __(2)__ fue tan impresionante como la de la torre __(3)__ en el siglo XVI. En cuanto la __(4)__, supe en seguida que había capturado una imagen que me __(5)__ recordar __(6)__ inolvidable viaje.

Desde entonces he querido __(7)__ fotógrafo profesional y mis padres, junto con mis amigos, me __(8)__. El año que viene espero ingresar en un instituto dedicado a la fotografía. Cuando yo me __(9)__, podré ganarme la vida y divertirme a la vez.

1. _____ (sacar)
2. _____ (ninguno)
3. _____ (construido)
4. _____ (ver)
5. _____ (permitir)
6. _____ (aquel)
7. _____ (hacerse)
8. _____ (apoyar)
9. _____ (graduar)

4

Caminé solo, sin rumbo, bajo la lluvia __(1)__ y __(2)__. Sin esperanza, mutilado del alma. Con Leónidas se había ido la única dicha, el único __(3)__ afecto que me ligaba a la tierra. __(4)__ desde niños, la guerra nos __(5)__ durante varios años. Encontrarnos, después de la lucha y la soledad, constituyó la mayor alegría de nuestra vida. Ya sólo __(6)__ los dos; sin embargo, muy pronto nos dimos cuenta de que __(7)__ vivir cada uno por su lado y así lo hicimos. Durante __(8)__ años habíamos adquirido costumbres __(9)__, hábitos e independencia absoluta. Leónidas encontró un puesto de cajero en un banco; yo me __(10)__ de contador en una compañía de seguros. Durante la semana, cada quien vivía dedicado a su trabajo o a su soledad; pero los domingos [nosotros] los __(11)__ siempre juntos. ¡Éramos tan __(12)__ entonces! Puedo asegurar que los dos esperábamos la llegada de __(13)__ día.

1. _____ (persistente)
2. _____ (monótono)
3. _____ (grande)
4. _____ (Inseparable)
5. _____ (alejar)
6. _____ (quedar)
7. _____ (deber)
8. _____ (aquel)
9. _____ (propio)
10. _____ (emplear)
11. _____ (pasar)
12. _____ (feliz)
13. _____ (ese)

5

Nos gustaría ___(1)___ temprano para evitar el tráfico que siempre es un problema a esa hora. Resulta mucho mejor salir antes de que ___(2)___ muchos vehículos en la carretera. Si salimos antes de las siete ___(3)___ esos problemas.

Yo no ___(4)___ cómo mi padre lo hace, día tras día, ___(5)___ en su coche como un prisionero, ___(6)___ lentamente como una tortuga. Si yo fuera él, no ___(7)___ al trabajo, sino que ___(8)___ el transporte público. Creo que todo el mundo estaría de acuerdo que ése es un ___(9)___ modo de llegar al trabajo sin ___(10)___ loco.

1. _____ (marcharse)
2. _____ (haber)
3. _____ (evitar)
4. _____ (saber)
5. _____ (sentado)
6. _____ (moverse)
7. _____ (conducir)
8. _____ (tomar)
9. _____ (bueno)
10. _____ (volverse)

6

—Lo que te voy a contar es muy importante, así quiero que te sientes aquí y que me ___(1)___ bien. Si no me ___(2)___ bien, dímelo y te lo ___(3)___.

Me acuerdo de esas palabras de mi padre como si ___(4)___ ayer. Están ___(5)___ en mi memoria para siempre. En ese momento inolvidable él me informó que había ___(6)___ su trabajo y que tendríamos que ___(7)___ de casa para vivir con mis abuelos. Yo tenía miedo de ___(8)___ preguntas pero ahora, veinte años después, me doy cuenta de que no sólo temía ___(9)___ esas noticias malas, pero al mismo tiempo no quería que mi padre ___(10)___ tanto.

1. _____ (escuchar)
2. _____ (entender)
3. _____ (repetir)
4. _____ (ser)
5. _____ (grabado)
6. _____ (perdido)
7. _____ (mudarse)
8. _____ (hacer)
9. _____ (oír)
10. _____ (sufrir)

7

—Buenas tardes. ¿Podría decirme…?

Al __(1)__ mi voz, la persona se retira con pasos pesados e inseguros. Aprieto de nuevo el timbre, __(2)__ vez __(3)__ :

—¡ __(4)__ ! ¡Ábrame! ¿Qué le pasa? ¿No me __(5)__ ?

No obtengo respuesta. __(6)__ tocando el timbre, sin resultados. Me retiro del portón, sin __(7)__ la mirada de las mínimas rendijas, como si la distancia __(8)__ darme perspectiva e incluso penetración. Con toda la atención fija en esa puerta condenada, atravieso la calle __(9)__ hacia atrás; un grito agudo me salva a tiempo, seguido de un pitazo prolongado y feroz, mientras yo, aturdido, busco a la persona __(10)__ voz acaba de __(11)__ , sólo veo el automóvil que se aleja por la calle y me abrazo a un poste de luz, a un asidero que, más que seguridad, me ofrece un punto de apoyo para el paso súbito de la sangre helada a la piel __(12)__ , sudorosa. Miro hacia la casa que fue, era, debía ser la de Amilamia.

1. _____ (escuchar)
2. _____ (este)
3. _____ (gritar)
4. _____ (Oír)
5. _____ (oír)
6. _____ (Continuar)
7. _____ (alejar)
8. _____ (poder)
9. _____ (caminar)
10. _____ (cuyo)
11. _____ (salvarse)
12. _____ (ardiente)

8

Éramos alpinistas de alguna experiencia y sabíamos que los picos estarían __(1)__ de nieve y que la subida __(2)__ un reto de verdad. Hacía casi un año que mis compañeros y yo __(3)__ la excursión y __(4)__ muy ilusionados. No queríamos que nada __(5)__ esa experiencia tan __(6)__ .

Por fin llegó el día __(7)__ y yo __(8)__ mi equipaje en el camión que nos llevaría al pie de la sierra. Mis amigos me __(9)__ y después de un viaje de dos horas estábamos __(10)__ para __(11)__ la subida.

1. _____ (cubierto)
2. _____ (ser)
3. _____ (planear)
4. _____ (estar)
5. _____ (impedir)
6. _____ (deseado)
7. _____ (anticipado)
8. _____ (poner)
9. _____ (seguir)
10. _____ (listo)
11. _____ (comenzar)

9

Muchos padres __(1)__ ansiosos cuando sus hijos comienzan el __(2)__ grado. En muchos casos es la primera vez que los niños pasarán el día entero fuera de casa, __(3)__ de sus padres. Por un lado quieren que sus hijos __(4)__ a ser independientes, pero por otro lado temen que los __(5)__ a perder.

La mayoría de hijos se adaptan al nuevo régimen sin dificultad __(6)__, pero de vez en cuando __(7)__ problemas. En __(8)__ casos se recomienda que los padres __(9)__ en contacto con los profesores inmediatamente. Con la comunicación __(10)__ los padres y profesores pueden buscar remedios para __(11)__ los conflictos o los problemas.

1. _____ (parecer)
2. _____ (primero)
3. _____ (separado)
4. _____ (aprender)
5. _____ (ir)
6. _____ (alguno)
7. _____ (surgir)
8. _____ (tal)
9. _____ (ponerse)
10. _____ (abierto)
11. _____ (solucionar)

10

Las nubes estaban __(1)__ y amenazaban la recepción de boda que la familia de la novia __(2)__ organizado bajo una tienda enorme en su jardín. Los invitados habían __(3)__ de __(4)__ partes y la familia temía que el tiempo __(5)__ a perder el día para su hija y para los invitados.

No sé por qué nos preocupamos tanto __(6)__ día, porque en resumidas cuentas todo __(7)__ bien. Aunque __(8)__, esto no tuvo __(9)__ efecto negativo en la celebración. Sí, estuvimos mojados, algunos __(10)__ que otros, pero al fin y al cabo nos divertimos y todos salimos __(11)__.

1. _____ (gris)
2. _____ (haber)
3. _____ (venir)
4. _____ (todo)
5. _____ (echar)
6. _____ (aquel)
7. _____ (resultar)
8. _____ (llover)
9. _____ (ninguno)
10. _____ (peor)
11. _____ (feliz)

11

Las ventanas iluminadas y el brillo del cine quedaron atrás. A los lados de la calle sólo __(1)__ árboles y flores __(2)__ brotando mágicamente de la semioscuridad. El ruido de los automóviles y sus faros __(3)__ se hicieron cada vez más __(4)__ y ella se sentó en una de las bancas sin __(5)__ en su derredor. Descubrió que __(6)__ cansada. Del fondo de la bolsa __(7)__ un cigarro. La débil llama de su encendedor se extinguió tres veces antes de que __(8)__ prenderlo. Luego fumó larga y ávidamente, mientras las hojas, tan __(9)__ como la lluvia, __(10)__ a su alrededor.

1. _____ (haber)
2. _____ (marchito)
3. _____ (deslumbrante)
4. _____ (lejano)
5. _____ (mirar)
6. _____ (estar)
7. _____ (sacar)
8. _____ (lograr)
9. _____ (ruidoso)
10. _____ (caer)

12

Acabo de __(1)__ de la secundaria y después de dos meses de trabajo este verano, iré a la universidad donde __(2)__ con estudiantes de alrededor del mundo. Todos __(3)__ que acostumbrarnos a __(4)__ situaciones y responsabilidades.

La universidad ya me __(5)__ enviado mucha información acerca de la vida universitaria. El programa académico va a ser __(6)__, pero quieren que los estudiantes __(7)__ en actividades fuera de clase también. Pienso __(8)__ con el equipo de baloncesto y será importante que __(9)__ un trabajo parte del tiempo. Aunque me siento un poco nerviosa ahora, estoy segura de que me sentiré tranquila en cuanto __(10)__ instalada en el dormitorio y __(11)__ a conocer a los otros estudiantes.

1. _____ (graduarse)
2. _____ (vivir)
3. _____ (tener)
4. _____ (nuevo)
5. _____ (haber)
6. _____ (exigente)
7. _____ (participar)
8. _____ (jugar)
9. _____ (encontrar)
10. _____ (estar)
11. _____ (llegar)

13

Si ___(1)___ sabido antes de marcharme que Estela y
Salvador iban a estar allí, habría llevado las fotos
conmigo, pero no lo ___(2)___ hasta el último
momento. No creía que ellos ___(3)___ porque habían
ido al mismo concierto la noche anterior con otros
amigos. Cuando nos vimos, ___(4)___ cola delante de
la taquilla, comenzamos a ___(5)___ de la casualidad
de encontrarnos entre ___(6)___ gente.

El programa ___(7)___ una hora en comenzar, debido
a problemas ___(8)___ con el escenario. Cuando por
fin la banda ___(9)___ su primera canción, la multi-
tud de aficionados ___(10)___ a gritar y a cantar en
coro.

1. _____ (haber)
2. _____ (saber)
3. _____ (ir)
4. _____ (hacer)
5. _____ (reírse)
6. _____ (tanto)
7. _____ (tardar)
8. _____ (técnico)
9. _____ (tocar)
10. _____ (comenzar)

14

Para matar las horas, para ___(1)___ de nosotros
___(2)___, Adriana y yo ___(3)___ por las desiertas
calles de la aldea. En una plaza ___(4)___ una feria
___(5)___ y Adriana se obstinó en que ___(6)___
[nosotros] a algunos aparatos. Al bajar de la rueda
de la fortuna, el látigo, las sillas voladoras, aún
tuve puntería para batir con diecisiete perdigones
once ___(7)___ figuritas de plomo. Luego enlacé objetos de barro, resistí toques ___(8)___ y ___(9)___ de un
canario amaestrado un papel rojo que develaba el
porvenir.

Adriana ___(10)___ feliz regresando a una estéril
infancia. Hastiada del amor, de las palabras, de
todo lo que dejan las palabras, encontramos
___(11)___ tarde de domingo un sitio primitivo que
concedía el olvido y la inocencia. Me negué a
___(12)___ en la casa de los espejos, y Adriana
___(13)___ a orillas de la feria una barraca sola,
miserable.

1. _____ (olvidarse)
2. _____ (mismo)
3. _____ (vagar)
4. _____ (hallar)
5. _____ (ambulante)
6. _____ (subir)
7. _____ (oscilante)
8. _____ (eléctrico)
9. _____ (obtener)
10. _____ (ser)
11. _____ (aquel)
12. _____ (entrar)
13. _____ (ver)

Part D

1

Completa las siguientes frases con la forma correcta del verbo entre paréntesis. En algunas frases es posible que tengas que escribir más de una palabra.

1. Jesús, siéntate aquí y __(1)__ todo lo que viste cuando entraste en el edificio.

2. Raquel, pasaré por tu casa cuando tú __(2)__ .

3. Ayer al entrar en la oficina yo __(3)__ el abrigo en el armario.

4. Como no podía caminar bien, el pobre anciano iba __(4)__ en la pared.

5. Ahora yo no __(5)__ mucho en los expertos; se equivocan constantemente.

6. Hacía tres días que el jurado __(6)__ el caso cuando apareció el nuevo testigo.

7. Antonio ya no tiene ningún problema con el profesor porque ahora él __(7)__ sus instrucciones al pie de la letra.

8. Señor López, ¿__(8)__ Ud. tiempo ahora para reunirse con el arquitecto?

9. Dudo que ellos __(9)__ el diseño del escenario para la semana entrante.

10. El guía nos aconsejó que __(10)__ cheques de viajero.

1. _____ (decir)

2. _____ (querer)

3. _____ (colgar)

4. _____ (apoyarse)

5. _____ (confiarse)

6. _____ (deliberar)

7. _____ (seguir)

8. _____ (tener)

9. _____ (acabar)

10. _____ (traer)

2

Completa las siguientes frases con la forma correcta del verbo entre paréntesis. En algunas frases es posible que tengas que escribir más de una palabra.

1. Ahora sí es cierto que nosotros no __(1)__ a despegar a tiempo. Hace mal tiempo.

2. Si yo __(2)__ allí, le habría hablado; él siempre escucha mis consejos.

1. _____ (ir)

2. _____ (estar)

3. Alejandro, yo no ___(3)___ en ese coche; no hay suficiente espacio.

4. Cuando nosotros ___(4)___, siempre lo pasamos bien.

5. ___(5)___ un idioma extranjero no es tan difícil como creen.

6. No podremos ir a la excursión a no ser que nosotros ___(6)___ a nuestros padres.

7. ¿___(7)___ Ud. las noticias anoche? Dijeron que la huelga había terminado.

8. Damas y caballeros, tomen sus asientos y ___(8)___ los cinturones de seguridad, por favor.

9. Si fueras yo, ¿qué le ___(9)___ tú?

10. Es posible que ella no ___(10)___ a tiempo.

3. _____ (caber)

4. _____ (reunirse)

5. _____ (Aprender)

6. _____ (convencer)

7. _____ (Oír)

8. _____ (abrocharse)

9. _____ (decir)

10. _____ (llegar)

3

Completa las siguientes frases con la forma correcta del verbo entre paréntesis. En algunas frases es posible que tengas que escribir más de una palabra.

1. Ellos saldrán temprano aunque ___(1)___ mañana.

2. Juan no está aquí, pero en cuanto él llegue, Margarita le ___(2)___ el cuento.

3. Al oír acercándose las sirenas, el ladrón dejó caer las bolsas y ___(3)___ hacia el bosque.

4. Le presté mi coche para que ella ___(4)___ al aeropuerto.

5. Espera un momento; estoy ___(5)___.

6. ¿Qué le habrá pasado a Jorge hoy? Él ___(6)___ llegar antes de las ocho todos los días.

7. No importa que él ___(7)___ diplomático; es un mal educado.

8. Él me mira como si yo ___(8)___ el mal entendimiento.

9. En cuanto yo vi a Teresa, la ___(9)___ y le di la bienvenida.

10. Gilberto, prueba la salsa; ¿le ___(10)___ falta más tomates?

1. _____ (nevar)

2. _____ (hacer)

3. _____ (huir)

4. _____ (conducir)

5. _____ (vestirse)

6. _____ (soler)

7. _____ (ser)

8. _____ (causar)

9. _____ (abrazar)

10. _____ (hacer)

4

Completa las siguientes frases con la forma correcta del verbo entre paréntesis. En algunas frases es posible que tengas que escribir más de una palabra.

1. Me prestó su grabadora para que yo __(1)__ la visita al museo.

2. Anteayer para las diez de la mañana ya __(2)__ más de diez pulgadas de agua en el norte del país.

3. No te preocupes Ana, si yo __(3)__ a Héctor, él te prestará el dinero.

4. La semana pasada ellos __(4)__ de traer las llaves para abrir el laboratorio.

5. ¿Hay algo aquí que te __(5)__ ?

6. No regué las plantas; estoy seguro de que cuando regrese en un mes ya __(6)__ todas.

7. Buscábamos a alguien que __(7)__ los cuadros en el sótano.

8. Me quedaré cuidando a Fabio con tal de que tú me __(8)__ permiso para salir este fin de semana.

9. Sirvamos los entremeses en la sala y luego __(9)__ en el jardín.

10. Estoy seguro de que esa palabra no __(10)__ nunca.

1. _____ (grabar)

2. _____ (caer)

3. _____ (convencer)

4. _____ (olvidarse)

5. _____ (gustar)

6. _____ (morirse)

7. _____ (poner)

8. _____ (dar)

9. _____ (sentarse)

10. _____ (acentuarse)

5

Completa las siguientes frases con la forma correcta del verbo entre paréntesis. En algunas frases es posible que tengas que escribir más de una palabra.

1. Eduardo, ven acá y __(1)__ este perfume; no es demasiado fuerte.

2. ¿Cuándo __(2)__ tú que Celia había regresado? Yo no me enteré hasta esta mañana.

3. Aceptaremos el precio de la casa si Ud. nos __(3)__ arreglar la calefacción.

4. Vamos a recoger las ciruelas antes de que __(4)__ al suelo.

5. Son chistes tontos. Es evidente que el público no __(5)__ .

1. _____ (oler)

2. _____ (saber)

3. _____ (prometer)

4. _____ (caerse)

5. _____ (reírse)

6. Cuando vengo a encontrarme con Julia, me siento aquí y no __(6)__ hasta que ella llega.

7. Si tú __(7)__ gritando por los pasillos nadie te respetaría.

8. Para mañana nosotros ya __(8)__ a la rutina diaria de la oficina.

9. No comprendemos cómo tú puedes entrar al estadio sin que ellos te __(9)__ las entradas.

10. Déjame ayudarte con el ensayo si todavía no lo __(10)__.

6. _____ (moverse)

7. _____ (andar)

8. _____ (volver)

9. _____ (exigir)

10. _____ (escribir)

6

Completa las siguientes frases con la forma correcta del verbo entre paréntesis. En algunas frases es posible que tengas que escribir más de una palabra.

1. Por favor, no __(1)__ Ud. ese puente; es demasiado peligroso.

2. A las diez ellos todavía no nos __(2)__ a qué hora salía el tren.

3. Si hubieras dejado los platos donde te dije, tú no los __(3)__.

4. Los médicos le han pedido a Guillermo que __(4)__ peso.

5. Esperaba encontrar un vuelo que __(5)__ escala en Mérida para ver a mi primo que vive allí.

6. ¡Ojalá que él te __(6)__ la raqueta de tenis para el partido del sábado!

7. No había nadie que __(7)__ lo que decía el embajador de Portugal.

8. Los niños siguieron __(8)__ aunque los camiones hacían mucho ruido.

9. Dile al doctor si todavía te __(9)__ mucho las rodillas.

10. Será necesario que yo __(10)__ por la madrugada para poder llegar a tiempo.

1. _____ (cruzar)

2. _____ (decir)

3. _____ (romper)

4. _____ (perder)

5. _____ (hacer)

6. _____ (devolver)

7. _____ (traducir)

8. _____ (dormir)

9. _____ (doler)

10. _____ (levantarse)

7

Completa las siguientes frases con la forma correcta del verbo entre paréntesis. En algunas frases es posible que tengas que escribir más de una palabra.

1. No era necesario que tus padres nos __(1)__ toda esta información.

2. No estamos seguros de que Gerardo __(2)__ todo listo para el 14 de diciembre.

3. Estaba vistiéndome para el baile cuando yo __(3)__ cuenta de que tenía la fecha equivocada.

4. Cuando Ismael terminó, le di las gracias como si yo __(4)__ satisfecho con el trabajo que él había hecho.

5. Ayer __(5)__ exactamente un mes que nos despedimos de Juan en Montevideo.

6. Camarero, nosotros __(6)__ seis y tenemos una reservación para las nueve.

7. Dile a Paco que nos __(7)__ las fotos después de que su familia las vea.

8. Alfredo me prestó dinero en caso de que yo __(8)__ ir de compras.

9. Mi padre no trabaja los domingos a pesar de que a su jefe le __(9)__ que lo hiciera.

10. No aguanto más este trabajo. ¡Qué lo __(10)__ ellos!

1. _____ (ocultar)

2. _____ (tener)

3. _____ (darse)

4. _____ (estar)

5. _____ (hacer)

6. _____ (ser)

7. _____ (traer)

8. _____ (querer)

9. _____ (gustar)

10. _____ (hacer)

8

Completa las siguientes frases con la forma correcta del verbo entre paréntesis. En algunas frases es posible que tengas que escribir más de una palabra.

1. Se había desmayado pero afortunadamente volvió en sí y nosotros no __(1)__ que llevarlo al hospital.

2. Si les dijéramos lo que nos sucedió, nadie __(2)__ a la merienda.

3. Los jueces no dijeron nada hasta que ellos __(3)__ todos los detalles que presentó el estudiante en la competencia.

4. Cuando yo __(4)__ siete años nos mudamos a una casa cerca del río.

1. _____ (tener)

2. _____ (venir)

3. _____ (oír)

4. _____ (cumplir)

5. Fue escandaloso que aunque __(5)__ tanta gente, nadie hiciera nada para ayudarlo.

6. ¿Quieres venir conmigo? Yo __(6)__ que te divertirás mucho.

7. Al __(7)__ la noticia, corrí a su casa para felicitarlo.

8. ¿Por qué siempre sales __(8)__ de la clase del profesor Escalante?

9. Había sido imprescindible que los actores __(9)__ a gusto mientras rodaban la película.

10. Su jefa le ha pedido que __(10)__ las fechas de sus vacaciones.

5. _____ (haber)

6. _____ (saber)

7. _____ (oír)

8. _____ (reírse)

9. _____ (sentirse)

10. _____ (cambiar)

APPENDIX A

Stress and accentuation rules

1. A word ending in any consonant (except –*n* or –*s*) is stressed on the last syllable.

   as-cen-**sor**   ciu-**dad**   ca-pi-**tal**

2. A word that ends in a vowel or in –*n* or –*s* is stressed on the next-to-last syllable.

   be-**lle**-za   ca-mi-**na**-ron   re-**vis**-tas

3. If the word does not fall into either of the two groups above, the stress is shown with a written accent on the stressed vowel.

   cons-truc-**ción**   **fá**–bri-ca   pi-**rá**-mi-de

4. *¿Cuál?, ¿Quién?, ¿Por qué?, ¿Cuánto?, ¿Cómo?, ¿Cuándo?,* and *¿Dónde?* carry accents when they are used as question words, but not when they are used as conjunctions or relative pronouns.

   —¿**Cuándo** regresaste de Chile?   ***When*** *did you return from Chile?*
   —Regresé **cuando** terminé el trabajo.   *I returned **when** I finished the job.*
   ¿**Qué** estás haciendo?   ***What*** *are you doing?*
   Lola **me** dijo **que** estaba enferma.   *Lola told me **that** she was sick.*

5. Demonstrative adjectives are not accentuated, but demonstrative pronouns carry a written accent. Although it is no longer obligatory to accentuate the demonstrative pronouns, for the purpose of this book and in exams such as the AP, you should accentuate them.

   Quiero **esa** revista y **aquélla**.   *I want **this** magazine and **that one**.*

6. Adverbs that end in –*mente* retain the accent of the adjective form from which they were formed.

   Ese problema es **fácil**.   *That problem is **easy**.*
   Ellas hacen todo **fácilmente**.   *They do everything **easily**.*

7. You should also keep in mind the following words because the written accent is used to differentiate their meaning.

   La maestra **sólo** habla español en   *The teacher **only** speaks Spanish in the class.*
    la clase.
   Yo hice el trabajo **solo**.   *I did the job **alone**.*

Ese regalo es para **mí**.	*That present is for **me**.*
¿Dónde pusiste **mi** libro?	*Where did you put **my** book?*
Hugo no es mi hermano; **él** es el primo de Serafín.	*Hugo is not my brother; **he** is Serafín's cousin.*
Escribe en **el** cuaderno.	*Write in **the** notebook.*
Nosotros le dijimos que **sí**.	*We told him **yes**.*
Andrés lo repitió para **sí**.	*Andrés repeated it to **himself**.*
Si tienen tiempo, nos visitarán.	*If they have time, they will visit us.*
Yo no **sé** nada.	*I don't **know** anything.*
Por favor Salvador, ¡**sé** amable!	*Please, Salvador, **be** kind!*
Camarero, una taza de **té**, por favor.	*Waiter, a cup of **tea**, please.*
¿A qué hora **te** afeitaste?	*What time did **you** shave?*
Ud. tiene **más** de diez dólares.	*You have **more** than ten dollars.*
Yo iré de compras contigo, **mas** no tengo dinero.	*I will go shopping with you, **but** I don't have any money.*
Aún no sabemos lo que ellos hicieron.	*We **still** don't know what they did.*
Gerardo fue a trabajar **aun** cuando estaba enfermo.	*Gerado went to work **even** when he was sick.*
Por favor, **dé** las llaves al portero.	*Please **give** the keys to the doorman.*
Ese avión viene **de** San Francisco.	*That plane comes **from** San Francisco.*

Some words and expressions used to connect ideas

The following lists are by no means exhaustive, but they will give you a good start to connect ideas, to summarize, to emphasize, etc. These words and expressions will allow you to enrich your vocabulary and to speak and write in more connected discourse.

1. To begin to introduce an idea you may use the following:

   a partir de (*beginning with*)   como punto de partida (*as a point of departure*)
   al + *infinitive* (*upon . . .*)   en primer lugar (*in the first place*)
   al principio (*at the beginning*)   para empezar (*to begin*)

2. To add another idea or if you are telling a story and want to add the next step or express ideas that were taking place before, after, or at the same time, you may use the following:

   además (*besides, furthermore*)   luego (*then, later*)
   al mismo tiempo (*at the same time*)   mientras (*while*)
   antes de + *infinitive* (*before*)   mientras tanto (*in the meanwhile*)
   con respecto a (*with respect to*)   para continuar (*to continue*)
   después de + *infinitive*   también (*also*)
     (*afterwards, after*)   tampoco (*neither, nor. . . either*)
   durante (*during*)   tan pronto como (*as soon as*)
   en cuanto (*as soon as*)   y (*and*)
   entonces (*then*)

3. To express a contrasting point of view or to restrict another one previously expressed, you may use the following:

   a pesar de (que) (*in spite of the fact that*)   pero (*but*)
   aunque (*although*)   sin embargo (*however, nevertheless*)
   como (*as, in as much as*)   sino (*but*)
   en cambio (*on the other hand*)   sino que (*but rather*)

4. To present different aspects of a topic or to make transitions, you may use the following:

así (*so*)
con relación a (*in relation to*)
con respecto a (*with respect to*)
conviene indicar/señalar (*it is suitable to indicate/point out*)
de ese modo (*in that way*)
en cuanto a (*regarding*)

hablando de (*speaking of, in reference to*)
no... sino (que) (*not . . . but rather*)
por lo general (*generally*)
por otro lado (*on the other hand*)
por un lado (*on one hand*)
si pensamos en (*if we think about*)
también viene al caso (*it is also to the point*)

5. To emphasize, you may use the following:

de hecho (*in fact*)
en realidad (*actually*)

hay que tomar en cuenta que (*one must realize that*)
lo importante es que (*what is important is that*)

6. To give examples, you may use the following:

para ilustrar (*to illustrate*)

por ejemplo (*for example*)

7. To draw a conclusion or to show cause and effect, you may use the following:

a causa de (*on account of, because of*)
a fin de cuentas (*in the end, after all*)
al fin y al cabo (*after all*)
así que (*so*)
como (*because*)
como consecuencia (*as a consequence*)
como resultado (*as a result*)
de todos modos (*at any rate, anyhow*)
debido a (*owing to, because of*)
en conclusión (*in conclusion*)
en definitiva (*in conclusion, definitely*)
en fin (*finally, in short*)

en resumen (*in summary*)
en resumidas cuentas (*in short*)
en todo caso (*in any case*)
para concluir (*to conclude*)
para resumir (*to summarize*)
para terminar (*to end*)
por (*because of*)
por consiguiente (*therefore*)
por eso (*therefore*)
por lo tanto (*therefore*)
porque (*because*)
puesto que (*because*)
ya que (*because, seeing that*)

APPENDIX C

Prepositions

Simple prepositions

a	(*at, to*)	hasta	(*until, as far as, up to*)
ante	(*before*)	mediante	(*by means of*)
bajo	(*under*)	menos	(*except*)
con	(*with*)	para	(*for, in order to, considering*)
contra	(*against*)	por	(*for, by, through, for the sake of, in exchange for, per*)
de	(*of, from*)		
desde	(*from, since*)	salvo	(*except, save*)
durante	(*during*)	según	(*according to*)
en	(*in, into, at, on*)	sin	(*without*)
entre	(*among, between*)	sobre	(*on, about, over, concerning*)
excepto	(*except*)	tras	(*after*)
hacia	(*toward*)		

Compound prepositions

acerca de	(*about*)	después de	(*after* [*time, order*])
además de	(*besides*)	detrás de	(*behind, after*)
alrededor de	(*around*)	encima de	(*on top of*)
antes de	(*before* [*time, order*])	frente a	(*in front of, opposite*)
cerca de	(*near*)	fuera de	(*outside*)
debajo de	(*under*)	junto a	(*next to, close to*)
delante de	(*before* [*space*])	lejos de	(*far from*)
dentro de	(*within*)	respecto a	(*with respect to*)

Prepositional combinations

a causa de	(on account of)	en cuanto a	(as for)
a diferencia de	(unlike)	en frente de	(before, in front of)
a excepción de	(with the exception of)	en medio de	(in the middle of)
a fuerza de	(by dint of, by force of)	en vez de	(instead of)
a pesar de	(in spite of)	en virtud de	(by virtue of)
a través de	(across, through)	por causa de	(on account of, because of)
al lado de	(next to)	por razón de	(as a consequence of)
con tal de	(provided that)		

Verbs that do not require a preposition when followed by a noun (except when the direct object is a person)

buscar	(to look for)
esperar	(to wait for, to hope for)
mirar	(to look at)
pedir	(to ask for)

Common verbs that do not require a preposition before an infinitive

aconsejar	(to advise to)	parecer	(to seem to)
acordar	(to agree to)	pedir	(to ask to)
deber	(to ought to [should])	pensar	(to plan to, intend to, think of)
decidir	(to decide to)	permitir	(to allow to [permit])
dejar	(to allow to [let])	poder	(to be able to [can])
desear	(to wish to)	preferir	(to prefer to)
esperar	(to hope to, to expect to)	prohibir	(to forbid to)
hacer	(to make to, to have to)	prometer	(to promise to)
intentar	(to attempt to)	proponer	(to propose to)
lograr	(to succeed in)	querer	(to want to)
mandar	(to order to)	recordar	(to remember to)
merecer	(to deserve to)	saber	(to know how to)
necesitar	(to need to)	soler	(to be accustomed to [used to])
olvidar	(to forget to)	temer	(to be afraid to)

Verbs that take *a* + infinitive

acercarse a	*(to approach, to go near)*	inclinarse a	*(to be inclined to)*
acostumbrarse a	*(to become accustomed to, to become used to)*	inspirar a	*(to inspire to)*
		invitar a	*(to invite to)*
alcanzar a	*(to succeed in, to manage to)*	ir a	*(to go to)*
animar(se) a	*(to feel encouraged to)*	limitarse a	*(to limit oneself to)*
aprender a	*(to learn to, to learn how to)*	llegar a	*(to become)*
apresurarse a	*(to hurry to)*	meterse a	*(to begin to)*
arriesgarse a	*(to expose oneself to danger, to dare to)*	negarse a	*(to refuse to)*
		obligar a	*(to oblige to, to obligate to)*
asomarse a	*(to look out at)*	ofrecerse a	*(to volunteer to, to offer to)*
aspirar a	*(to aspire to)*	oponerse a	*(to be opposed to)*
atreverse a	*(to dare to)*	pararse a	*(to stop to)*
ayudar a	*(to help to)*	ponerse a	*(to begin to, to start to)*
comenzar a	*(to begin to)*	principiar a	*(to begin to, to start to)*
comprometerse a	*(to commit oneself to)*	quedarse a	*(to remain to)*
contribuir a	*(to contribute to)*	regresar a	*(to return to)*
convidar a	*(to invite to)*	renunciar a	*(to give up, renounce)*
decidirse a	*(to decide to)*	resignarse a	*(to resign oneself to)*
dedicarse a	*(to devote oneself to)*	resistirse a	*(to oppose, to resist)*
desafiar a	*(to dare to; to challenge to)*	resolverse a	*(to make up one's mind to)*
detenerse a	*(to pause to, to stop to)*	romper a	*(to burst out)*
determinarse a	*(to resolve to)*	salir a	*(to go out to)*
dirigirse a	*(to go to, to go toward)*	sentarse a	*(to sit down to)*
disponerse a	*(to get ready to)*	someterse a	*(to submit to, to subdue to)*
echarse a	*(to begin to, to start to)*	subir a	*(to climb)*
empezar a	*(to begin to, to start to)*	venir a	*(to come to, to end up by)*
enseñar a	*(to teach to)*	volver a	*(to [do something] again, to return to)*
exponerse a	*(to run the risk of)*		

Verbs that take *a* + noun or pronoun

acercarse a	*(to approach, to go near)*	ir a	*(to go to)*
acostumbrarse a	*(to become accustomed to, to get used to)*	jugar a	*(to play a sport or a game)*
		limitarse a	*(to limit onself to)*
aficionarse a	*(to become fond of)*	oler a	*(to smell of, to smell like)*
asemejarse a	*(to resemble, to look like)*	oponerse a	*(to be opposed to)*
asistir a	*(to attend)*	parecerse a	*(to resemble, to look like)*
asomarse a	*(to appear at)*	pasar a	*(to proceed to, to pass on to)*
cuidar a	*(to take care of [someone])*	renunciar a	*(to give up, to renounce)*
dar a	*(to face, to look out on, to open on)*	resignarse a	*(to resign onself to)*
		saber a	*(to taste of or like)*
dedicarse a	*(to devote oneself to)*	sonar a	*(to sound like)*
desafiar a	*(to dare to, to challenge to)*	subir a	*(to get on, to get into, to climb into)*
destinar a	*(to assign to)*		
entrar a	*(to enter)*	volver a	*(to . . . again)*
faltar a	*(to be absent from)*		

Verbs that take *con* + infinitive

amenazar con	(*to threaten to*)
conformarse con	(*to put up with, to be satisfied with*)
contar con	(*to count on, to rely on*)
contentarse con	(*to be satisfied with*)
cumplir con	(*to fulfill [an obligation, duty]*)
dar con	(*to come upon, to meet*)
encontrarse con	(*to run into, to meet*)
entenderse con	(*to have an understanding with*)
entretenerse con	(*to amuse oneself by*)
meterse con	(*to pick a quarrel with*)
quedarse con	(*to keep, to hold on to*)
soñar con	(*to dream of, to dream about*)

Verbs that take *con* + noun

acabar con	(*to put an end to, to finish, to exhaust*)
amenazar con	(*to threaten to*)
bastar con	(*to be enough*)
casarse con	(*to marry*)
comprometerse con	(*to get engaged to*)
conformarse con	(*to be satisfied with*)
contar con	(*to count on, to rely on*)
contentarse con	(*to be satisfied with*)
cumplir con	(*to fulfill [an obligation, duty]*)
gozar con	(*to enjoy*)
romper con	(*to break off with*)
soñar con	(*to dream with*)
tropezar con	(*to come upon, to run into, to stumble against*)

Verbs that take *de* + infinitive

acabar de	(*to have just*)	haber de	(*must, to have to*)
acordarse de	(*to remember to*)	ocuparse de	(*to be busy with, to attend to, to pay attention to*)
alegrarse de	(*to be glad to*)		
alejarse de	(*to go/move away from*)	olvidarse de	(*to forget to*)
arrepentirse de	(*to repent*)	parar de	(*to stop*)
asombrarse de	(*to be astonished at*)	quejarse de	(*to complain of or about*)
avergonzarse de	(*to be ashamed of*)	sorprenderse de	(*to be surprised to*)
cansarse de	(*to become tired of*)	terminar de	(*to finish*)
cesar de	(*to cease, to stop*)	tratar de	(*to try to*)
dejar de	(*to stop, to fail to*)	tratarse de	(*to be a question or matter of, to deal with*)
encargarse de	(*to take charge of*)		
enterarse de	(*to find out about, to become aware of*)		

Verbs that take *de* + noun or pronoun

abusar de	*(to abuse, to take advantage of, to overindulge in)*
acordarse de	*(to remember)*
alejarse de	*(to go away from)*
apartarse de	*(to keep away from, to withdraw from)*
apoderarse de	*(to take possession of, to take hold of)*
aprovecharse de	*(to take advantage of)*
arrepentirse de	*(to be sorry for, to repent of)*
asombrarse de	*(to be astonished at)*
asustarse de	*(to be afraid of)*
avergonzarse de	*(to be ashamed of)*
bajar de	*(to get out of, to descend from, to get off)*
burlarse de	*(to make fun of)*
cambiar de	*(to change* [trains, buses, clothes, etc.] *to change one's mind)*
cansarse de	*(to become tired of)*
compadecerse de	*(to feel sorry for, to sympathize with)*
constar de	*(to consist of)*
depender de	*(to depend on)*
despedirse de	*(to say goodbye to, to take leave of)*
disfrutar de	*(to enjoy)*
dudar de	*(to doubt)*
enamorarse de	*(to fall in love with)*
encargarse de	*(to take charge of)*
enterarse de	*(to find out about, to become aware of)*
huir de	*(to flee from)*
irse de	*(to leave)*
marcharse de	*(to leave)*
ocuparse de	*(to be busy with, to attend to, to pay attention to)*
olvidarse de	*(to forget)*
pensar de	*(to think of or about, to have an opinion)*
preocuparse de	*(to worry about, to be concerned about)*
quejarse de	*(to complain of or about)*
reírse de	*(to laugh at)*
salir de	*(to leave from, to go out of)*
separarse de	*(to leave)*
servir de	*(to serve as)*
servirse de	*(to make use of, to use)*
tratarse de	*(to be a question of, to deal with)*
valerse de	*(to make use of, to avail oneself of)*

Verbs that generally take *en* + infinitive

complacer en	*(to take pleasure in, to be pleased to)*	esforzarse en	*(to strive for, to try to)*
confiar en	*(to trust, to be confident)*	insistir en	*(to insist on)*
consentir en	*(to consent to)*	persistir en	*(to persist in)*
convenir en	*(to agree to, to agree on)*	quedar en	*(to agree to, to agree on)*
empeñarse en	*(to persist in, to insist on)*	tardar en	*(to be late in, to delay in)*

Verbs that generally take *en* + noun or pronoun

apoyarse en	*(to lean against, to lean on)*	fijarse en	*(to notice, to take notice of)*
confiar en	*(to rely on, to trust in)*	influir en	*(to have an influence on)*
consistir en	*(to consist of)*	meterse en	*(to get involved in, to meddle in)*
convertirse en	*(to become, to convert to, to turn into)*	pararse en	*(to stop at)*
entrar en	*(to enter, to go into)*	pensar en	*(to think of, to think about)*

Verbs that generally take *por* + infinitive, noun, pronoun, or adjective

acabar por	*(to end [up] by)*
dar por	*(to consider, to regard as)*
darse por	*(to pretend, to consider oneself)*
empezar por	*(to begin by)*
estar por	*(to be in favor of)*
interesarse por	*(to take an interest in)*
luchar por	*(to struggle to)*
pasar por	*(to be considered as)*
preguntar por	*(to ask for, to inquire about)*
preocuparse por	*(to worry about)*
tener por	*(to consider something, to have an opinion on something)*
terminar por	*(to end [up] by)*
tomar por	*(to take someone for)*

Verbs that take *para* + infinitive

destinar para	*(to destine to, to assign to)*
luchar para	*(to struggle in order to)*
prepararse para	*(to prepare oneself for)*
quedarse para	*(to remain to)*
trabajar para	*(to work for)*

APPENDIX D

Verbs

Verbos regulares

Verbos de la primera conjugación: -ar
Gerundio: *hablando*

Infinitivo: *hablar*
Participio pasado: *hablado*

Tiempos simples

Indicativo

Presente	Imperfecto	Pretérito	Futuro	Condicional
hablo	hablaba	hablé	hablaré	hablaría
hablas	hablabas	hablaste	hablarás	hablarías
habla	hablaba	habló	hablará	hablaría
hablamos	hablábamos	hablamos	hablaremos	hablaríamos
habláis	hablabais	hablasteis	hablaréis	hablaríais
hablan	hablaban	hablaron	hablarán	hablarían

Subjuntivo

Presente	Imperfecto	
hable	hablara	hablase
hables	hablaras	hablases
hable	hablara	hablase
hablemos	habláramos	hablásemos
habléis	hablarais	hablaseis
hablen	hablaran	hablasen

Imperativo

Afirmativo	Negativo
habla (tú)	no hables
hable (Ud.)	
hablemos	
hablad (vosotros)	no habléis
hablen (Uds.)	

Tiempos compuestos

Indicativo

Presente perfecto	Pluscuam-perfecto	Futuro perfecto	Condicional perfecto
he hablado	había hablado	habré hablado	habría hablado
has hablado	habías hablado	habrás hablado	habrías hablado
ha hablado	había hablado	habrá hablado	habría hablado
hemos hablado	habíamos hablado	habremos hablado	habríamos hablado
habéis hablado	habíais hablado	habréis hablado	habríais hablado
han hablado	habían hablado	habrán hablado	habrían hablado

Subjuntivo

Presente perfecto	Pluscuamperfecto	
haya hablado	hubiera hablado	hubiese hablado
hayas hablado	hubieras hablado	hubieses hablado
haya hablado	hubiera hablado	hubiese hablado
hayamos hablado	hubiéramos hablado	hubiésemos hablado
hayáis hablado	hubierais hablado	hubieseis hablado
hayan hablado	hubieran hablado	hubiesen hablado

Verbos de la segunda conjugación: -er
Gerundio: *aprendiendo*

Infinitivo: *aprender*
Participio pasado: *aprendido*

Tiempos simples

Indicativo

Presente	Imperfecto	Pretérito	Futuro	Condicional
aprendo	aprendía	aprendí	aprenderé	aprendería
aprendes	aprendías	aprendiste	aprenderás	aprenderías
aprende	aprendía	aprendió	aprenderá	aprendería
aprendemos	aprendíamos	aprendimos	aprenderemos	aprenderíamos
aprendéis	aprendíais	aprendisteis	aprenderéis	aprenderíais
aprenden	aprendían	aprendieron	aprenderán	aprenderían

Subjuntivo

Presente	Imperfecto	
aprenda	aprendiera	aprendiese
aprendas	aprendieras	aprendieses
aprenda	aprendiera	aprendiese
aprendamos	aprendiéramos	aprendiésemos
aprendáis	aprendierais	aprendieseis
aprendan	aprendieran	aprendiesen

Imperativo

Afirmativo	Negativo
aprende (tú)	no aprendas
aprenda (Ud.)	
aprendamos	
aprended (vosotros)	no aprendáis
aprendan (Uds.)	

Tiempos compuestos

Indicativo

Presente perfecto	Pluscuamperfecto	Futuro perfecto	Condicional perfecto
he aprendido	había aprendido	habré aprendido	habría aprendido
has aprendido	habías aprendido	habrás aprendido	habrías aprendido
ha aprendido	había aprendido	habrá aprendido	habría aprendido
hemos aprendido	habíamos aprendido	habremos aprendido	habríamos aprendido
habéis aprendido	habíais aprendido	habréis aprendido	habríais aprendido
han aprendido	habían aprendido	habrán aprendido	habrían aprendido

Subjuntivo

Presente perfecto	Pluscuamperfecto	
haya aprendido	hubiera aprendido	hubiese aprendido
hayas aprendido	hubieras aprendido	hubieses aprendido
haya aprendido	hubiera aprendido	hubiese aprendido
hayamos aprendido	hubiéramos aprendido	hubiésemos aprendido
hayáis aprendido	hubierais aprendido	hubieseis aprendido
hayan aprendido	hubieran aprendido	hubiesen aprendido

Verbos de la tercera conjugación: -ir
Gerundio: *viviendo*

Infinitivo: *vivir*
Participio pasado: *vivido*

Tiempos simples

Indicativo

Presente	Imperfecto	Pretérito	Futuro	Condicional
vivo	vivía	viví	viviré	viviría
vives	vivías	viviste	vivirás	vivirías
vive	vivía	vivió	vivirá	viviría
vivimos	vivíamos	vivimos	viviremos	viviríamos
vivís	vivíais	vivisteis	viviréis	viviríais
viven	vivían	vivieron	vivirán	vivirían

Subjuntivo

Presente	Imperfecto	
viva	viviera	viviese
vivas	vivieras	vivieses
viva	viviera	viviese
vivamos	viviéramos	viviésemos
viváis	vivierais	vivieseis
vivan	vivieran	viviesen

Imperativo

Afirmativo	Negativo
vive (tú)	no vivas
viva (Ud.)	
vivamos	
vivid (vosotros)	no viváis
vivan (Uds.)	

Tiempos compuestos

Indicativo

Presente perfecto	Pluscuamperfecto	Futuro perfecto	Condicional perfecto
he vivido	había vivido	habré vivido	habría vivido
has vivido	habías vivido	habrás vivido	habrías vivido
ha vivido	había vivido	habrá vivido	habría vivido
hemos vivido	habíamos vivido	habremos vivido	habríamos vivido
habéis vivido	habíais vivido	habréis vivido	habríais vivido
han vivido	habían vivido	habrán vivido	habrían vivido

Subjuntivo

Presente perfecto	Pluscuamperfecto	
haya vivido	hubiera vivido	hubiese vivido
hayas vivido	hubieras vivido	hubieses vivido
haya vivido	hubiera vivido	hubiese vivido
hayamos vivido	hubiéramos vivido	hubiésemos vivido
hayáis vivido	hubierais vivido	hubieseis vivido
hayan vivido	hubieran vivido	hubiesen vivido

Verbos irregulares

(decorative spiral binding graphic, left margin)

Indicativo	Presente	Imperfecto	Pretérito	Futuro	Condicional	Subjuntivo Presente	Imperfecto		Imperativo Afirmativo	Negativo
andar	ando	andaba	anduve	andaré	andaría	ande	anduviera	anduviese		
	andas	andabas	anduviste	andarás	andarías	andes	anduvieras	anduvieses	anda	no andes
andando	anda	andaba	anduvo	andará	andaría	ande	anduviera	anduviese	ande	
	andamos	andábamos	anduvimos	andaremos	andaríamos	andemos	anduviéramos	anduviésemos	andemos	
andado	andáis	andabais	anduvisteis	andaréis	andaríais	andéis	anduvierais	anduvieseis	andad	no andéis
	andan	andaban	anduvieron	andarán	andarían	anden	anduvieran	anduviesen	anden	
caber	quepo	cabía	cupe	cabré	cabría	quepa	cupiera	cupiese		
	cabes	cabías	cupiste	cabrás	cabrías	quepas	cupieras	cupieses	cabe	no quepas
cabiendo	cabe	cabía	cupo	cabrá	cabría	quepa	cupiera	cupiese	quepa	
	cabemos	cabíamos	cupimos	cabremos	cabríamos	quepamos	cupiéramos	cupiésemos	quepamos	
cabido	cabéis	cabíais	cupisteis	cabréis	cabríais	quepáis	cupierais	cupieseis	cabed	no quepáis
	caben	cabían	cupieron	cabrán	cabrían	quepan	cupieran	cupiesen	quepan	
caer	caigo	caía	caí	caeré	caería	caiga	cayera	cayese		
	caes	caías	caíste	caerás	caerías	caigas	cayeras	cayeses	cae	no caigas
cayendo	cae	caía	cayó	caerá	caería	caiga	cayera	cayese	caiga	
	caemos	caíamos	caímos	caeremos	caeríamos	caigamos	cayéramos	cayésemos	caigamos	
caído	caéis	caíais	caísteis	caeréis	caeríais	caigáis	cayerais	cayeseis	caed	no caigáis
	caen	caían	cayeron	caerán	caerían	caigan	cayeran	cayesen	caigan	
conducir	conduzco	conducía	conduje	conduciré	conduciría	conduzca	condujera	condujese		
	conduces	conducías	condujiste	conducirás	conducirías	conduzcas	condujeras	condujeses	conduce	no conduzcas
conduciendo	conduce	conducía	condujo	conducirá	conduciría	conduzca	condujera	condujese	conduzca	
	conducimos	conducíamos	condujimos	conduciremos	conduciríamos	conduzcamos	condujéramos	condujésemos	conduzcamos	
conducido	conducís	conducíais	condujisteis	conduciréis	conduciríais	conduzcáis	condujerais	condujeseis	conducid	no conduzcáis
	conducen	conducían	condujeron	conducirán	conducirían	conduzcan	condujeran	condujesen	conduzcan	

Infinitive / Gerund / Participle	Present	Imperfect	Preterite	Future	Conditional	Present Subjunctive	Imperfect Subjunctive (-ra)	Imperfect Subjunctive (-se)	Imperative	Negative Imperative
dar / dando / dado	doy	daba	di	daré	daría	dé	diera	diese		
	das	dabas	diste	darás	darías	des	dieras	dieses	da	no des
	da	daba	dio	dará	daría	dé	diera	diese	dé	
	damos	dábamos	dimos	daremos	daríamos	demos	diéramos	diésemos	demos	
	dais	dabais	disteis	daréis	daríais	deis	dierais	dieseis	dad	no deis
	dan	daban	dieron	darán	darían	den	dieran	diesen	den	
decir / diciendo / dicho	digo	decía	dije	diré	diría	diga	dijera	dijese		
	dices	decías	dijiste	dirás	dirías	digas	dijeras	dijeses	di	no digas
	dice	decía	dijo	dirá	diría	diga	dijera	dijese	diga	
	decimos	decíamos	dijimos	diremos	diríamos	digamos	dijéramos	dijésemos	digamos	
	decís	decíais	dijisteis	diréis	diríais	digáis	dijerais	dijeseis	decid	no digáis
	dicen	decían	dijeron	dirán	dirían	digan	dijeran	dijesen	digan	
estar / estando / estado	estoy	estaba	estuve	estaré	estaría	esté	estuviera	estuviese		
	estás	estabas	estuviste	estarás	estarías	estés	estuvieras	estuvieses	está	no estés
	está	estaba	estuvo	estará	estaría	esté	estuviera	estuviese	esté	
	estamos	estábamos	estuvimos	estaremos	estaríamos	estemos	estuviéramos	estuviésemos	estemos	
	estáis	estabais	estuvisteis	estaréis	estaríais	estéis	estuvierais	estuvieseis	estad	no estéis
	están	estaban	estuvieron	estarán	estarían	estén	estuvieran	estuviesen	estén	
haber / habiendo / habido	he	había	hube	habré	habría	haya	hubiera	hubiese		
	has	habías	hubiste	habrás	habrías	hayas	hubieras	hubieses		
	ha	había	hubo	habrá	habría	haya	hubiera	hubiese		
	hemos	habíamos	hubimos	habremos	habríamos	hayamos	hubiéramos	hubiésemos		
	habéis	habíais	hubisteis	habréis	habríais	hayáis	hubierais	hubieseis		
	han	habían	hubieron	habrán	habrían	hayan	hubieran	hubiesen		
hacer / haciendo / hecho	hago	hacía	hice	haré	haría	haga	hiciera	hiciese		
	haces	hacías	hiciste	harás	harías	hagas	hicieras	hicieses	haz	no hagas
	hace	hacía	hizo	hará	haría	haga	hiciera	hiciese	haga	
	hacemos	hacíamos	hicimos	haremos	haríamos	hagamos	hiciéramos	hiciésemos	hagamos	
	hacéis	hacíais	hicisteis	haréis	haríais	hagáis	hicierais	hicieseis	haced	no hagáis
	hacen	hacían	hicieron	harán	harían	hagan	hicieran	hiciesen	hagan	

Indicativo						Subjuntivo			Imperativo	
	Presente	Imperfecto	Pretérito	Futuro	Condicional	Presente	Imperfecto		Afirmativo	Negativo
ir yendo ido	voy vas va vamos vais van	iba ibas iba íbamos ibais iban	fui fuiste fue fuimos fuisteis fueron	iré irás irá iremos iréis irán	iría irías iría iríamos iríais irían	vaya vayas vaya vayamos vayáis vayan	fuera fueras fuera fuéramos fuerais fueran	fuese fueses fuese fuésemos fueseis fuesen	ve vaya vamos id vayan	no vayas no vayáis
oír oyendo oído	oigo oyes oye oímos oís oyen	oía oías oía oíamos oíais oían	oí oíste oyó oímos oísteis oyeron	oiré oirás oirá oiremos oiréis oirán	oiría oirías oiría oiríamos oiríais oirían	oiga oigas oiga oigamos oigáis oigan	oyera oyeras oyera oyéramos oyerais oyeran	oyese oyeses oyese oyésemos oyeseis oyesen	oye oiga oigamos oíd oigan	no oigas no oigáis
poder pudiendo podido	puedo puedes puede podemos podéis pueden	podía podías podía podíamos podíais podían	pude pudiste pudo pudimos pudisteis pudieron	podré podrás podrá podremos podréis podrán	podría podrías podría podríamos podríais podrían	pueda puedas pueda podamos podáis puedan	pudiera pudieras pudiera pudiéramos pudierais pudieran	pudiese pudieses pudiese pudiésemos pudieseis pudiesen		
poner poniendo puesto	pongo pones pone ponemos ponéis ponen	ponía ponías ponía poníamos poníais ponían	puse pusiste puso pusimos pusisteis pusieron	pondré pondrás pondrá pondremos pondréis pondrán	pondría pondrías pondría pondríamos pondríais pondrían	ponga pongas ponga pongamos pongáis pongan	pusiera pusieras pusiera pusiéramos pusierais pusieran	pusiese pusieses pusiese pusiésemos pusieseis pusiesen	pon ponga pongamos poned pongan	no pongas no pongáis
querer queriendo querido	quiero quieres quiere queremos queréis quieren	quería querías quería queríamos queríais querían	quise quisiste quiso quisimos quisisteis quisieron	querré querrás querrá querremos querréis querrán	querría querrías querría querríamos querríais querrían	quiera quieras quiera queramos queráis quieran	quisiera quisieras quisiera quisiéramos quisierais quisieran	quisiese quisieses quisiese quisiésemos quisieseis quisiesen		

Infinitive / Participles	Present	Imperfect	Preterite	Future	Conditional	Present Subjunctive	Imperfect Subj. (-ra)	Imperfect Subj. (-se)	Imperative	Negative Imperative
saber / sabiendo / sabido	sé / sabes / sabe / sabemos / sabéis / saben	sabía / sabías / sabía / sabíamos / sabíais / sabían	supe / supiste / supo / supimos / supisteis / supieron	sabré / sabrás / sabrá / sabremos / sabréis / sabrán	sabría / sabrías / sabría / sabríamos / sabríais / sabrían	sepa / sepas / sepa / sepamos / sepáis / sepan	supiera / supieras / supiera / supiéramos / supierais / supieran	supiese / supieses / supiese / supiésemos / supieseis / supiesen	sabe / sepa / sepamos / sabed / sepan	no sepas / no sepáis
salir / saliendo / salido	salgo / sales / sale / salimos / salís / salen	salía / salías / salía / salíamos / salíais / salían	salí / saliste / salió / salimos / salisteis / salieron	saldré / saldrás / saldrá / saldremos / saldréis / saldrán	saldría / saldrías / saldría / saldríamos / saldríais / saldrían	salga / salgas / salga / salgamos / salgáis / salgan	saliera / salieras / saliera / saliéramos / salierais / salieran	saliese / salieses / saliese / saliésemos / salieseis / saliesen	sal / salga / salgamos / salid / salgan	no salgas / no salgáis
ser / siendo / sido	soy / eres / es / somos / sois / son	era / eras / era / éramos / erais / eran	fui / fuiste / fue / fuimos / fuisteis / fueron	seré / serás / será / seremos / seréis / serán	sería / serías / sería / seríamos / seríais / serían	sea / seas / sea / seamos / seáis / sean	fuera / fueras / fuera / fuéramos / fuerais / fueran	fuese / fueses / fuese / fuésemos / fueseis / fuesen	sé / sea / seamos / sed / sean	no seas / no seáis
tener / teniendo / tenido	tengo / tienes / tiene / tenemos / tenéis / tienen	tenía / tenías / tenía / teníamos / teníais / tenían	tuve / tuviste / tuvo / tuvimos / tuvisteis / tuvieron	tendré / tendrás / tendrá / tendremos / tendréis / tendrán	tendría / tendrías / tendría / tendríamos / tendríais / tendrían	tenga / tengas / tenga / tengamos / tengáis / tengan	tuviera / tuvieras / tuviera / tuviéramos / tuvierais / tuvieran	tuviese / tuvieses / tuviese / tuviésemos / tuvieseis / tuviesen	ten / tenga / tengamos / tened / tengan	no tengas / no tengáis
traer / trayendo / traído	traigo / traes / trae / traemos / traéis / traen	traía / traías / traía / traíamos / traíais / traían	traje / trajiste / trajo / trajimos / trajisteis / trajeron	traeré / traerás / traerá / traeremos / traeréis / traerán	traería / traerías / traería / traeríamos / traeríais / traerían	traiga / traigas / traiga / traigamos / traigáis / traigan	trajera / trajeras / trajera / trajéramos / trajerais / trajeran	trajese / trajeses / trajese / trajésemos / trajeseis / trajesen	trae / traiga / traigamos / traed / traigan	no traigas / no traigáis

Infinitivo	Indicativo					Subjuntivo			Imperativo	
	Presente	Imperfecto	Pretérito	Futuro	Condicional	Presente	Imperfecto		Afirmativo	Negativo
valer	valgo	valía	valí	valdré	valdría	valga	valiera	valiese		
valiendo	vales	valías	valiste	valdrás	valdrías	valgas	valieras	valieses	vale	no valgas
valido	vale	valía	valió	valdrá	valdría	valga	valiera	valiese	valga	
	valemos	valíamos	valimos	valdremos	valdríamos	valgamos	valiéramos	valiésemos	valgamos	
	valéis	valíais	valisteis	valdréis	valdríais	valgáis	valierais	valieseis	valed	no valgáis
	valen	valían	valieron	valdrán	valdrían	valgan	valieran	valiesen	valgan	
venir	vengo	venía	vine	vendré	vendría	venga	viniera	viniese		
viniendo	vienes	venías	viniste	vendrás	vendrías	vengas	vinieras	vinieses	ven	no vengas
venido	viene	venía	vino	vendrá	vendría	venga	viniera	viniese	venga	
	venimos	veníamos	vinimos	vendremos	vendríamos	vengamos	viniéramos	viniésemos	vengamos	
	venís	veníais	vinisteis	vendréis	vendríais	vengáis	vinierais	vinieseis	venid	no vengáis
	vienen	venían	vinieron	vendrán	vendrían	vengan	vinieran	viniesen	vengan	
ver	veo	veía	vi	veré	vería	vea	viera	viese		
viendo	ves	veías	viste	verás	verías	veas	vieras	vieses	ve	no veas
visto	ve	veía	vio	verá	vería	vea	viera	viese	vea	
	vemos	veíamos	vimos	veremos	veríamos	veamos	viéramos	viésemos	veamos	
	veis	veíais	visteis	veréis	veríais	veáis	vierais	vieseis	ved	no veáis
	ven	veían	vieron	verán	verían	vean	vieran	viesen	vean	

Verbos con cambios en el radical

Verbos de la primera y de la segunda conjugación (–ar y –er): o → ue

Indicativo

	Presente	Imperfecto	Pretérito	Futuro	Condicional
contar	cuento	contaba	conté	contaré	contaría
	cuentas	contabas	contaste	contarás	contarías
contando	cuenta	contaba	contó	contará	contaría
	contamos	contábamos	contamos	contaremos	contaríamos
contado	contáis	contabais	contasteis	contaréis	contaríais
	cuentan	contaban	contaron	contarán	contarían
volver	vuelvo	volvía	volví	volveré	volvería
	vuelves	volvías	volviste	volverás	volverías
volviendo	vuelve	volvía	volvió	volverá	volvería
	volvemos	volvíamos	volvimos	volveremos	volveríamos
vuelto	volvéis	volvíais	volvisteis	volveréis	volveríais
	vuelven	volvían	volvieron	volverán	volverían

Subjuntivo

	Presente	Imperfecto	
	cuente	contara	contase
	cuentes	contaras	contases
	cuente	contara	contase
	contemos	contáramos	contásemos
	contéis	contarais	contaseis
	cuenten	contaran	contasen
	vuelva	volviera	volviese
	vuelvas	volvieras	volvieses
	vuelva	volviera	volviese
	volvamos	volviéramos	volviésemos
	volváis	volvierais	volvieseis
	vuelvan	volvieran	volviesen

Imperativo

	Afirmativo	Negativo
	cuenta	no cuentes
	cuente	
	contemos	
	contad	no contéis
	cuenten	
	vuelve	no vuelvas
	vuelva	
	volvamos	
	volved	no volváis
	vuelvan	

Otros verbos: acordarse, acostar(se), almorzar, apostar, colgar*, costar, demostrar, doler, encontrar, jugar*, llover, mover, mostrar, probar, recordar, rogar* , soler, sonar, soñar, torcer* , volar

*Requires additional spelling changes.

Verbos de la primera y de la segunda conjugación (–ar y –er): e → ie

Indicativo

	Presente	Imperfecto	Pretérito	Futuro	Condicional
pensar	pienso	pensaba	pensé	pensaré	pensaría
	piensas	pensabas	pensaste	pensarás	pensarías
pensando	piensa	pensaba	pensó	pensará	pensaría
	pensamos	pensábamos	pensamos	pensaremos	pensaríamos
pensado	pensáis	pensabais	pensasteis	pensaréis	pensaríais
	piensan	pensaban	pensaron	pensarán	pensarían
entender	entiendo	entendía	entendí	entenderé	entendería
	entiendes	entendías	entendiste	entenderás	entenderías
entendiendo	entiende	entendía	entendió	entenderá	entendería
	entendemos	entendíamos	entendimos	entenderemos	entenderíamos
entendido	entendéis	entendíais	entendisteis	entenderéis	entenderíais
	entienden	entendían	entendieron	entenderán	entenderían

Subjuntivo

Presente	Imperfecto	
piense	pensara	pensase
pienses	pensaras	pensases
piense	pensara	pensase
pensemos	pensáramos	pensásemos
penséis	pensarais	pensaseis
piensen	pensaran	pensasen
entienda	entendiera	entendiese
entiendas	entendieras	entendieses
entienda	entendiera	entendiese
entendamos	entendiéramos	entendiésemos
entendáis	entendierais	entendieseis
entiendan	entendieran	entendiesen

Imperativo

Afirmativo	Negativo
piensa	no pienses
piense	
pensemos	
pensad	no penséis
piensen	
entiende	no entiendas
entienda	
entendamos	
entended	no entendáis
entiendan	

Otros verbos: apretar, atravesar, calentar, cerrar, comenzar*, confesar, despertar(se), empezar*, encender, entender, gobernar, negar*, nevar, perder, sentar(se), regar*, temblar, tender, tropezar*

*Requires additional spelling changes.

Verbos de la tercera conjugación (–ir) o → ue → u

Indicativo

	Presente	Imperfecto	Pretérito	Futuro	Condicional
dormir	duermo	dormía	dormí	dormiré	dormiría
	duermes	dormías	dormiste	dormirás	dormirías
durmiendo	duerme	dormía	durmió	dormirá	dormiría
	dormimos	dormíamos	dormimos	dormiremos	dormiríamos
dormido	dormís	dormíais	dormisteis	dormiréis	dormiríais
	duermen	dormían	durmieron	dormirán	dormirían

Subjuntivo

Presente	Imperfecto	
duerma	durmiera	durmiese
duermas	durmieras	durmieses
duerma	durmiera	durmiese
durmamos	durmiéramos	durmiésemos
durmáis	durmierais	durmieseis
duerman	durmieran	durmiesen

Imperativo

Afirmativo	Negativo
duerme	no duermas
duerma	
durmamos	
dormid	no durmáis
duerman	

Otro verbo: morir

Verbos de la tercera conjugación (–ir): e → ie → i

Indicativo

	Presente	Imperfecto	Pretérito	Futuro	Condicional
mentir	miento	mentía	mentí	mentiré	mentiría
	mientes	mentías	mentiste	mentirás	mentirías
mintiendo	miente	mentía	mintió	mentirá	mentiría
	mentimos	mentíamos	mentimos	mentiremos	mentiríamos
mentido	mentís	mentíais	mentisteis	mentiréis	mentiríais
	mienten	mentían	mintieron	mentirán	mentirían

Subjuntivo

Presente	Imperfecto	
mienta	mintiera	mintiese
mientas	mintieras	mintieses
mienta	mintiera	mintiese
mintamos	mintiéramos	mintiésemos
mintáis	mintierais	mintieseis
mientan	mintieran	mintiesen

Imperativo

Afirmativo	Negativo
miente	no mientas
mienta	
mintamos	
mentid	no mintáis
mientan	

Otros verbos: advertir, arrepentir(se), consentir, convertir(se), divertir(se), herir, preferir, referir, sentir, sugerir

Verbos de la tercera conjugación (–ir): e → i

Indicativo

	Presente	Imperfecto	Pretérito	Futuro	Condicional
pedir	pido	pedía	pedí	pediré	pediría
	pides	pedías	pediste	pedirás	pedirías
pidiendo	pide	pedía	pidió	pedirá	pediría
	pedimos	pedíamos	pedimos	pediremos	pediríamos
pedido	pedís	pedíais	pedisteis	pediréis	pediríais
	piden	pedían	pidieron	pedirán	pedirían

Subjuntivo

Presente	Imperfecto	
pida	pidiera	pidiese
pidas	pidieras	pidieses
pida	pidiera	pidiese
pidamos	pidiéramos	pidiésemos
pidáis	pidierais	pidieseis
pidan	pidieran	pidiesen

Imperativo

Afirmativo	Negativo
pide	no pidas
pida	
pidamos	
pedid	no pidáis
pidan	

Otros verbos: competir, concebir, despedir(se), impedir, reír(se)*, repetir, reñir, seguir, servir, sonreír*, vestir(se)

*Accent needed on the í (in the present tense)

Verbos de cambio ortográfico

-gar   g → gu delante de e

Verbo	Indicativo	Subjuntivo
	Pretérito	Presente
llegar	llegué	llegue
	llegaste	llegues
	llegó	llegue
	llegamos	lleguemos
	llegasteis	lleguéis
	llegaron	lleguen

Otros verbos: colgar*, navegar, obligar, pagar, rogar*, jugar*
*Stem-changing in the present

-ger, -gir   g → j delante de a y o

Verbo	Indicativo	Subjuntivo
	Presente	Presente
proteger	protejo	proteja
	proteges	protejas
	protege	proteja
	protegemos	protejamos
	protegéis	protejáis
	protegen	protejan

Otros verbos: coger, dirigir, escoger, exigir, recoger, corregir*
*Stem-changing in the present and preterite

-gar   g → gü delante de e

Verbo	Indicativo	Subjuntivo
	Pretérito	Presente
averiguar	averigüé	averigüe
	averiguaste	averigües
	averiguó	averigüe
	averiguamos	averigüemos
	averiguasteis	averigüéis
	averiguaron	averigüen

Otro verbo: apaciguar

-guir   gu → g delante de o y a

Verbo	Indicativo	Subjuntivo
	Presente	Presente
seguir	sigo	siga
	sigues	sigas
	sigue	siga
	seguimos	sigamos
	seguís	sigáis
	siguen	sigan

Otros verbos: conseguir*, distinguir, perseguir*, proseguir*
*Stem-changing in the present and preterite

-cer, -cir   después de una vocal c → zc delante de a y o

Verbo	Indicativo	Subjuntivo
	Presente	Presente
conocer	conozco	conozca
	conoces	conozcas
	conoce	conozca
	conocemos	conozcamos
	conocéis	conozcáis
	conocen	conozcan

Otros verbos: agradecer, aparecer, establecer, merecer, obedecer, producir*, ofrecer, conducir*, deducir*, introducir*, traducir*
*Irregular in the preterite

-cer, -cir   después de una consonante c → z delante de a y o

Verbo	Indicativo	Subjuntivo
	Presente	Presente
vencer	venzo	venza
	vences	venzas
	vence	venza
	vencemos	venzamos
	vencéis	venzáis
	vencen	venzan

Otros verbos: convencer, esparcir, torcer*
*Stem-changing in the present

-car c → qu delante de e

Verbo	Indicativo	Subjuntivo
	Pretérito	Presente
buscar	busqué	busque
	buscaste	busques
	buscó	busque
	buscamos	busquemos
	buscasteis	busquéis
	buscaron	busquen

Otros verbos: comunicar, explicar, indicar, sacar, tocar, platicar, atacar, colocar, dedicar

-zar z → c delante de e

Verbo	Indicativo	Subjuntivo
	Pretérito	Presente
comenzar	comencé	comience
	comenzaste	comiences
	comenzó	comience
	comenzamos	comencemos
	comenzasteis	comencéis
	comenzaron	comiencen

Otros verbos: abrazar, almorzar*, cruzar, empezar*, gozar, alcanzar, avanzar, cazar, lanzar
*Stem-changing in the present

-aer, -eer i (no acentuada) → y entre vocales

Verbo	Indicativo	Subjuntivo
	Pretérito	Imperfecto
creer	creí	creyera
	creíste	creyeras
	creyó	creyera
creyendo	creímos	creyéramos
	creísteis	creyerais
creído	creyeron	creyeran

Otros verbos: leer, poseer, caer*
*Irregular in the present (1st person)

-eír pierde una e

Verbo	Indicativo	Subjuntivo
	Pretérito	Imperfecto
reír	reí	riera
	reíste	rieras
	rió	riera
riendo	reímos	riéramos
	reísteis	rierais
reído	rieron	rieran

Otros verbos: sonreír*, freír*
*Stem-changing in the present

-iar i → í

Verbo	Indicativo	Subjuntivo
	Presente	Presente
enviar	envío	envíe
	envías	envíes
	envía	envíe
	enviamos	enviemos
	enviáis	enviéis
	envían	envíen

Otros verbos: ampliar, criar, enfriar, guiar, variar, confiar, desviar, fiar(se)

-uar u → ú

Verbo	Indicativo	Subjuntivo
	Presente	Presente
actuar	actúo	actúe
	actúas	actúes
	actúa	actúe
	actuamos	actuemos
	actuáis	actuéis
	actúan	actúen

Otros verbos: acentuar, continuar, efectuar, graduar(se), situar

–uir   **i** (no acentuada) → **y** entre vocales (menos **–quir**)

Verbo	Indicativo		Imperativo	Subjuntivo	
	Presente	Pretérito		Presente	Imperfecto
huir	huyo	huí		huya	huyera
	huyes	huiste	huye	huyas	huyeras
	huye	huyó	huya	huya	huyera
huyendo	huimos	huimos	huyamos	huyamos	huyéramos
	huis	huisteis	huid	huyáis	huyerais
huido	huyen	huyeron	huyan	huyan	huyeran

Otros verbos: construir, concluir, contribuir, destruir, instruir, sustituir

INDEX